检察理论与实践

（2018年第4卷）

编委会主任　崔智友

广西壮族自治区人民检察院　编
广西检察官协会

中国检察出版社

图书在版编目（CIP）数据

检察理论与实践 . 2018 年 . 第 4 卷/广西壮族自治区人民检察院，广西检察官协会编 . —北京：中国检察出版社，2018.12
ISBN 978 – 7 – 5102 – 2248 – 1

Ⅰ. ①检… Ⅱ. ①广… ②广… Ⅲ. ①检察机关 – 工作 – 研究 – 中国 Ⅳ. ①D926.3

中国版本图书馆 CIP 数据核字（2019）第 011480 号

检察理论与实践
（2018 年第 4 卷）

广西壮族自治区人民检察院　编
广　西　检　察　官　协　会

出版发行：	中国检察出版社
社　　址：	北京市石景山区香山南路 109 号（100144）
网　　址：	中国检察出版社（www.zgjccbs.com）
编辑电话：	（010）86423704
发行电话：	（010）86423726　86423727　86423728
经　　销：	新华书店
印　　刷：	北京宝昌彩色印刷有限公司
开　　本：	710 mm × 960 mm　16 开
印　　张：	15.25
字　　数：	262 千字
版　　次：	2018 年 12 月第一版　2018 年 12 月第一次印刷
书　　号：	ISBN 978 – 7 – 5102 – 2248 – 1
定　　价：	40.00 元

检察版图书，版权所有，侵权必究
如遇图书印装质量问题本社负责调换

《检察理论与实践》

学术顾问（按姓氏笔画排列）

孙长永　西南政法大学副校长、教授、博士生导师

齐海滨　耶鲁大学法学院教授、北京大学、华中科技大学法学院特聘教授、博士生导师

向忠诚　桂林电子科技大学法学院教授

李红海　北京大学法学院教授、博士生导师

蒋　慧　广西民族大学法学院党委书记、教授

张　军　广西警察学院副院长、教授、博士生导师

陈发桂　中共广西区委党校法学部副主任、教授

孟勤国　武汉大学法学院教授、博士生导师

周世中　广西师范大学漓江学院党委书记、教授、博士生导师

欧锦雄　广西警察学院教授

曹　平　广西社会科学界联合会研究员、法学博士、博士生导师

谢尚果　广西民族大学校长、教授、博士生导师

覃珠坚　广西警察学院教授，广西警察学会理论研究部主任

雷裕春　广西财经学院法学院党委书记、教授

编辑委员会

主　　　　任	崔智友
副　主　　任	卫福喜　孟耀军　罗绍华 黄继平
委　　　　员	沙君俊　陈洁英　袁世容 陈春云　杨天寿　周信权 张　坚　潘婧奎　黄建波 李桂华　林鼎立　黄　昱 王大春　农中校　林　俊 梁贻勇　张景源　梁　毅 杨远波　舒金生　王　荐 刘　缨　阳寿嵩
主　　　　编	苏金基
执　行　主　编	张光成
编辑部主任(兼)	张光成
编　　　　辑	刘国强
编 辑 部 电 话	0771－5506148
编 辑 部 邮 箱	jcllysj@163.com

目 录

特 稿
以党的政治建设为统领　奋力谱写新时代广西检察工作发展新篇章
……………………中共广西壮族自治区人民检察院党组理论学习中心组 1
不忘初心　砥砺前行　努力开创新时代广西检察事业新局面……… 崔智友 8

检察长论坛
关于充分发挥铁检职能服务"一带一路"建设的调研与思考…… 阳寿嵩 10
检察人员司法责任认定和追究机制研究……………………………… 王兴林 19

观察与思考
新时代的检察官助理：制度实践与理论反思……………… 潘军强 马树勇 28
检察环节视角下办理枪支犯罪案件的思考………………………… 陈麒亦 39
创新推进检察队伍思想政治建设的思考………………… 李小萍 傅大富 45

改革探究
我国检察官职业保障制度理论研究……………………… 黄朝科 李明强 50
检察人员分类管理改革的思考
　　——结合B市检察队伍现状分析………………… 蒙秀萍 李美兰 56
司法责任制改革背景下检察机关案件承办确定机制的问题研究
　　——以G区检察院部署应用情况为切入点……………… 杨　梅 66
司法体制改革背景下检察权的行使
　　——以人民监督员为视角……………………………… 叶晶晶 72
检察民事公益诉讼理论与实践探究………………………………… 杨　琼 78

制度完善
法治视域下检察机关对公安机关强制措施监督的审视与完善……… 曾祥云 85

"审判中心"背景下公诉机制的完善和构建 ………………………… 刘　强　93
未达刑事责任年龄涉罪未成年人临界预防之审视和完善
　　——以检察工作实践为视角 ………………………… 蒋毅敏　蒋韦慧　104

调查研究

贺州市检察院"五个引领"抓党建带队建助发展的调研报告 …… 罗彩霞　114
关于2015年以来广西检察机关公诉案件无罪判决情况的调查报告
　　………………………………………………………… 吴寿泽　黄　龙　125
广西检察机关办理非公经济实体人员犯罪案件情况的调研报告
　　………………………………………………………… 黄思艳　甘　霓　139
广西各市分院2017年度案件管理工作考评活动的调研与思考 …… 刘元见　150
试论打破控申检察队伍"倒金字塔"困境
　　——以百色市12个基层院为研究对象 ……………………… 汤　萍　164
司法责任制下检察委员会信息化建设研究
　　——以W市检察委员会信息化建设情况为切入点 ………… 梁云燕　175

案例研究

同种漏罪处罚规则构建探析
　　——以两起贪污案为例 ………………………………………… 何　丹　184
审判中心视角下网络犯罪侦查的法律监督
　　——以广西全链条网络诈骗第一案为切入点 ………… 何延坚　吴家文　194
村干部擅自处分集体土地行为罪与非罪的认定
　　——兼论对农村集体土地经营管理的法律规制 ……… 何　松　潘美香　205
娱乐场所服务人员为吸毒者提供服务的定罪探析
　　——以三个类似案例的不同处理结果切入 ………………… 陈福芳　215

经验集萃

南宁市人民检察院"两手抓"加强对改革后检察权运行的管控力度 …… 225
梧州市检察机关多措并举推进公益诉讼改革工作 ………………………… 228
南宁市兴宁区检察院五个优化推行捕诉一体化取得"1+1＞2"改革实效
　　………………………………………………………………………… 234

[特　　稿]

以党的政治建设为统领
奋力谱写新时代广西检察工作发展新篇章

◎中共广西壮族自治区人民检察院党组理论学习中心组

党的十九大报告首次将党的政治建设纳入党的建设总体布局，强调必须把党的政治建设摆在首位。习近平总书记在第十九届中央政治局第六次集体学习时再次强调，把党的政治建设作为党的根本性建设，为党不断从胜利走向胜利提供重要保证。我们要深入学习贯彻这些重要论述，始终把政治建设摆在首位，以政治建设统领检察机关党的建设，以党的建设推动新时代广西检察工作创新和发展，为满足人民美好生活需要提供更多优质的法治产品、检察产品，在谱写新时代广西发展新篇章中贡献检察力量。

一、坚持以习近平新时代中国特色社会主义思想为指引，确保检察工作正确的政治方向

习近平总书记强调，政治方向是党生存发展第一位的问题，事关党的前途命运和事业兴衰成败。加强党的政治建设，必须坚持以习近平新时代中国特色社会主义思想为指引，坚决维护以习近平同志为核心的党中央权威和集中统一领导，毫不动摇地坚持党对检察工作的绝对领导，始终坚定检察工作正确政治方向，宽视野、高站位、大格局予以谋划和推进。

一是用新思想武装头脑。习近平新时代中国特色社会主义思想是一个集时代性、原创性和系统性于一体的科学体系。要把学习贯彻习近平新时代中国特色社会主义思想作为加强检察机关党的政治建设的根本指南，积极响应党中央开展大学习的号召，扎实推进大调研、大学习、大研讨、大培训活动，持续在学懂弄通做实上下功夫，坚定推动全区检察机关把坚持正确政治方向贯彻到工作谋划及部署中。要深入推进"两学一做"学习教育常态化制度化，精心组织开展"不忘初心、牢记使命"主题教育，重点抓好"微党课"全覆盖，依托桂检大讲堂开展"一月一主题"学习宣讲活动，充分发挥好《习近平新时代中国特色社会主义思想三十讲》的辅助作用，自觉以党的创新理论武装头脑、指导实践、推进工作，保证全区检察机关和全体检察人员思想统一和步调

一致。要认真学习贯彻习近平总书记在全国宣传思想工作会议、纪念马克思诞辰200周年大会上重要讲话精神，原原本本地研读《共产党宣言》等马克思主义经典著作，从历史和现实相贯通、国际和国内相关联的宽广视角，加强对检察工作、检察改革中重大理论和实践问题进行思考和把握，不断提升马克思主义理论素养，切实掌握新时代推动检察事业发展进步的强大思想武器和科学行动指南。

二是自觉践行"两个维护"。坚决维护以习近平同志为核心的党中央权威和集中统一领导，是党的领导的最高原则，是全党最大的政治、最重要的大局，是全党共同的政治责任。我们必须增强"四个意识"，坚定"四个自信"，认真贯彻落实党中央、自治区党委关于加强和维护党中央集中统一领导的各项规定，坚决维护习近平总书记党中央的核心、全党的核心地位，坚决维护党中央权威和集中统一领导，始终在政治立场、政治方向、政治原则、政治道路上同以习近平同志为核心的党中央保持高度一致。要始终坚持党的领导、人民当家作主、依法治国有机统一，旗帜鲜明批驳和反对否定党对司法工作领导的错误观点，坚定不移走中国特色社会主义法治道路。要认真学习贯彻最高检党组、自治区党委的决策部署，认真落实请示报告制度，主动向党委和上级检察机关党组请示报告工作，确保党的路线方针政策和党中央、最高检、自治区党委决策部署落实到各项检察工作，确保政令检令畅通。要认真学习贯彻全国全区组织工作会议精神，充分认识正确组织路线的极端重要性，加强党的组织体系建设，尤其要从严从实加强检察机关基层党组织建设，把包括党组在内的各级党组织建设成为坚守正确政治方向的坚强战斗堡垒。

三是严守政治纪律和政治规矩。严格遵守政治纪律和政治规矩是坚持党中央权威和集中统一领导的根本保障，我们要时刻心存敬畏，始终把坚定维护以习近平同志为核心的党中央权威和集中统一领导作为最重要的政治纪律和最根本的政治规矩，认真落实习近平总书记提出的"五个必须"，坚决同破坏党的政治纪律和政治规矩的"七个有之"作斗争，在涉及党的基本理论、基本路线、基本方针等大是大非问题面前，旗帜鲜明地站在党性和党的政策的立场上，始终做政治上的明白人，自觉做到党中央提倡的坚决响应，党中央决定的坚决照办，党中央禁止的坚决不做。要坚持完善政治轮训制度，加强政治纪律和政治规矩学习教育，利用典型案例开展警示教育，引导全体党员干警时刻绷紧政治纪律和政治规矩这根弦。要深化全区检察机关系统内政治巡视、巡察，建立政治督察制度，对违反政治纪律和政治规矩的问题要敢于亮剑，做到

"零容忍",使之真正成为刚性约束,成为"带电的高压线"。

二、紧扣民心这个最大的政治,努力提供满足人民美好生活需要的优质检察产品

习近平总书记提出,加强党的政治建设,要紧扣民心这个最大的政治,把赢得民心民意、汇集民智民力作为重要着力点。"紧扣民心这个最大的政治"的要求,关键是围绕中心服务大局履职尽责,及时、准确、有效提供更加符合人民需要的法治产品,不断增强人民群众的获得感、幸福感、安全感。

一是聚焦党和国家中心任务。检察机关是政治性极强的业务机关、业务性极强的政治机关,坚持党的绝对领导,把准正确的政治方向,必须始终围绕中心、服务大局,才能充分发挥职能、彰显意义价值。要围绕统筹推进"五位一体"总体布局、协调推进"四个全面"战略布局,特别是要围绕新发展理念,围绕习近平总书记赋予广西"三大定位"新使命和"五个扎实"新要求,找准检察机关服务高质量发展、优化营商环境等重大部署的结合点和着力点,增强服务的针对性和实效性。准确把握高质量发展的内涵和要求,认真思考回答发展实体经济、建设创新型国家对法律监督有哪些新要求,推进"一带一路"、贸易强国建设对检察机关有哪些新作为等问题,创新服务保障方式方法,不断以法律监督的高质量保障经济发展的高质量。要严密防范和坚决打击各种渗透颠覆破坏活动、暴力恐怖活动、民族分裂活动、宗教极端活动,积极预防和化解社会矛盾、推进社会治安综合治理,为经济高质量发展提供安全环境。

二是服务打好"三大攻坚战"。要精准服务打好防范化解重大风险攻坚战,慎重选择办案节点和方式,预防和减少不稳定问题,同时要树立风险意识,坚持和完善司法办案风险评估预警机制,做好检察环节依法办理、舆论引导、社会面管控"三同步"工作,坚决维护社会和谐稳定。要精准服务打好污染防治攻坚战,坚决惩治跨省倾倒危废物、走私"洋垃圾"等污染环境刑事犯罪,继续深化破坏环境资源犯罪专项立案监督,切实保护广西绿水青山。要践行双赢多赢共赢理念,加强与环境行政监管机构等相关部门沟通协调,建立健全行政执法与检察监督保护生态环境的有效衔接机制,不断增强环境治理保护合力。要抓住中央督察的契机,服务打好精准脱贫攻坚战,以过硬的作风、务实的举措把抓好脱贫攻坚工作落到实处。要坚持把服务精准脱贫与污染防治、服务乡村振兴、办理职务犯罪案件、扫黑除恶、司法救助等工作紧密结合，注重外部帮扶与激发内生动力相结合，保障和促进改进民生。

三是着力推进平安广西建设。要深入推进扫黑除恶专项斗争，依法从严惩处黑恶势力犯罪，积极推动破解社会治理难题，为自治区成立60周年纪念活动营造安全稳定的社会环境。要认真贯彻落实全国扫黑除恶专项斗争推进会精神，坚决把"破网打伞"作为专项斗争的主攻方向，确保"扫黑"与"打伞"同步进行。要落实全面依法治国要求，把办案质量放在首位，牢牢守住法治底线，严格把好事实关、证据关、程序关和法律适用关，确保办理的每一起涉黑涉恶案件都经得起法律和历史的检验。要全面落实习近平总书记关于"形成有效的社会治理、良好的社会秩序，促进社会公平正义"要求，突出抓好刑事诉讼监督，防止和纠正冤错案，突出抓"围剿老赖"为重点的民事行政检察，突出抓好农民工讨薪、农村留守儿童权益保护等敏感案件的办理，更好地在法治轨道上统筹社会力量、平衡社会利益、调解社会关系、规范社会行为、化解社会矛盾，让人民群众获得感、幸福感、安全感更加充实、更有保障、更可持续。

三、聚焦主责主业，以改革新突破推动新时代广西检察工作创新发展

习近平总书记反复强调，改革只有进行时，没有结束时。新时代坚持和发展检察事业，根本动力仍然是改革。今年是改革开放40周年，纪念改革的最好方式，就是围绕新时代社会矛盾转化对检察工作提出的新要求，坚持讲政治顾大局与抓业务有机统一，把不折不扣贯彻落实党中央、最高检和自治区党委作出的改革决策部署作为党的政治建设的基本要求。

一是攻坚克难抓改革。要稳妥推进全区检察机关内设机构改革，确保自治区检察院内设机构总体上与最高检对应设置、市级检察院主要业务机构总体上与自治区检察院对应设置。要大力推进捕诉合一改革，进一步推动专业化分工、类案专业化办理，坚决杜绝一个机构不同办案组分别办理捕诉案件。要不断深化综合配套改革，严格落实领导干部办案制度，加快组建新型办案团队，加快构建新型监管机制，进一步完善业绩评价机制。要建立健全检察职业制度，不断完善检察人才选拔培养制度、检察人员分类管理制度和检察人员职业保障制度。要按照最高检统一部署要求，积极稳妥推进监狱检察改革，把巡回检察监督与日常监督、同步监督有机结合起来，提升监督质效。要完善检察长列席审委会和直接办案的制度，坚持在一线办案中指导引领办案，努力实现政

治效果、社会效果和法律效果有机统一。

二是聚焦主业谋发展。要坚持以办案为中心的工作导向，聚焦法律监督主业，推动刑事检察、民事检察、行政检察、检察公益诉讼等法律监督工作协调发展。要高度重视办案质量，做优刑事检察工作、做细职务犯罪检察工作、做强民事检察工作、做实行政检察工作、做好检察公益诉讼工作。要以贯彻落实全国、自治区人大常委会关于加强对民事审判和执行活动法律监督工作情况的审议报告为契机，积极争取同级人大及其常委会加大对民事检察工作支持力度。要树立双赢多赢共赢的监督理念，充分运用政治智慧、法律智慧行使监督权，提高检察建议的刚性，强化检察建议的运用，探索检察建议公告、宣告制度，探索向人大报告检察建议落实情况制度，通过多种形式不断提升检察建议的约束力和法律监督实效。要不断丰富提升检察办案质量的抓手和载体，认真落实最高检工作部署建立健全全区三级检察院"检答网"，加强全区检察机关政治建设和业务能力建设，解决法律政策运用、检察业务实际问题。

三是狠抓改革举措落实。习近平总书记多次强调，"一分部署，九分落实"。我们要坚持抓住领导干部这个"关键少数"，以"关键少数"带动"绝大多数"，特别是对于牵一发而动全身的关键改革事项，全区各级检察院"一把手"作为检察改革的第一责任人，要带头学习吃透改革政策精神，亲力亲为抓改革，带头办理疑难、复杂、有影响的案件，确保见方案、见行动、见效果。要把司法改革和现代科技应用深度结合，统筹研发运用智能辅助办案系统，积极参与和推进跨部门大数据办案平台建设，推动新时代检察工作质量效率有新的提高。要进一步加强改革督察督办，对各项改革任务，要定期督察、定期通报。要敢于担当，切实做好思想政治工作，把思想政治工作贯穿改革全过程，把解决干警实际困难放在重要位置，最大限度凝聚改革共识。

四、持之以恒涵养良好政治生态，努力打造一支政治过硬、本领高强的检察队伍

习近平总书记强调，营造良好政治生态是一项长期任务，必须作为党的政治建设的基础性、经常性工作。我们要按照习近平总书记的重要指示和党的十九大报告提出的新时代党的建设总要求，把涵养良好政治生态作为一项长期任务，坚持"政治要求从严、思想教育从严、组织建设从严、监督管理从严、法纪整肃从严、责任落实从严"要求，着力推进过硬队伍建设，为新时代广西检察工作创新发展提供坚强政治保证。

一是树立正确用人导向。要认真落实党中央和自治区党委关于进一步激励广大干部担当作为的新要求，深入开展全区检察机关"队伍建设年"活动，鲜明树立重实干重实绩的用人导向，严格落实新时期好干部标准，突出政治标准，对敢于担当、实绩突出的干部，要爱护和重用，让那些想干事、能干事、干成事的干部有机会、有舞台。充分发挥干部考核评价的激励作用，切实解决干与不干、干多干少、干好干坏一个样的问题，努力形成"优者上、庸者让、劣者汰"的鲜明导向。进一步健全容错纠错机制，坚持严管与厚爱并重，全面落实习近平总书记关于"三个区分开来"的要求，宽容干部在工作中特别是改革创新中的失误错误，让开拓创新干部鼓足干劲，敢为人先干部安心干事。

二是严肃党内政治生活。深入学习贯彻《关于新形势下党内政治生活的若干准则》《中国共产党党务公开条例（试行）》等党内法规，从严肃党的组织生活抓起，严格执行"三会一课"、民主生活会、组织生活会、谈话谈心、民主评议党员、民主集中制等制度，不断增强党内政治生活的政治性、时代性、原则性、战斗性。加强检察机关党内政治文化建设，持续深入抓好"规范司法行为、提升司法公信"主题文化建设活动，大力弘扬忠诚老实、公道正派、实事求是、清正廉洁等价值观，充分利用中央和地方各级机关红色资源和红色文化浓郁的优势开展教育实践活动，积极选树先进典型，以良好的政治文化涵养风清气正的全区检察机关政治生态。

三是着力提升政治能力。要把提升政治能力作为全区检察机关党的政治建设的根本举措，以加强政治历练为主要途径，不断增强政治敏锐性和政治鉴别力，切实提高党员干部的政治素质能力。要自觉加强政治能力训练，不仅要做业务专家，而且要有政治家的头脑，善于运用政治智慧、法律智慧、监督智慧，善于从政治上、全局上和法律上看问题，善于把政治导向、政治要求和法律规定融合体现到检察工作中去。要积极投身于艰苦环境和岗位砥砺磨练，经受大风大浪和急难险重任务的考验，在政治历练中促进政治成熟，以实践成效检验政治能力。要认真学习贯彻习近平总书记在全国网络安全和信息化工作会议上的重要讲话精神，着力加强意识形态工作，严格落实意识形态工作责任制，强化思想引导和阵地管理，坚决抑制和防范错误思潮干扰渗透。要积极创新和拓展党建工作载体和手段，充分发挥"机关党建在线服务平台""八桂先锋"基础性作用，用信息化手段增强政治建设、提升政治能力的针对性和有效性。

四是持续深化作风纪律建设。要坚决落实中央八项规定精神及实施细则精神、最高检和自治区党委实施办法，深入学习贯彻党的十九大以来党风廉政建设新要求新精神和中央纪委和自治区纪委工作部署，持续整治饬"四风"，坚定不移纠正形式主义、官僚主义和司法作风等突出问题，把作风建设各项要求内化于心、落到实处。要严格落实"两个责任"和"一岗双责"，带头遵规守纪、廉洁自律，坚持驰而不息、久久为功，打好作风建设持久战。要坚持把纪律规矩挺在前面，抓好修订后的《中国共产党纪律处分条例》的学习宣传和贯彻落实，确保党员干警知敬畏、存戒惧、守底线。要从严监督管理队伍，积极参与全国执法司法规范化大检查，继续深化和拓展全面从严治检"五查五整顿"专项行动，组织开展"纪律作风教育月"活动，坚持制度完善和制度执行并重，坚持日常管理与专项整治一起抓，推动全面从严治党、全面从严治检向源头聚焦、向基层延伸。

不忘初心 砥砺前行
努力开创新时代广西检察事业新局面

◎崔智友*

1978年6月,广西开始重建各级检察院。至1979年年底,全区三级检察院普遍建立起来。乘着改革开放的春风,恢复重建后的广西检察机关认真贯彻党中央、最高人民检察院和自治区党委决策部署,始终坚持党对检察工作的绝对领导,自觉以马克思主义中国化最新成果为指导,忠实履行宪法法律赋予的职责,坚定不移走中国特色社会主义法治道路。特别是党的十八大以来,广西检察机关深入学习贯彻党的十八大和十九大精神,坚决维护习近平总书记的核心地位,坚决维护党中央权威和集中统一领导,切实增强"四个意识",坚定"四个自信",把习近平新时代中国特色社会主义思想和习近平总书记赋予广西"三大定位"新使命和"五个扎实"新要求作为检察工作的根本遵循,转化为推动检察工作科学发展的工作思路、具体措施和实际行动,为维护国家政治安全、确保社会大局稳定、促进社会公平正义、保障人民安居乐业作出了积极贡献,为推动中国特色社会主义检察制度创新发展提供了"壮乡智慧"。

40年风雨历程,40年春华秋实。在党中央、最高人民检察院和自治区党委的坚强领导下,广西检察机关始终坚定不移履行服务大局的基本职责,坚决维护国家安全、边疆安全和社会和谐稳定,依法查办和积极预防职务犯罪,全面加强对诉讼活动的法律监督,持之以恒打造过硬检察队伍,以优异成绩向党和人民交上了一份满意的答卷。广西检察队伍从1978年恢复重建时的456人发展到2018年11月的5615人,大学本科以上检察人员占93.82%,法律专业占80.68%;涌现出一批"全国十大杰出检察官""全国模范检察官""全国人民满意检察干警""全国十大公诉人""全国十大名师"等先进典型和优秀人才;64个(次)检察院先后被评为"全国模范检察院""全国人民满意检察院""全国先进检察院"。党的十八大以来,广西检察工作持续发展进步,在最高人民检察院通报的核心业务数据中,广西检察机关进入全国前15名比

---

* 广西壮族自治区人民检察院党组书记、检察长。

例从2013年的50.6%上升到2017年的69.6%；人民群众对广西检察队伍满意度不断提升，连续6年在广西政法机关中排名第一；自治区人民检察院工作报告连续6年以超过93%的高赞成率获得通过，在2018年1月自治区十三届人大一次会议上创历史新高，达97.81%。在2017年最高人民检察院联合专业调查公司首次开展省级人民检察院队伍建设满意度调查中，广西检察机关总分排全国第3名。服务大局的做法在2017年全国检察长会议上作经验介绍。最高人民检察院张军检察长批示"广西检察工作一直做得比较主动"，充分肯定广西检察工作。

  当前，中国特色社会主义进入新时代，广西检察事业也站在了新的历史起点上。广西检察机关要始终坚持以习近平新时代中国特色社会主义思想为指导，秉持和发扬40年来的宝贵经验，讲政治、顾大局、谋发展、重自强，为扎实推进富民兴桂、谱写新时代广西发展新篇章提供坚强法治保障。要始终把党的绝对领导作为检察工作的最高原则、最大优势，在思想上政治上行动上始终同以习近平同志为核心的党中央保持高度一致，坚定不移走中国特色社会主义法治道路。要坚持围绕中心、服务大局，充分发挥打击、预防、监督、教育、保护等检察职能作用，服务保障打好"三大攻坚战"和服务"一带一路"建设、服务非公经济、服务创新发展等工作，持续为高质量发展提供有力司法保障；牢固树立总体国家安全观，坚决维护国家安全和社会稳定，深入推进扫黑除恶专项斗争，加强民生司法保障，妥善处理涉民生案件，不断增强人民群众获得感、幸福感、安全感。要坚持以满足人民群众日益增长的法治需求为目标，以贯彻修改后的《人民检察院组织法》和《刑事诉讼法》为契机，以内设机构改革为突破口，促进刑事、民事、行政、公益诉讼等各项检察工作全面平衡充分发展，切实做实做强做优新时代法律监督，实现双赢多赢共赢，更好地在深化依法治国实践中发挥特殊重要作用。要坚持以政治建设为统领，把讲政治与抓业务紧密结合起来，加强检察机关党的建设，把政治建设融入检察工作中、落实到监督办案上，着力培育专业能力、专业精神，一以贯之推进全面从严治党、全面从严治检，努力打造一支政治过硬、纪律严明、本领高强的高素质检察队伍。

[检察长论坛]

关于充分发挥铁检职能服务"一带一路"建设的调研与思考

◎ 阳寿嵩*

内容摘要：南宁铁路检察机关以服务保障"中新"互联互通南向通道安全畅通为切入点，深入推进"一带一路"建设。根据调研了解的"中新"互联互通南向通道的基本情况，南宁铁路检察机关在服务保障"中新"互联互通南向通道可能面临各方面挑战，从提高政治站位、充分发挥铁检职能、延伸铁检服务触角、健全完善工作机制等方面提出相应对策措施，从而为服务保障外开放战略提供有益司法指引。

关键词：铁检机关；立足职能；服务"一带一路"建设

"坚持引进来和走出去并重，遵循共商共建共享原则，加强创新能力开放合作，形成陆海内外联动、东西双向互济的开放格局"①。新修订的《中国共产党章程》也将推进"一带一路"建设纳入党章内容②。"一带一路"建设对我国经济对外开放战略影响深远、意义重大，南宁铁路检察机关必须深刻认识自身在"一带一路"建设中肩负的服务发展、保障开放等方面的职责使命，紧紧围绕中央、高检院、自治区党委、自治区人民检察院的决策部署和工作重点，以服务保障"中新"互联互通南向通道安全畅通为切入点与着力点，积极履行铁检职能，为"一带一路"建设提供有力司法保障。

---

* 广西壮族自治区人民检察院南宁铁路运输分院党组书记、检察长。
① 引自习近平总记在中国共产党第十九次全国代表大会上的报告《决胜全面建成小康社会 夺取新时代中国特色社会主义伟大胜利》。
② 闫子敏：《外交部发言人谈"一带一路"建设写入党章：中国高度重视"一带一路"》，载《人民日报（海外版）》2017年10月27日，第2版。

一、调研背景和方法

（一）调研背景

"一带一路"建设是习近平同志深刻思考人类前途命运以及中国和世界发展大势，为促进全球共同繁荣、打造人类命运共同体所提出的宏伟构想和中国方案，是习近平新时代中国特色社会主义思想的有机组成部分，开辟了我国参与和引领全球开放合作的新境界。未来，"一带一路"建设将在新时代继续发挥开放引领作用，为实现"两个一百年"奋斗目标和中华民族伟大复兴的中国梦作出新贡献。围绕新目标新要求，南宁铁路检察机关必须立足铁检职能，围绕"一带一路"建设重点，为广西深耕东盟、拓展南亚、面向世界，加快推进"中新"互联互通南向通道建设提供有力司法保障。

（二）调研方法

一是实地调查法。2017年，南宁铁路运输检察分院成立专题调研组，深入"中新"互联互通南向通道开展专题调研，调研组先后实地走访了钦州港东站、钦州港站，察看了"中新"互联互通南向通道班列（以下简称"中新"班列）货物装卸作业情况和班列发车情况，并在钦州港站与钦州市港口（集团）、广西北部湾国际集装箱码头有限公司、广西北港物流、钦州北港物流等辖区内"一带一路"参建企业和钦州车务段、钦州港站等铁路单位和部门开展座谈，了解并掌握相关单位在参与"一带一路"建设过程中所面临的问题、困难及相关法律服务需求。二是数据分析法。根据有关单位和部门提供的数据，搜集的相关论文、调研报告、情况通报上所载数据，进行系统梳理、归纳分析。三是电话咨询法。针对调研过程中遇到的疑问，对不需要面谈或书面报送的相关问题，通过电话咨询的方式予以核实。四是逻辑分析法。对搜集到的各类调研材料进行逻辑分析，以科学方法论证南宁铁路检察机关如何更好地服务"中新"互联互通南向通道建设。

二、调研搜集的基本资料①

（一）检察机关服务"一带一路"建设的具体依据

为深入贯彻落实党和国家"一带一路"建设重大决策部署，充分发挥检察职能作用。高检院、高检院铁路运输检察厅出台系列实施意见，要求各级检察机关、铁检系统结合检察工作实际，为推进"一带一路"建设迈向更高水平提供优质高效的司法服务和保障。

表1：高检院服务"一带一路"建设实施意见一览表

发布时间	发布机关	名称	主要内容
2015年7月	高检院	《关于做好检察机关预防职务犯罪工作服务和保障"一带一路"战略的十条意见》	明确各级检察机关要充分发挥预防职能作用，为"一带一路"建设提供支持和服务
2017年5月	高检院铁检厅	《2017年铁检机关服务和保障"一带一路"建设工作计划》	为全国铁检机关服务和保障"一带一路"建设提供年度具体指引
2017年5月	高检院铁检厅	《关于充分发挥铁检机关侦防工作职能，开展服务和保障"一带一路"建设活动的通知》	明确全国各级铁检机关要立足铁检侦防工作职能，服务保障"一带一路"建设
2017年5月	高检院铁检厅	《关于铁检机关积极服务"一带一路"建设，维护中欧班列、国际联运旅客列车安全畅通的通知》	明确要求全国铁检机关要立足铁检职能，维护中欧班列、国际联运旅客列车安全畅通，服务"一带一路"建设
2017年12月	高检院	《最高人民检察院关于进一步履行检察职能为推进"一带一路"建设提供司法服务和保障的意见》	明确要求各级检察机关结合检察工作实际，为推进"一带一路"建设迈向更高水平提供优质高效的司法服务和保障

（二）"中新"互联互通南向通道建设的基本情况

"中新"互联互通南向通道，前身为"渝桂新"互联互通南向通道，是由渝桂黔陇四省区市合作共建，以重庆为运营中心，以广西、贵州、甘肃为关键节点，与新加坡等东盟国家形成区域联动、国际合作的复合型国际贸易物流通

---

① 需要说明的是，本文相关数据资料均来源于调研单位内部资料、数据统计、会议记录、实地调研和电话咨询等，不再单独引用出处。

道。该通道北接丝绸之路经济带,南接21世纪海上丝绸之路,东连长江经济带,纵贯西部,既有利于推动"一带一路"建设,形成"一带一路"经西部地区的完整环线,又有利于促进中国东盟命运共同体的建设,加深区域合作,对深入推进西部大开发,促进西部地区相互合作、扩大开放、共谋发展也具有十分重要的战略意义。

据调研,目前"中新"班列已实现常态化运行,从钦州港发生的上行班列每周为1—2列,计划2018年下半年实现每天1列。班列从重庆团结村站至钦州港东站(钦州港站)的运行时限为55小时,较之于经长江水运出海至新加坡,经班列从钦州港转运出海运输距离减少了2100多公里,运输时间减少20天以上,运输时间上具有明显优势。但该通道的发展尚存在以下几大制约因素:一是货源和运费问题。从近几年川渝及陕贵等地区对东南亚的贸易额来看,虽然"中新"班列面对的基础货源是充足的,但由于长江水运价格低廉,实际使用铁路集装箱运输的货物并不多,如何将数量庞大的基础货源转化为"中新"班列的实际货源是决定该通道发展的关键。二是车站到码头存在"最后一公里"的问题。目前,班列到站后,货物需依靠大卡车转运至船上,尚不能直接实现"下车上船",这一定程度上增加了铁路运输成本。另外,将铁路车站延伸至码头还面临征地拆迁问题,北海市铁山港由于拆迁问题,铁路线延长工作一直无法完成,钦州港东站铁路线延长建设目前已在规划之中。三是货物安全问题。钦州港东站的货场为不封闭货场,在集装箱运输的情况下盗抢货问题并不明显,但随着货源增加以及散货增多,仍需做好防盗抢的相关防备。四是多次检验问题。进口货物经铁路班列转运至内地需面临海关检验和铁路承运环节检验两次检验程序,多次检验的存在不仅降低了货物运输效率,影响了铁路运力,而且,托运企业也表示,开箱验货导致货物并非处在完整的包装状态,在收货方主张货物不相符时,存在责任应该由谁承担的问题。五是其他问题,包括对居民在部分开放式的铁路路段占地违建、违摘等情况,如何执法维权的问题,以及参建企业在涉外商事合同、法律纠纷等方面的法律服务需求。

(三)南宁铁路检察机关服务保障"中新"互联互通南向通道建设取得的成果

1. 及时出台实施意见。为深入贯彻落实中央"一带一路"重大战略部署和高检院为推进"一带一路"建设提供司法服务和保障的意见,根据自治区人民检察院和高检院铁检厅工作部署要求,南宁铁路检察机关结合自身实际,制定《关于充分发挥铁检职能服务保障"中新"互联互通南向通道安全畅通促进"一带一路"建设的意见》,并将服务保障"中新"互联互通南向通道安全畅通作为2018年工作要点之一。

2. 积极开展检企共建活动。柳州铁检院主动与玉磨铁路项目部等"一带一路"参建企业联系,组织开展检企共建活动,为涉铁企业尤其是"走出去"企业防范和应对法律风险提供切实法律保障。

(四)南宁铁路检察机关服务保障"中新"互联互通南向通道建设面临的挑战

近年来,南宁铁路检察机关立足检察职能,抓住机遇,服务"一带一路"建设取得了一定成果。但必须清醒地认识到,与其他在服务"一带一路"建设中先进铁检机关相比,南宁铁路检察机关在深度服务、强力保障、高度融合等方面还存在一定距离,仍面临一定挑战。

1. 服务理念有待进一步提升。一是顺应服务保障"一带一路"建设工作新形势理念有待进一步提高。二是虽专注服务保障管内铁路运营安全,但容易造成理念"短路",忽视与铁路沿线各地方单位的联系,尤其是与国际列车经过的沿线国家、地区的联系不够畅通,服务"一带一路"建设"重内轻外",国际视野不足,对外司法合作不完善。

2. 专业型法律人才有待进一步充实。铁路本身及其运行涉及专业领域多、国际列车上乘客来自不同国家、国际联运货车上货物种类繁多,诸多客观情况对服务"一带一路"的铁检机关和铁检干警提出了更高的要求。然而,目前南宁铁路检察机关在双语干警、知识产权保护、人工智能、国际贸易法律适用等方面的专门型人才缺口大,现有人员的专业知识储备及能力需要进一步提升。

3. 涉外法律服务及特色品牌有待深化。目前,南宁铁路检察机关为涉铁企业在合同签订、投资洽谈、风险防控等方面提供的涉外法律服务不多。在国际班列经过的边境城镇、随国际列车同行或与相关国家、地区开展沿铁路线、在列车上共同执法、为涉铁企业海外项目提供法律服务的情形亦少见。同时,缺少服务"一带一路"建设与铁检工作特色的深度融合,符合南宁铁路检察实际的特色品牌建设有待进一步锻造。

三、南宁铁路检察机关提升服务保障"中新"互联互通南向通道建设的路径选择

（一）提高政治站位，切实增强服务保障"中新"互联互通南向通道安全畅通的责任感和使命感

南宁铁路检察机关要深入学习贯彻党的十九大精神，坚持以习近平新时代中国特色社会主义思想为指导，提高政治站位，深刻认识、准确把握推进"一带一路"建设和"中新"互联互通南向通道建设的重大意义，牢固树立"四个意识"，牢牢把握"共商、共建、共享"原则和"开放包容、创新实践、协同联动、共建共享"理念，强化责任担当，自觉肩负使命，紧紧围绕维护中新班列、中欧国际班列、国际联运旅客列车运营安全及沿线重要站段安全、"一带一路"重点在建项目施工安全、国家投资安全、生态环境安全等方面，不断强化铁检职责，全面履行打击、监督、服务、保护等职能，依法打击刑事犯罪、惩治腐败犯罪，最大限度地规避、防范和应对各类法律风险，维护涉铁企业合法权益，为南向通道建设稳定健康发展提供优质高效的司法服务和法治保障。

（二）充分发挥铁检职能，努力为"中新"互联互通南向通道安全畅通营造安全稳定和谐的法治环境

1. 严厉打击危害南向通道建设的刑事犯罪。坚决惩治暴力恐怖势力、民族分裂势力、宗教极端势力，防止其利用对外交往平台进行颠覆、分裂、恐怖活动。密切关注危害铁路行车安全犯罪新动向，严惩以报复社会为目的危害中新班列、中欧国际班列、国际联运旅客列车等行车安全犯罪和个人极端暴力犯罪，坚决打击在南向通道建设和运营过程中发生的盗抢铁路物资、骗逃铁路运费、制假售假、合同诈骗以及利用班列和旅客列车走私、运输违禁物品、洗钱、拐卖妇女儿童等犯罪，最大限度地维护南向通道人员、物资、信息交流安全畅通。

2. 依法惩治涉铁领域发生的涉及南向通道建设的职务犯罪。紧紧围绕铁路运输、工程建设、物资采购、资金管理、土地房产等重点领域和关键环节，充分发挥批捕起诉等职能，依法办理妨碍"一带一路"和南向通道建设，危害班列运行和铁路企业重点工程项目的贪污贿赂犯罪和渎职犯罪，重点惩治涉铁领域国家工作人员利用职务之便，实施的索贿受贿犯罪和利用投资合作之机实施的贪污、挪用、私分国有资产犯罪，以及在重点项目、重大工程建设和重

要经贸往来过程中不作为、乱作为,造成重大经济损失的渎职犯罪,促进铁路企业依法依规参与"一带一路"和南向通道建设,优化投资环境。

3. 加强对涉南向通道建设诉讼活动的法律监督。依法受理并妥善处理相关涉铁单位和个人的控告、申诉,坚决依法监督纠正涉及中新班列、中欧国际班列、国际联运旅客列车等相关诉讼中执法不严、司法不公的问题。一是重点监督纠正侵害铁路企业利益、危害国际列车安全等案件中,有案不立、立而不侦、久侦不决、违法插手铁路企业经济纠纷以及违法查封扣押冻结企业财产、滥用强制措施等行为。二是重点加强对法院涉外刑事审判活动以及涉外刑事案件执行活动的法律监督,对于认定涉铁企业及其工作人员罪与非罪错误,或者量刑畸轻畸重,以及审理过程严重违反法定诉讼程序的案件,依法提出抗诉;对发现刑事强制措施执行、刑罚执行等不当或者违法的,依法监督纠正。积极通过抗诉、检察建议等方式,着力加强对涉及"走出去"和"引进来"企业债务纠纷、股权分配、知识产权、劳动争议等民事行政案件的审判和执行活动的法律监督。

4. 充分履行在南向通道建设中的公益保护职能。依托履行公益诉讼监督职能,进一步强化与国土、环保、铁路监管部门以及地方政府的联系沟通,对南向通道建设以及"一带一路"建设过程中存在的破坏生态环境和资源保护、食品药品安全领域侵害众多消费者合法权益等损害社会公共利益的行为,依法提起民事公益诉讼;对生态环境和资源保护、食品药品安全、国有财产保护、国有土地使用权出让等领域负有监督管理职责的行政机关违法行使职权或者不作为,致使国家利益或者社会公共利益受到侵害的,依法提出检察建议或者行政公益诉讼。对国际列车运营管理、海外铁路项目投资建设过程中造成国有资产流失、重大利益损失等行为,积极通过支持起诉、提请抗诉、检察建议等方式,及时督促有关单位履职,有效维护国家利益。

5. 积极参与铁路立体化治安防控体系建设。结合中新班列、中欧国际班列、国际联运旅客列车开行实际情况,进一步加强与铁路企业、铁路公安、铁路法院和地方相关单位的联系沟通,积极参加班列始发车站、边境口岸、停靠中转区、案件高发路段等重点地区、重点部位的治安整治,推动铁路治安防控网建设。强化责任担当,发挥铁检优势,积极推动解决中新班列、中欧国际班列、国际联运旅客列车沿线的线下安全隐患,着力净化班列及国际旅客列车外部安全环境。

（三）延伸铁检服务触角，积极为参与"中新"互联互通南向通道建设的涉铁企业提供优质高效的法律服务

1. 主动提供优质的法律咨询等服务。一是积极走进车站、货场，了解涉铁企业对法律服务的新需求新期待，通过有针对性地开展法律咨询等形式，为中外企业提供投资洽谈、合同签订等方面的法律服务，对涉铁企业在境外的投资、建设等方面给予法律风险提示，协助做好海外项目法律风险评估，有效维护铁路企业合法权益和国家利益。二是建立健全法律咨询工作机制，除定期开展现场咨询服务外，通过咨询热线、官方微博、官方微信等新媒体平台创新法律咨询服务方式。三是在班列沿线某些重要站段以及所涉重点领域和关键单位，探索设立服务保障"一带一路"专门检察室，深入开展矛盾化解、法制宣传和其他法律服务活动。

2. 深入开展法制宣传活动。一是组建相关法制宣传、宣讲团深入辖区中新班列、中欧国际班列等沿线重点站段和涉铁单位，讲解国家政策和相关法律法规。二是结合司法办案，通过类案剖析，以宣讲等形式向涉铁企业提供意见、建议，指导完善相关制度，堵漏建制，防范法律风险。三是充分利用网络、自媒体、大数据等多种平台，通过设置法制宣传栏、发放相关书籍、编制专题性法律风险提示手册等形式，进一步增强铁路管理和建设单位干部职工遵纪守法意识、廉洁自律观念，明晰法律界限，筑牢思想防线。

（四）健全完善工作机制，为服务保障"中新"互联互通南向通道安全畅通，促进"一带一路"建设提供制度保障

1. 建立常态化调研机制。南宁铁路检察机关要将中欧国际班列、国际联运旅客列车安全畅通作为一项常规性工作，以问题为导向，主动到铁路单位和相关企业开展工作调研，准确掌握国际列车的运行线路、货源组织、口岸车站、班列产品、业务操作流程、运输风险、治安隐患等情况，认真听取有关单位对检察机关的期待和要求。在前期广泛调研基础上，积极分析研判影响中新班列、中欧国际班列、国际联运旅客列车的不稳定因素，及时研究违法犯罪新动向，加强新型犯罪和国际性犯罪团伙犯罪等热点、难点问题的分析，及时提出司法应对策略，增强工作的预见性与针对性。

2. 建立横向协调联动机制。针对南向通道纵贯西部多省区市、"一带一路"建设需要多方参与的实际，南宁铁路检察机关要注重从五个方面着手，努力建立横向协调联动机制，形成工作合力。一是注重加强与班列沿线铁检机关尤其是渝黔陇三省区市铁检机关之间的交流合作，实现情况互通信息共享，

共同做好服务保障工作。二是注重加强与铁路公安机关之间的协作配合，建立安保工作联席会议机制、治安隐患联手整治机制、安全隐患定期排查机制、重大案事件提前介入机制等工作机制，定期会商研判涉恐涉暴情报信息、刑事案件情况以及班列沿线治安情况等。三是注重加强与班列沿线地方单位，特别是口岸海关、边检、缉私、质检等出入境管理部门的沟通合作，探索构建地铁联动机制，强化双方在案件移交、联合预防和打击涉铁犯罪等方面的合作，有效预防借助国际班列实施走私、运输违禁物品等犯罪行为的发生，增强服务保障南向通道建设的执法司法合力，推动"一带一路"建设。四是加强在拆迁补偿、移民安置、环境整治、资源保护等方面的协作配合，必要时开展专项联合执法。五是注重探索与涉铁企业合作构建联合调研机制，为参建企业提供更为精准的法律服务。

3. 建立国内外合作交流机制。一是积极创造机会，加强与国内高等院校、科研机构之间的交流合作，通过联合开展有关维护中欧国际班列、国际联运旅客列车安全畅通的课题研究、举办学术论坛、邀请授课培训等方式，努力提高铁路领域防控法律风险的理论水平，推动理论与实务相互促进、共同提高。二是积极加强与国际班列、国际旅客列车沿线国家司法机构之间的交流与合作，通过开展论坛和研讨会等形式，积极搭建跨国联系沟通平台，为"走出去"涉铁企业提供更为及时有效的司法支持。

（五）加强人才培养，不断提升服务保障"中新"互联互通南向通道安全畅通，促进"一带一路"建设的能力水平

一是加强法治理论和法律政策调查研究，加强专业知识教育培训，增强检察官的司法综合素质。二是注重培养选拔专家型人才和复合型人才，加快建立专业化的检察队伍，为服务保障"一带一路"建设储备法律人才。

检察人员司法责任认定和追究机制研究

◎王兴林*

> **内容摘要：** 党的十八届四中全会提出，要完善确保依法独立公正行使审判权和检察权的制度，任何机关和个人都不得干预司法活动，对于干预司法的人员要记录在案。检察官独立公正行使检察权和职业保障在改革中将会日益得到强化，司法责任追究的建立健全变得更为重要。就检察机关的司法改革而言，在人员分类管理的基础之上，要求确立检察官办案责任制无疑是亮点之一。构建检察机关错案责任倒查问责机制，确保检察机关严格公正司法，要推动错案责任追究向执法过错责任追究的转变，必须认识到转变之难，把握转变机遇。
>
> **关键词：** 检察人员；司法责任制；责任追究

司法责任制是检察改革的"牛鼻子"，而责任追究又是司法责任制中的热点和难点问题。检察官行使检察权，自然也要承担一定的责任，但是承担什么样的责任，以及如何追究责任，无论在理论界还是实务界都存在种种困惑。检察官独立公正行使检察权和职业保障在改革中将会日益得到强化，司法责任追究的建立健全变得更为重要。对于干预司法的人员要记录在案，在保障司法公正的内部机制方面，则是提出要优化司法职权配置，即落实司法责任制，坚持谁办案谁负责，实行办案质量终身负责制和错案责任倒查问责制。具体到检察机关的司法改革而言，在人员分类管理的基础之上，要求确立检察官办案责任制无疑是本次改革最大的亮点之一。近些年来，媒体对国内发生的错案进行了相关报道，以致佘祥林、聂树斌、张高平、赵作海和呼格吉勒图等涉案主体的名字被人们广为熟知，相关错案给司法公信力造成沉重打击，如何有效防范错案已成为社会各界一致关注的重点话题。在我国，检察机关作为国家的法律监督机关，掌握着公诉、侦查监督等重要职权，在办理大量案件过程中不可避免

---

* 广西壮族自治区桂林市雁山区人民检察院党组书记、检察长。

地会出现一些错案，必定会对检察机关的司法公信力产生一定负面影响。随着司法改革的进一步深化，落实中央关于"有权必有责、用权受监督、违法必追究"精神更加具体，对检察工作的要求更加严格，对错案责任的追责更加明确，在这一背景下，构建检察机关错案责任倒查问责机制，确保检察机关严格公正司法，已成为我们当前亟待解决的重大课题。

一、检察官办案责任制的确立与错案责任制的提出

在本轮司法改革中，建立检察官办案责任制的初衷就在于要从法律和实践两方面确立检察官在案件办理中的主体地位和独立审查权。从检察权运行的内部规律来说，检察官办案责任制能否顺利推行是决定检察机关司法改革目标是否能够顺利实现的关键所在。[1]

2010年5月9日，河南省高级人民法院宣告赵作海无罪，在全国司法界震动十分巨大。河南省高级人民法院宣告赵作海无罪后不久，几名法官停职检查。如此责任追究力度，开了我国多年来错案责任追究的先河。河南省经过随后几年的不断反思、研讨、探索和实践，对我国司法改革具有普适性意义。2014年10月，党的十八届四中全会审议通过了《中共中央关于全面推进依法治国若干重大问题的决定》，明确规定"实行办案质量终身负责制和错案责任倒查问责制"。至此，错案责任倒查问责制正式纳入中央的统一决策部署，成为司法机关必须建立健全的制度机制，有利于规范司法人员的执法行为，确保所办案件经得起法律和历史的检验。

二、检察机关错案责任追究工作存在的问题

检察机关错案责任倒查问责制是近年才出现的一个热点词汇，它与检察机关长期以来坚持的错案责任追究制度的目的和任务都是相同的。认真分析检察机关错案责任追究制度的落实情况，对于建立健全检察机关错案责任倒查问责机制必将大有裨益。在较长一个时期，各地检察机关在落实错案责任追究制度方面做了不少工作，并取得了一些积极成效，但是也存在着一些问题，主要表现为以下几个方面：

---

[1] 李建明：《刑事错案的深层次原因——以检察环节为中心的分析》，载《中国法学》2007年第3期。

（一）主观认识不够到位

个别检察人员对错案责任追究制的认识不到位，重视不够，从而制约了错案责任追究制的执行。具体表现为：一是认为错案责任追究是司法管理行政化的表现，不符合司法运行规律，因此"不想"执行。在实践中，个别检察人员片面地认为错案责任追究制是行政责任追究制、行政首长负责制在司法领域的延伸和变种，具有明显的行政化倾向，不符合现代司法理念和法治国家的基本原则，故而对错案责任追究制"不想"执行。二是担心实行错案责任追究会挫伤办案人员的工作积极性，因此"不忍"执行。个别检察人员认为，错案的发生绝大多数是基于责任人的过失，发生错案情有可原。同时，错案不仅有损检察院的声誉和形象，还会让个人背负赔偿责任，担心在检察机关办案力量与办案任务的矛盾日益突出的现状下，如果严格落实错案责任追究制会影响正常的办案工作，故而对错案责任追究制"不忍"执行。三是认为严格错案责任追究有时可能会影响检察机关最高业务决策机构——检察委员会的威信，因此"不愿"执行。个别检察人员认为，发生的错案中，有的是经过检察委员会讨论决定的，如果追究委员们的决策责任，势必会影响检察委员会的形象和威信，加之中国历来有法不责众的潜在认识，故而对错案责任追究制"不愿"执行。

（二）制度不够完善

近些年来，虽然一些检察院制定了与错案责任追究相关的一些制度，但也存在规则不系统、标准不统一、程序不完善等问题。归纳起来，主要存在以下几点缺陷：

1. 错案界定不清。对于何谓错案、错案的范围有哪些等，目前既缺少详细的法律规定，已缺少最高司法机关具体统一的错案认定标准，各地对错案标准的理解不统一。有的检察院将承办人责任心不强，对证据审核不细、判断不当或承办人对法律理解错误、执法观念存在偏差等导致错捕、错诉的案件认定为承办人有"重大过失"的错案，而有的检察院则将其作为"一般过失"，未确认为错案，可谓各地在错案认定标准上五花八门。

2. 个别情况责任主体判断困难。主要表现为集体研究决定、上级机关协调所导致的错案的责任主体如何判断，目前缺少详细的明文规定。如检察委员会研究决定的案件、政法委协调研究定论的案件等都是以集体讨论决定形式出现的，使得具体责任的承担与落实陷入争议，一旦发生错案，究竟应该追究谁的责任、责任主体又如何判断等都缺少具体明确的规定。需特别指出的是，检察委员会的决策机制是集体决策,对于集体研究作出的决定,相关委员应当承担多大的责任、承担何种责任等,目前尚无明确统一的规定。

3. 启动程序难。在较长一个时期,对于错案责任的追究,大多数源于案件的真凶出现或者是杀人案中被害人的复活等,使得案件的真相大白于天下,具有很大的偶然性和被动性。到底哪些案件应纳入错案审查的范围、何种情形应启动错案审查程序、应由何部门启动等问题均无具体统一的规定,导致错案责任追究程序启动难。如我们调查发现,因为没有统一明确的错案责任启动程序,有的案件在案发当年未作审查,也未被确认为错案;有的案件事隔多年后才被确认为错案,但因时过境迁,没有再追究相关人员的责任。

4. 责任认定程序不够科学。在相当长的一个时期内,检察机关错案责任追究的责任认定程序是不够科学的,基本上是检察系统的自查、自定、自纠,所有的具体操作程序仅限于系统内部监督,缺少有效的外部监督,导致实践中相关工作不够公开,这在一定程度上影响了检察公信力。

三、落实司法责任认定和追究机制的举措与思路构想

(一)检察官办案责任制的巩固需要以明确的法律规定为支撑

在学术界和实务界,目前仍萦绕在很多人心头的一个问题是,本次关于检察官办案责任制的改革是否具有"合法性"?毕竟,我国《人民检察院组织法》在对检察权行使主体进行描述时一直表述为检察院,并且规定由检察长领导检察院的工作,其间并未规定检察官可以独立行使检察权,更何况在我国三大诉讼法的规定中不少事项的决定都应当由检察长或检委会行使,而本次司法改革却又要赋予检察官独立的案件决定权。但反对者认为,检察长一人不可能承担所有的事务、行使所有的权力,因此将检察权转授给检察官等具体事务承办者乃是符合司法逻辑的当然推定。本次司法改革所赋予检察官的案件决定权都是在法律许可范围内的,只是检察权的部分授予,对于诸如重大疑难案件的处理、决定抗诉、决定采取或变更强制措施等仍由检察长决定,这也是为了提高办案效率。①

当前,完善司法责任制是司法体制改革的核心,而检察机关落实错案倒查问责工作则是落实司法责任制的重要内容,从而真正把责任落实到"人",做到有权必有责、用权受监督、有责必追究。为此,必须正确认识强化错案责任

---

① 周强:《推进严格司法》,载《人民日报》2014年11月14日,第7版。

倒查问责工作的重要意义，从思想根源上彻底澄清"不想"、"不忍"和"不愿"等模糊认识。从促进检察业务工作和检察队伍建设的高度，正确认识错案责任倒查问责工作的重大意义。一方面，强化错案责任倒查问责工作，对于全面抓好办案工作、提高办案质量和执法水平，推动检察业务工作持续健康发展具有重要意义；另一方面，强化错案责任倒查问责工作，从本质上讲是对检察人员的严要求和实爱护，对于促进检察人员恪守法治理念、客观公正司法，不断提升自身素质具有重要意义。

（二）科学界定错案线索的范围

错案线索范围与错案范围是两个不同的概念，错案线索只有经过严格的程序，进行调查核实，责任认定，最终才能确定是否存在错案。关于错案线索的范围，并没有一个统一的规定，在较长时期的司法实践中，检察机关一般对捕后作绝对不诉处理、捕后作撤案处理、提起公诉后被判无罪（包括二审、审判监督程序改判无罪）或撤回起诉作无罪处理的案件纳入调查范畴，分析是否存在错案。2014年，某市人民检察院印发《某市检察机关"六类案件"质量评查工作办法（试行）》，要求将"六类案件"纳入质量评查。笔者认为，此类案件应属于错案线索的范围。为进一步规范司法行为，维护司法公正，结合相关改革精神，笔者建议将错案线索范围相对具体地明确为如下情形：（1）对犯罪嫌疑人作出不批准逮捕决定后，经上一级检察院复核，改为批准逮捕，经法院审理判处有期徒刑3年以上刑罚并已发生法律效力的；（2）被批准或者决定逮捕的犯罪嫌疑人，因没有犯罪事实或者依法不应当追究刑事责任而撤销案件、作绝对不起诉的；（3）提起公诉后撤回起诉作不起诉处理的；（4）收集、举示的证据被法院认定为非法证据予以排除，导致判决改变指控罪名、犯罪事实或者法定量刑情节的；（5）提起公诉的被告人被判无罪且已发生法律效力的；（6）对开庭审理的减刑、假释案件提出同意减刑、假释的出庭意见，法院采纳并作出减刑、假释裁定后又因确有错误被依法撤销的；（7）作出民事行政不支持监督申请决定后，法院自行启动再审程序改变原裁判的；（8）刑事申诉复查后改变检察机关原处理决定的；（9）作出国家赔偿决定的；（10）检察长认为其他应当作为错案线索的情形。

（三）理顺检察官与部门负责人、检察长、检委会的关系

首先可以明确的是，在理想的扁平化办案组织中，要尽量减少层级，检察官应当是直接对检察长负责，而不再需要藉由内设机构负责人这一通道。关于内设机构负责人，试点中有三种不同的处理方式：一是取消业务科室负责人，

将各业务科室的行政性事务统一交由专人处理；二是保留业务科室负责人，但是该人属司法行政人员序列，专责行政管理工作；三是原来的科室负责人转为主任检察官后仍监理行政事务。其次，根据办案责任制的内涵，检察官只是对于自己决定的部分负责，主要表现为检察长、检委会改变检察官决定的，检察官应当服从，但是改变后的部分由检察长、检委会负责，检察官只对证据部分负责，不过在具体的责任承担方面尚需更加细化的规定。①

（四）明确错案责任的调查启动程序

错案责任倒查问责机制是一种事后责任倒查制度，应当从一定的后果入手，倒查相关人员主观上是否有过错，客观上是否存在违规行为，然后综合判断责任的认定，以及如何追究相关错案责任。因此，获取错案线索后，应当及时开展错案责任的调查启动程序。

1. 对错案线索的初步审查。省级人民检察院纪检监察部门受理错案线索后，应当及时进行审查，必要时，可以要求下级人民检察院纪检监察部门做好相关配合工作。为确保相关工作的规范运作，建议在受理错案线索一定时期内完成错案线索的审查，分别情况作出处理：认为不属于错案责任倒查范围的，或者具备因法律修订或者政策调整，有关法律、法规、纪律规定免予追究或者不予追究的，以及其他不能归责于检察人员的事由而不承担错案责任的，提出不予启动错案责任追究程序的书面意见，呈报检察长决定。认为需要开展错案责任倒查的，呈报检察长决定。

2. 错案责任调查方式。开展错案责任调查，应当对案件的事实认定、证据收集与审查、法律适用、办案程序、文书制作等方面进行全方位的调查，查明被调查人员在办理案件中，是否因故意或者重大过失，造成案件事实认定或者法律适用确有错误。错案责任调查过程中，可以查阅有关案件卷宗及其他相关资料，察看执法办案现场，走访相关单位等。这种方式符合惩处和教育相结合的原则，一方面有助于调查部门了解被调查人员的主观状态；另一方面有利于被调查人员进行自我总结和自我反思。调查结束前，应当就调查发现的问题及拟处理意见，听取办案部门的意见，并与被调查人员进行当面沟通，听取被调查人的陈述、辩解。②

---

① 朱孝清、张智辉：《检察学》，中国检察出版社2010年版，第320页。
② 杨复晗、赵伟：《〈检察人员执法过错责任追究条例〉解读》，载《人民检察》2008年第5期。

（五）明确错案责任的认定程序

在错案责任的认定上，应坚持权责统一、"谁办案谁负责、谁决定谁负责"的原则，科学界定相关人员的错案责任。

1. 对错案责任的认定。省级人民检察院纪检监察部门经过严格调查后，应当形成《错案责任调查报告》，报告应当包括案件基本情况、调查过程、调查发现的问题及原因分析、是否构成错案、错案责任划分、拟处理意见等内容。认为检察官在办案过程中存在因故意违反法律法规责任或重大过失责任导致错案，应当追究检察官错案责任的，应当报请检察长决定后，移送省级检察官惩戒委员会审议。① 经过审议，省级检察官惩戒委员会根据查明的事实和法律规定，如果认为检察官在办案过程中没有故意违反法律法规责任或重大过失责任的，应当作出检察官无责的建议意见；如果认为检察官在办案过程中虽然具有一定的责任，但是综合考虑没有追责必要的，可对检察官作出免责的建议意见；如果认为检察官在办案过程中存在故意违反法律法规责任或重大过失责任的，应当对检察官作出给予惩戒处分的建议意见。收到省级检察官惩戒委员会的建议意见后，省级人民检察院检察委员会应当进行认真研究，根据查明的事实和法律规定，并结合省级检察官惩戒委员会的建议意见，分情况作出处理：错案认定事实清楚、证据确实充分、需要追究错案责任的，作出追究错案责任的决定；没有追责必要的，对检察官作出免责的决定；不应当追责的，应当作出检察官无责的决定；错案认定事实不清、证据不足的，退回调查部门补充调查，必要时，也可以另行指定人员重新进行调查。②

2. 对错案责任人员的界定。从检察权行使主体角度而言，落实检察人员错案责任制的主体理应是员额制检察官，即检察员、检察委员会委员、副检察长、检察长，但是这并不排斥检察辅助人员承担相应责任的情形。错案责任认定中，错案责任由造成错案的责任人承担，错案责任的承担主体包括检察官、检察辅助人员、检察长、检委会等，根据不同的情况可以将错案责任划分为全部责任、主要责任、共同责任、次要责任、无责任。检察官决定案件出现错案的，由检察官承担责任；检察官指派检察辅助人员办理的案件出现错案的，检察辅助人员承担相应责任。检察辅助人员伪造、隐瞒、遗漏案件事实、证据或重要情况，导致检察官作出错误决定而出现错案的，由检察辅助人员承担责

---

① 朱孝清：《试论错案责任》，载《人民检察》2015年第16期。
② 朱孝清：《试论错案责任》，载《人民检察》2015年第16期。

任。检察官提请检察长、检委会决定的案件，检察长、检委会采纳检察官的意见而造成错案的，检察官和检察长、检委会共同承担责任。检察长、检委会不采纳或者改变检察官的意见而造成错案的，由检察长、检委会中的相关责任人员承担责任。检察官伪造、隐瞒、遗漏案件事实、证据或重要情况，导致检察长、检委会作出错误决定而出现错案的，由检察官承担责任。检委会承担责任，由会议主持人和导致错误决定产生的其他委员分别承担责任。①

3. 明确责任豁免。在强调对错案责任进行严格追究的同时，还应当注重对检察人员依法履职行为的合理保护。在制度构建中，要合理考虑免除检察人员的后顾之忧，对检察人员应有一套保护性的机制设计，将责任豁免与责任追究限制在合理限度内，让没有故意或者重大过失的检察人员免受责任追究。针对以前对于追责的门槛过低，并对检察人员豁免的规定过于严苛，不利于提升干警办案积极性的问题，建议提高追责门槛，使因其他情况造成错案的免于追责，从而促使检察人员保持良好的工作积极性，大胆办案、科学办案，更好地维护司法公正，更好地维护社会稳定大局。

（六）明确错案责任的问责程序

错案责任的问责，应当坚持"实事求是、有错必究"的方针，即只要调查认定后存在错案责任，就应坚决追究相关人员的责任。无论是谁办的案件、在什么条件下办理的案件，是程序上或是实体上，是事实认定上或是法律适用上，是个人决定的或是集体研究决定的，都要坚决追究相关人员的责任，让有错必究的工作方针成为确保司法公正的新常态机制。②省级人民检察院检察委员会对于应当承担错案责任的人员，根据规定给予处理；涉嫌犯罪的，由人民检察院纪检监察部门将犯罪线索移送司法机关处理。在责任承担方式的适用上，除了上述刑事责任、纪律责任等外，还可以探索将经济责任纳入错案问责制度中，设计扣减绩效奖励等经济责任形式。③

（七）明确错案责任的救济程序

综观责任追究的各类制度机制，在对责任追究作出规定的同时，必定要有

---

① 王琳：《错案责任追究谨防"钱穆制度陷阱"》，载《人民检察》2005年第12期。
② 吴光金、霍精锐、裴国刚：《刑事冤错案件责任追究机制研究》，载《韶关学院学报》2016年第3期。
③ 刘效仁：《错案追究成了制造冤狱的制度陷阱？》，载《中国青年报》2009年1月9日，第3版。

救济程序的设计，检察机关错案责任倒查问责机制也不例外。因错案对检察人员作出处理后，当事检察人员对处理决定不服的，理应有权提出申诉，作出责任追究决定的机关应当受理并作出处理。在具体的程序设计中，笔者认为，当事检察人员对处理决定不服的，自收到处理决定书之日起一定时期内，有权通过省级人民检察院纪检监察部门提出申诉。省级人民检察院检察委员会根据复查情况，分情况作出决定：如果事实清楚，证据确实、充分，错案责任处理决定恰当的，维持原决定；如果事实清楚，证据确实、充分，错案责任处理过重的，应当酌定减轻处理；如果事实不清，证据不足，错案责任处理不当的，撤销原处理决定，重新作出处理决定。①

（八）加强相关立法工作

目前，最高立法机关没有出台专门的错案责任追究法律，检察机关对于错案责任追究的依据分别散落体现在《刑法》《检察官法》《国家赔偿法》《检察人员执法过错责任追究条例》等法律规定中，存在着规定分散、不够具体、操作性不强等现实问题，以致实践中各地检察机关执行不规范、不统一、五花八门，这既影响了检察机关错案责任倒查问责工作的权威性，也制约了检察机关错案责任倒查问责工作的科学发展。为此，笔者建议全国人大加强相关立法工作，制定一部专门的错案责任追究法律，进一步明确错案的概念和范围，细化错案责任追究的具体程序，同时设置加强对错案责任追究承办部门的监督制约内容，做好与司法档案制度的衔接配套，从而为检察机关错案责任倒查问责工作提供科学系统的法律保障，进一步增强相关制度的权威性和可操作性。

---

① 董坤：《英国刑事错案防治研究——兼论对我国的借鉴和启示》，载《中国刑事法杂志》2010年第8期。

[观察与思考]

新时代的检察官助理：制度实践与理论反思

◎潘军强*　马树勇**

> **内容摘要**：检察官助理制度作为一项新生事物，在司法责任制改革全面推开以来的司法实践中取得了显著成效，但是仍存在着检察官助理选任标准不明确、配置不尽合理、绩效考核难、办案责任不清等问题，应围绕检察官助理正规化、专业化、职业化建设，进一步明确检察官助理的选任标准和程序，构建"以办案为中心"的检察官助理管理机制，厘清检察官与检察官助理的关系，明确检察官助理的办案责任，以适应新时代检察工作需要，促进司法责任制的全面落实。
>
> **关键词**：新时代；检察官助理；司法责任制

检察官助理是协助检察官从事检察业务或者在检察官的指导下履行办案相关职责的检察人员。一方面，从检察官助理这一职务设置的目的来看，检察官助理需协助检察官完成办案工作，是检察官的得力助手，属于司法辅助人员；另一方面，从推进检察人员分类管理改革和检察队伍正规化、专业化、职业化建设的目标来看，检察官助理又是一类相对独立的检察业务主体。本轮司法体制改革之前，法律法规上并没有"检察官助理"这一称谓及其职能分工。一般认为，检察官助理最早出现在高检院《2004—2008年全国检察人才队伍建设规划》中。① 2013年3月，高检院与中组部共同发布《人民检察院工作人员分类管理制度改革意见》，将检察人员明确划分为检察官、检察辅助人员、司法行政人员三类，并指出检察辅助人员包括检察官助理、书记员、司法行政人

---

*　广西壮族自治区来宾市人民检察院法律政策研究室副主任。
**　广西壮族自治区人民检察院公诉三处检察官助理。
①　该规划提出："按照检察机关的职能需要和各类人员的岗位特点，将检察人员分为检察官、检察事务官（检察官助理）和检察行政人员。"，并初步规划了检察官、检察事务官（检察官助理）和检察行政人员各类人员所占比例。

员、检察技术人员等。高检院《关于完善人民检察院司法责任制的若干意见》（以下简称《若干意见》）则对于检察官助理的职责进一步作出了明确规定。作为检察官的得力助手和一支必不可少的办案力量，检察官助理在司法责任制改革下的司法办案质量和效率的提高方面起到不可或缺的作用。然而，检察官助理作为不具有独立办案权的司法辅助人员，其作用的发挥又有一定的局限性，司法实践中存在着专业化、职业化不足等问题。由于检察官助理在司法体制改革中处于司法辅助地位，大多数人关注和重点研究的都是作为主角的员额检察官，对于检察官助理相关制度却鲜有研究。本文拟通过对L市检察机关检察官助理情况的调研分析，探讨当下如何更好地完善检察官助理相关制度，以更好地促进司法责任制改革的全面落实。

一、司法责任制下检察官助理制度实践现状

司法体制改革全面推开以来，L市检察机关认真贯彻落实党的十八大及历次全会精神，积极推进以司法责任制为核心的四项改革，初步建立起分类科学、结构合理、职责明晰的检察人员分类管理体系。党的十九大召开后，L市检察机关按照党的十九大关于司法体制改革的要求，积极配合国家监察体制改革，顺利完成了全市检察机关反贪局、反渎局和职务犯罪预防局三个部门机构、职能、人员转隶工作。转隶完成后，全市现有政法专项编制检察人员287人。其中，员额检察官90人。

（一）检察官助理人员情况

L市检察机关现有检察官助理86人，占全检察机关政法专项编制总人数（287人）的30%。目前，L市两级检察院确定了检察官助理的单独职务序列任职，全市检察官助理均属于政法专项编制人员，不存在聘任制检察官助理。全市检察官助理基本情况详见下表：

L市检察官助理基本情况统计表

类别 项目	性别		年龄			学历			专业	
	男	女	35周岁以下	36—45周岁	45周岁以上	研究生	大学本科	本科以下	法律	非法律
人数	53	33	48	5	33	11	65	10	75	11
比例	61.6%	38.4%	55.8%	5.8%	38.4%	12.8%	75.6%	11.6%	87.2%	12.8%

（二）检察官助理配置情况

从L市检察机关检察官助理配置总体情况来看，检察官与检察官助理的配比为1∶0.95，基本接近1∶1的标准，但是各单位在检察官与检察官助理配比上也存在不平衡现象，尤其是L市检察院，由于人才相对充实，检察官与检察官助理的比例相对较大，为1∶0.64。L市两级检察院检察官与检察官助理的配比如下图：

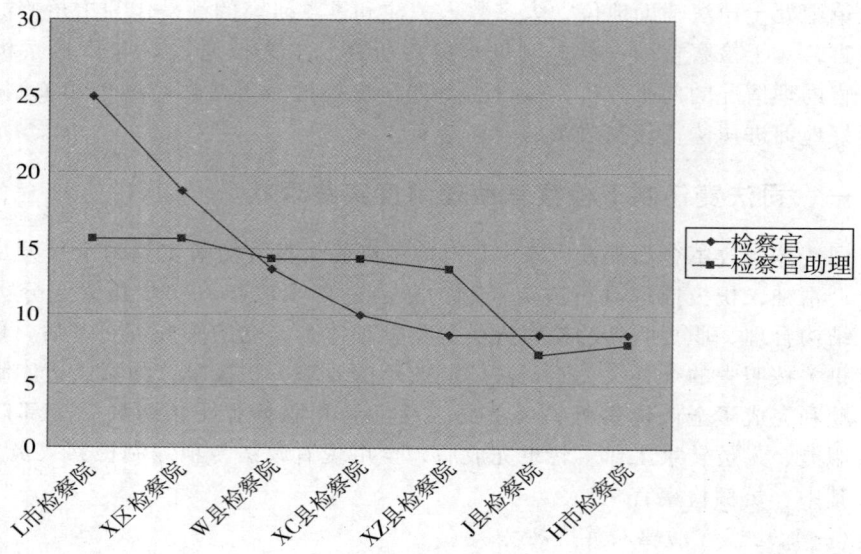

L市检察官助理配置总体情况

从各基层检察院检察官助理岗位配置情况来看，基本上是按所在部门检察官人数来确定检察官助理人员的配置，一般是为主要业务部门检察官配备充足的检察官助理，但也有些业务部门检察官较多，检察官配置却相对较少。主要办案业务部门之外的内设部门，也配备了12名检察官助理，占检察官助理总人数的17.1%。

检察官助理岗位配置情况表

项目\单位	刑事检察部（含侦查监督部、公诉部、未检部）		诉讼监督部		业务管理部		其他部门	
	检察官	检察官助理	检察官	检察官助理	检察官	检察官助理	检察官	检察官助理
X区检察院	7	10	3	4	2	1	6	1
W县检察院	6	7	2	6	1	1	4	0
XC县检察院	7	7	2	5	1	1	0	1
XZ县检察院	4	2	3	3	1	1	0	7
J县检察院	4	2	3	3	1	1	0	0
H市检察院	3	4	1	0	1	0	3	3
合计	31	32	14	21	7	5	13	12

L市检察院按照上级检察院统一部署，尚未开展内设机构改革，各部门检察官助理配置情况如下：

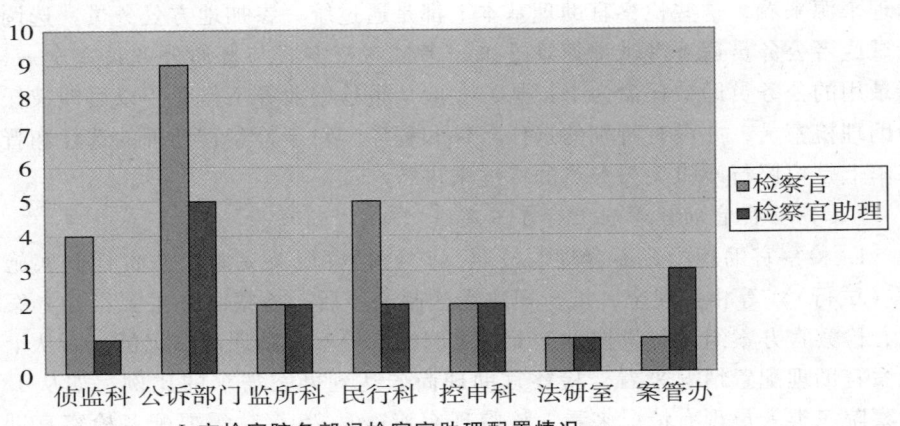

L市检察院各部门检察官助理配置情况

（三）司法责任制改革下检察官助理工作成效显著提高

司法责任制改革极大地调动了检察官助理工作的积极性。司法责任制改革全面推开以来，L市检察官助理积极参与协助检察官办案，认真完成职责内的检察业务，成绩突出。从2017年L市检察机关获得自治区级以上个人荣誉表彰情况来看，全市检察机关全年共获得国家级以上个人表彰5人，其中检察官助理获奖3人，占总人数的60%；共获得自治区级以上个人表彰20人，检察官助理获奖9人，占获奖总人数的45%。其中，L市检察院获得自治区级以上个人表彰8人，均为检察官助理。

二、检察官助理制度实践中存在的问题

检察官助理制度在司法责任制改革实践中发挥了重要作用，但是检察官助理在选任管理、职权确定、业绩考核、责任落实等方面存在一些不完善之处，影响着检察官助理制度作用的发挥，不利于司法责任制改革的全面落实。

（一）检察官助理选任标准不明确

1. 法律法规对检察官助理选任条件、程序未作规定。高检院《若干意见》等法律法规明确规定了员额检察官的遴选条件、遴选程序。各地按照中央司法体制改革精神在省一级成立了法官检察官遴选委员会，确保检察官遴选程序的公平公正。而对于检察官助理的选任条件和程序，《若干意见》及其他法律法规均未作出明确规定。

2. 检察官助理的选任行政化倾向较严重。从目前L市检察机关的检察官助理来源来看，这些检察官助理基本上都是通过统一参加地方公务员、选调生考试或者公务员遴选考试被招录进来，考试考核方式与普通公务员完全一样。新录用的公务员即被任命为书记员，一般从事检察业务工作2年以后即被任命为助理检察员，并没有特别的选任条件和程序。对于检察官助理的选任和晋升基本上是按照行政机关公务员的标准来进行。

（二）检察官助理管理上存在不足

1. 检察官助理配置不合理。按照《广西检察机关完善司法责任制实施办法（试行）》等相关规定，推行司法责任制改革后，检察官办案要组建办案组织，检察官办案组织尽量按1:1:1的比例配备检察官助理和书记员。而从上文检察官助理配置情况来看，检察官助理尚未达到办案需求的比例。如从L市检察院三类人员现有情况来看，该院现有检察官25名，需要配备检察官助理25名，而该院实际上只配备了检察官助理16名。尤其是主要业务部门检察官

助理相对较少。

2. 检察官助理绩效考核标准不统一。检察官作为检察办案责任的承担者，其考核主要是办案数量、质量及司法技能的考核，对于其考核标准相对容易确定，根据司法责任制的意见，对于检察官的业绩考核主要以办案为主，检察官作为办案业务的第一责任人，其办理的案件除了一些新增业务外，受理案件、审查办理过程现在基本上都可以在统一业务应用系统中直观地反映出来。对于其考核有一个相对客观的标准。而对于检察官助理的考核却相对复杂。因为很多检察院的检察官助理并不是一一对等的，一名检察官往往配备有多名检察官助理，一名检察官助理往往也协助多名检察官办案。而且如前所述，一些在综合业务部门的检察官助理由于不参与办案，其考核也不能按照参与办案的标准来确定。种种原因使得要制定相对客观的检察官助理考核标准也更为困难。从L市检察院制定的检察官助理考核标准来看，主要是依据其所属部门检察官来进行考核，而实际上各部门内检察官助理的工作情况并不一样，给予完全相同的考核有失公允，而且不同部门检察官办理案件的性质不一样，有些部门的检察官也不参与办案，因此对全体检察官助理一起进行考核存在不合理之处。

（三）检察官助理与检察官的关系模糊不清

1. 检察官对于检察官助理的指令权限度不易确定。检察官对于检察官助理的指令权应该有多大？这在一定程度上影响着检察官自身的办案效率和司法责任制的落实。检察官对于检察官助理的指令权过大，势必会导致一部分检察官将本应属于检察官的办案责任交给检察官助理去做，检察官助理除了处理一些权力清单之内的工作外，还要协助甚至主要帮助检察官参与全程办案，从而产生一些只是在文书上签名的检察官，有违司法责任制改革的初衷。而检察官的指令权过小，又不利于检察官将办案中的一些非办案性质的事务交给检察官助理去处理，这样又会耗费较长的时间和精力，不利于充分利用司法责任制改革成果提升办案效率。

2. 检察官对检察官助理的惩戒权需明确。目前，L市检察院在制订的本院检察官和检察辅助人员业绩考评实施方案中，规定了检察官对于检察官助理的司法作风等的考评权。而各基层院可能基于惩戒权的标准难以把握，尚未明确出台关于检察官对于检察官助理的绩效考评权等赋予检察官惩戒权的规定，不利于检察官助理办案积极性的调动。

（四）检察官助理的办案责任不清

高检院《若干意见》明确规定了员额检察官的司法责任。各省（自治区、直辖市）检察院也根据《若干意见》的规定陆续出台了进一步贯彻落实检察官司法责任制的规定。为保证法官、检察官办案责任落到实处，中央提出要建立法官、检察官惩戒制度，各地根据最高法、最高检《关于建立法官、检察官惩戒制度的意见（试行）》，在省（自治区、直辖市）一级设立了法官检察官惩戒委员会，这些法规文件都明确规定了检察官的办案责任。有些虽然也同时规定了检察官助理的相关辅助性办案职责，但是对于检察官助理协助检察官办理案件时是否应承担相应的办案责任，以及如何分配案件办理中检察官助理与检察官的办案责任，却很少有文件作出明确规定。

三、完善检察官助理制度的对策建议

党的十九大报告提出的"深化司法体制综合配套改革，全面落实司法责任制，努力让人民群众在每一个司法案件中感受到公平正义。"以及随后中共中央办公厅出台的《关于加强法官检察官正规化、专业化、职业化建设全面落实司法责任制的意见》，都对新时代检察工作和检察队伍建设提出了新的要求。检察官助理作为检察官的后备力量和检察队伍的重要组成部分，应积极推进其正规化、专业化、职业化建设，采取相关措施弥补其在实践中存在的不足，推进司法责任制的全面落实。

（一）明确规定检察官助理的选任条件和程序

从司法改革的初衷来看，设立检察官助理的主要制度价值在于减轻检察官的办案压力，使其专注于办理案件，实现检察官的专业化、职业化。而检察官助理本身素质的高低，对于检察官专注于办理案件、提高办案质量和效率起着重要作用。因此，为保证检察官助理的专业素质和能力，应在立法中明确检察官助理的选任条件和程序。

1. 检察官助理的选任条件。关于检察官助理选任条件的设定，在学历、专业等基本条件方面可以参照检察官的规定，如规定检察官助理应当具有法律专业本科及以上学历，工作年限等其他条件应低于检察官。但也有学者认为，应将检察官助理分为两个类型：一种是从法学专业招考的检察官助理，其职责是为检察官提供法律工作方面的辅助，其发展方向是成为未来的员额制检察官，其实质是候补检察官；另一种是从非法学专业如金融、贸易、计算机等其他专业的毕业生中考选检察官助理，其职责是为检察官办案提供专业知识的辅助，其身份将一直是检察官助理，但会随年资晋升高等级检察官助理，这部分检察官助理的实质是检察事务官。①这种建议为分类招录检察官办案所需专业性的助手，实现检察官助理专业化、职业化提供了明确的思路。但是也有专家认为，"检察事务官大多是襄助检察官处理日常事务性工作，扮演着检察官助理的角色，真正以其专业特长辅助检察官办案的，少之又少。"② 鉴于检察机关编制数额有限，很多地方尚不能保证配备足额检察官助理的情况下，笔者认为目前还是应主要采用从法学专业招考检察官助理。对于办案中遇到的一些专业性问题，可以通过引入专家辅助人制度来予以解决。也只有严格限定了检察官助理的选任条件，才能保证选到专业化的检察官后备人才，有针对性地安排在司法一线办案岗位锻炼若干年后培养成为符合新时代检察业务需要的检察官。

2. 检察官助理的选任程序。对于检察官助理的选任方式，主要有外部公开选拔和从内部现有检察人员中选任两种。从全国检察人员分类管理改革的总体情况来看，检察机关对于检察官助理的选任目前主要采取以内部转化为主、向社会公开招录为辅的方式。这种检察官助理的选任方式符合我国司法机关现状，具有一定的合理性。随着经济社会发展对检察人员专业化、职业化要求的日益提高，应根据检察工作需要，调整检察官助理的选任方式，以外部公开招录为主、内部有条件转化为辅。如有检察业务专家提出，在一定的过渡期后，现有的转任助理陆续遴选入额或交流到其他岗位后，应该以新录用为主、内部转化为辅，甚至逐步取消内部转化。③对于检察官助理的外部招录程序上，应采取有别于行政机关公务员的单独招录流程，采取统一录用考试＋专业知识面试的选拔程序，确保遴选出高素质能力强的检察官助理，以适应新时代检察队伍正规化、专业化、职业化建设的需要。

（二）构建"以办案为中心"的检察官助理管理机制

1. 合理配置检察官助理。如前文所述，按照司法体制改革关于检察人员分类管理改革的设计，员额检察官与检察官助理的比例为1∶1，但是在现有条件下，尚有很多检察院配比难以达到1∶1的比例。为解决现有检察官助理人员较

---

① 万毅：《论检察制度发展的"东亚模式"——兼论对我国检察改革的启示》，载《东方法学》2018年第1期。
② 段明学：《检察改革论略》，中国检察出版社2016年版，第340页。
③ 郭国谦、李文涛：《关于检察官助理选任管理的思考》，载《人民检察》2017年第7期。

少、稳定性不足等问题，应采取较为灵活的检察官助理配置形式。笔者认为，在检察官助理的配备上，可以采取"以案定额为主、以职责定额为辅"相结合的配置原则，同时合理调配。对于办案任务较重的检察官，应配备检察官助理；院领导及部门负责人由于办案之外还有很多行政管理职责，办案压力相对较大，也应配置检察官助理；而对于那些办案量较小的检察官，一般不配备检察官助理。

对于检察机关各内设部门检察官助理分配不平衡问题，可以按照上述标准进行调整，将检察官助理调配到案件较多的一线业务部门。综合业务部门如果有具体办案检察官的，最多配备一名检察官助理；其他检察官助理应调整到一线业务部门协助检察官办理案件。对于案件压力特别大的检察院，还可以组建检察官助理处，根据检察业务需要灵活调配检察官助理协助不同的检察官办理案件。原则上无论是业务部门还是综合业务部门的检察官助理，都要听从检察官安排，协助检察官到业务部门办理一定数量的案件，以解决当前检察官助理不足的现状。

2. 确立以办案为主体的检察官助理绩效考核体系。以司法办案为中心，构建检察官助理的绩效考评体系。在检察官助理的绩效考评中，应加强对检察官助理个人办案业务的考评。对于检察官助理，明确规定必须协助检察官办理一定数量的案件，如果检察官助理长期不参与协助检察官办案，在未来检察官遴选时应不予考虑。当然，在检察助理的办案业务考评标准的制定方面，应适当与检察官有所区别。如司法办案在检察官助理的绩效考评中所占的分值可以稍微低于检察官，加强检察官助理的综合能力，比如司法技能等的考评，促使检察官助理在协助检察官完成案件办理的同时，不断提升自身的业务素质，为将来真正走向检察官岗位，依法独立公正办理案件打好基础。

（三）厘清检察官与检察官助理的关系

为厘清检察官与检察助理的关系，应明确检察官对检察官助理的指令权，建立检察官与检察官助理的双向考评体系。

1. 明确检察官对检察官助理的指令权。司法责任制若干意见和权力清单明确规定了检察官和检察官助理的职责权限，在此基础上，应进一步明确检察官助理的指令权，一方面使检察官在办案过程中有权调动指挥检察官助理协助办理案件相关业务，避免出现一些从来不办理案件的检察官，和一些检察官助理以自己不入额就消极工作不积极协助检察官办案，整个办案过程主要靠检察官一个人完成的情况；另一方面也可以避免一些入额检察官拿了案件之后自己却不参与办案，而是把大部分办案业务交给助理办理，自己只是挂名，导致助理不具有办案资格却要全程负责办案。要明确各自职责，预防员额内检察官将职权范围内的事务交其助理办理或检察官助理实际行使检察权，只能依赖于对检察官的监督问责机制以及检察官的职业尊荣和自律。①

2. 建立检察官与检察官助理之间的双向考评体系。建立检察官与检察官助理之间的双向考评体系，如规定检察官享有对检察官助理的考评权力；同时赋予检察官助理对于检察官的民主考评权和检察官对于检察官助理过度使用指令权和不当使用惩戒权时的司法救济权。

（四）明确规定检察官助理的办案责任

检察官助理由于只是辅助检察官办理案件，没有最终的决定权。因此，检察官助理办案责任的确定应根据其在办案中所起的作用、违法的程度来确定。检察官助理的办案责任可以分为办案纪律责任和质量责任。办案纪律责任包括违法办案纪律，接受案件当事人、辩护律师的吃请，向案外人透露案情等，对于这类情况，检察官助理必须承担相应的违法违纪责任，检察官不知道的可以免责；检察官未参与的应当免责。检察官助理的办案质量责任是检察官助理办案时的岗位责任或者履职责任，如其不按时完成检察官交办的办案相关业务而导致检察官承办案件在实体或程序上存在瑕疵时，应承担相应的司法责任。由于检察官助理承担的办案任务大多是一些辅助性质的，对于案件质量的影响相对较小，因此对于检察官助理司法责任的规定上应相对轻一些，以保证权责统一，避免过重的司法责任打击检察官助理的办案积极性，而且过重的司法责任也并不能带来办案质量的同步提高。如对于检察官助理与检察官办案责任的划分上，有专家提出："检察辅助人员参与司法办案工作的，根据职权和分工承担相应的责任。检察辅助人员参与司法办案工作并按规定履行职责的，案件质量由检察官负责，检察辅助人员对其自身的违法违纪行为承担司法责任。"②这种意见具有一定的合理性，但是检察辅助人员参与司法办案工作并按规定履行职责时，本身就是一种依法行使检察权的行为，不可能正当的履职行为也是违法违纪行为，因此两者存在逻辑上的矛盾。所以，在检察官助理与检察官办

---

① 林志铭、张琳：《从台湾地区检察事务官制度看大陆检察官助理制度的建立》，载《海峡法学》2017年第1期。

② 广东省人民检察院课题组：《司法责任制与检察一体化问题研究》，载谢鹏程主编：《中国检察》（第27卷），中国检察出版社2018年版。

责任的划分上,笔者建议可以作出如下规定:检察官助理参与司法办案工作的,根据岗位职责和权限承担相应的责任。检察官助理参与司法办案工作并按规定履行职责的,案件质量由检察官负责;检察官助理未按规定履行职责的,对其自身的违法违纪行为承担司法责任。

检察环节视角下办理枪支犯罪案件的思考

◎陈麒亦*

> **内容摘要**：深化司法体制改革以来，司法职权配置进一步优化，检察官员额制改革后，检察官在授权范围内独立办案，对案件质量终身负责。检察官被赋予更多的权力，也承担了更高的办案质量责任。枪支犯罪历来是我国从严打击的犯罪类型，但由于2010年修改《公安机关涉案枪支弹药性能鉴定工作规定》使得枪支鉴定标准骤然降低，导致枪支犯罪入罪门槛随之降低，超越了国民预测可能性，一些案件处理引起民众广泛讨论，也给检察官办理枪支犯罪案件带来一定的困扰。检察官应当立足于职能权限，加强证据审查，准确适用法律，正确把握执法尺度，依法打击枪支犯罪，积极参与社会治理，筑牢控枪体系。
>
> **关键词**：枪支犯罪；枪支鉴定；检察制度；对策建议

近两年来，Q市Q区人民检察院配合广西公安机关开展代号为"神剑1号"的危爆物品管理大整治暨打击涉枪涉爆违法犯罪专项活动，依法批捕、起诉了一批枪支犯罪案件犯罪嫌疑人。在办理枪支犯罪案件过程中，笔者发现打击枪支犯罪尚存在一些现实困境。2017年是全面深化司法体制改革的决胜之年，枪支犯罪又历来是我国重点打击的犯罪类型，现阶段正处于缉枪治爆高压态势。检察机关有必要立足法律监督职能，从完善检察制度和办案实际出发，研究分析办理的枪支犯罪案件难题，进一步为有效打击枪支犯罪提供检察方案，推动检察制度和枪支管理制度的完善。

一、办理枪支犯罪案件现状及其特点、难点

（一）办理枪支犯罪案件总体情况

近两年来，Q市Q区人民检察院办理的枪支犯罪案件呈现出以下几个特

---

* 广西壮族自治区钦州市钦南区人民检察院公诉部检察官助理。

点：一是从罪名上看，主要集中在非法持有枪支罪，占所办案件的90%以上；二是从处理结果上看，案件多作起诉处理，占所办案件的90%以上，人民法院最终均作出有罪判决；三是从犯罪对象上看，犯罪嫌疑人涉嫌持有的枪支，只有一支为制式枪支，其他均为非制式枪支，既有以火力为动力发射枪弹的非军用枪支（以下简称火药枪），也有以压缩气体等为动力的非军用枪支（以下简称气枪）。

（二）办理枪支犯罪案件的特点和难点

虽然枪支犯罪案件最终能够起诉、判决，但办案过程并非一帆风顺。比较其他地区所办理的枪支犯罪案件基本情况，笔者发现虽然办案的法律依据是统一明确的，但各地执法尺度却不尽相同，甚至出现类案不同判、同案一审二审裁量结果大相径庭的情况。

办理枪支犯罪案件的关键，在于考查犯罪嫌疑人所持枪支是否被认定为刑法意义上的枪支，能否成为枪支犯罪的对象。因此，枪支鉴定无疑是此类案件的焦点，也是办案当中的难点。公安部早已出台《公安机关涉案枪支弹药性能鉴定工作规定》（公通字〔2010〕67号），明确了枪支鉴定标准，但在实际办案中在鉴定标准明确的情况下仍然出现执法尺度不统一的困境。经分析笔者认为，枪支鉴定标准过低、枪支犯罪入罪门槛低、超出国民预测可能性或许是造成办理枪支犯罪案件现实困境的主因。

二、枪支鉴定标准的法律规定和理解

（一）枪支的定义及鉴定标准的法律规定和理解

根据我国《刑法》和《枪支管理法》[①]的规定，刑法意义上的枪支是以火药或压缩气体等为动力，利用管状器具发射金属弹丸或者其他物质，足以致人伤亡或者丧失知觉的各种枪支。其中衡量枪支杀伤力的标准即枪口比动能。枪口比动能，即弹丸出膛后在枪口附近位置时具有的动能与弹丸横截面积的比值，单位为"焦耳/平方厘米"。

我国现行的枪支鉴定依据，是公安部于2010年修订的《公安机关涉案枪支弹药性能鉴定工作规定》（公通字〔2010〕67号）。该《规定》的枪支鉴定

---

① 《枪支管理法》第46条规定："本法所称枪支，是指以火药或压缩气体等为动力，利用管状器具发射金属弹丸或者其他物质，足以致人伤亡或者丧失知觉的各种枪支。"

标准，根据枪支性质和所发射弹药可分为三类：一是制式枪支①，凡是制式枪支，无论是否能够完成击发动作，一律认定为枪支；二是自制、改制的非制式枪支②（包括自制、改制枪支），若能发射制式弹药，包括经加装相关零件或除锈后能够发射制式弹药的，一律认定为枪支；三是不能发射制式弹药的非制式枪支，其枪口比动能大于等于1.8焦耳/平方厘米时③，也一律认定为枪支。

（二）办案中常见的枪支类型

在Q市Q区人民检察院办理的枪支案件中，涉及的常见枪支类型有由装修工具射钉器非法加装枪管而成的射钉枪、自制猎枪。该类枪支属于不能发射制式弹药的非制式枪支，无论是火药枪还是气枪，其鉴定标准均适用《公安机关涉案枪支弹药性能鉴定工作规定》规定的第三类，即若枪口比动能大于等于1.8焦耳/平方厘米时，即构成刑法意义上的枪支。

笔者办案中就接触过将射钉器改装为枪支的案例。犯罪嫌疑人出于爱好改装射钉枪，将一射钉枪原枪管拆除，另焊接一条长约60厘米的铁管代替原枪管，并在枪口处焊接一个准星，然后用砂轮机在枪管与枪身之间新开一个卡槽用于填弹，并用自行车的三角支架焊接成枪托。后经鉴定，改装后的射钉枪的枪口比动能大于1.8焦耳/平方厘米，被认定以火药为动力发射枪弹的改制火药枪，具有致伤力。改装枪支的过程并不像我们想象中的复杂和需要高超的技艺，根据最高人民检察院、公安部《关于公安机关管辖的刑事案件立案追诉标准的规定（一）》④的规定，最终对本案犯罪嫌疑人提起公诉。

---

① 制式枪支，国内制造的制式枪支是指已完成定型试验，并且经军队或国家有关主管部门批准投入装备、使用（含外贸出口）的各类枪支。国外制造的制式枪支是指制造商已完成定型试验，并且装备、使用或投入市场销售的各类枪支。

② 非制式枪支，是指未经有关部门批准定型或不符合国家标准的各类枪支，包括自制、改制的枪支和枪支生产企业研制工作中的中间产品。

③ 《枪支致伤力的法庭科学鉴定判据》（GA/T 718 – 2007）3.2规定：未造成人员伤亡的非制式枪支致伤力判断依据为枪口比动能大于等于1.8焦耳/平方厘米。

④ 最高人民检察院、公安部《关于公安机关管辖的刑事案件立案追诉标准的规定（一）》第4条规定："违反枪支管理规定，非法持有、私藏枪支弹药，涉嫌下列情形之一的，应予立案追诉：……（二）非法持有、私藏以火药为动力发射枪弹的非军用枪支一支以上；或者以压缩气体等为动力的其他非军用枪支二支以上的……"

三、检察层面办理枪支犯罪案件的思考

（一）提升法治定力，依据现行法律起诉枪支犯罪

作为检察官，我们办理刑事案件的依据应当是且只能是生效的现行法律，这里的法律属于广义概念，包括规范性法律文件、行政法规、部门规章、部门规范性文件等。检察官是法律的实施者和维护者，是依法治国方略的践行者。倘若检察官没有带头践行法律，我们还能期待谁会去遵守法律？尽管现行规制枪支犯罪案件的法律存在这样或那样的瑕疵，但这些可以通过将来立法予以修改完善。在未修改之前，法律仍是严肃权威的，仍应当是调整社会行为规范的准则。有法必依，这不仅符合程序正义的价值追求，更是依法治国的应有之义。绝不应当以法律存在瑕疵作为违反法律的免责事由。无论司法体制改革进展到哪一步，也无论检察官职责权限发生何种变化，我们据以认定犯罪事实和罪名的依据只能是法律，自由裁量权并不能超越法律规定。办理枪支犯罪案件，《公安机关涉案枪支弹药性能鉴定工作规定》仍行之有效，依旧能够作为是否构成刑法意义上"枪支"的判断依据。检察官应当遵循现有法律框架，适用该《规定》并结合刑法、相关司法解释依法审查案件，并作出起诉或不起诉决定，保证案件的法律效果。

检察官还应当对司法充满自信，对于进入司法程序的案件，事实的认定、行为的定性、法律的适用，司法机关享有最终裁决的权威。在互联网飞速发展的今天，诸如网络上热议的赵春华案、王国其案，普通民众可以发表意见，媒体也可以进行评论，但民意无论如何不能代替司法。面对舆论，检察官应保持法治定力，不为舆论所左右，独立行使检察权，依法公正处理案件。在依法公正处理案件的基础上可以关注舆情发展，做好释法说理工作，保证案件经得起历史检验，取得法律效果和社会效果的统一。

（二）加强检察环节对枪支鉴定意见的实质化审查

当前，我国推进以审判为中心的诉讼制度改革，实际上是对以往"以侦查为中心"传统格局的矫正。审查起诉阶段连接侦查和审判，检察官在庭审实质化要求中应当更加严格恪守证据裁判规则，这就要求检察官具有更高的审查证据能力。执行法律不等同于机械适用法律。尊重现行枪支鉴定标准，并不意味着放弃对枪支鉴定意见的审查。从立法精神和法律监督职能属性上看，检察机关应当再次对公安机关委托鉴定机构对涉案枪支作出的鉴定意见进行审查、认定，以确定是否满足枪支犯罪对象的要求。在审查枪支鉴定意见时，应

当秉持证据审查标准,按照刑事诉讼法关于鉴定意见的要求,审查检材与被鉴定涉案枪支是否具有同一性,鉴定机构和痕检工程师是否具有鉴定资质,鉴定过程是否合法客观,鉴定结果是否准确。公安机关提交枪支鉴定意见履行的是侦查权的职责,检察官的审查过程则是履行法律监督权的体现。只有经过检察机关的审查并经开庭质证,枪支鉴定意见才能作为认定案件事实的依据。

(三) 能动司法,善用犯罪和量刑情节保证实质正义

以常见的非法持有枪支罪为例,该罪作为抽象的危险犯,并不能简单理解为"持有即够罪","持有"应当是一种相对稳定、持续的状态。虽然刑法分则规定的枪支犯罪并非情节犯,不以"情节严重"为构成要件,但刑法总则第13条规定,情节显著轻微危害不大的不法行为,不应当以犯罪论处。检察机关办理枪支犯罪案件,应当贯彻宽严相济的刑事政策,合理行使自由裁量权,避免"一刀切",办理案件应当追求实质正义,不能违背打击枪支犯罪的初衷。

在定罪方面,不能机械地认为枪支鉴定"达标"构罪即捕、构罪即诉,应当综合考虑行为人的主观动机、目的、非法持有枪支时间的长短、枪支杀伤力的大小、有无造成客观的危害结果等方面审查枪支案件的社会危险性,对于情节显著轻微,应当依法不以犯罪论处,情节轻微的,可作相对不批准逮捕、相对不起诉。依法起诉的,对犯罪情节不同的具体个案,在量刑上也应当更为细化,除了枪支弹药数量,可将更多因素纳入考量。例如,枪口比动能越大意味着杀伤力越大,量刑就应当越高。此外,对枪支的性质、来源、用途都应当予以充分考虑,比如制式和非制式、贩卖与收藏等,都应该在量刑上区分开来。Q市Q区人民检察院就办理过一个案件,犯罪嫌疑人网购一支钢笔长短的火柴枪(经鉴定为以火药为动力发火柴棍的自制火药枪,枪口比动能为5.18焦耳/平方厘米)当作玩具把玩收藏,其杀伤力仅是近距离射击可以打死苍蝇。经审查,该院认为,犯罪嫌疑人涉嫌非法持有枪支罪,但鉴于枪支杀伤力小、犯罪嫌疑人主观恶性不大,最终作出相对不起诉处理,取得了较好的法律效果和社会效果。

(四) 延伸办案触角,加强重要案件信息发布和控枪普法宣传

1. 加强重要案件信息发布,抢占舆论阵地。检察机关办理引起社会广泛关注的枪支犯罪案件,属于人民检察院应当及时向社会发布的重要案件信息范围。要紧扣案件诉讼节点,及时公开案件的批准逮捕、提起公诉等诉讼情况。利用"两微一端"等新媒体宣传检察机关依法查处枪支犯罪案件的工作情况,

主动释法说理,消除误解,增进共识,争取民众对检察工作的理解和支持。同时要加强对"两微一端"留言和网上评论的审查,避免不法分子混淆视听、借机炒作,发表不正当言论,恶意弱化、否定检察机关依法打击枪支犯罪的工作实效。

2. 有针对性地开展控枪普法宣传,引导民众自觉抵制枪支。在深化司法体制改革的背景下,检察机关不能满足于就案办案,更应当充分发挥职能,积极参与社会治理。针对枪支犯罪高发态势,在强调有效打击犯罪的同时,更应该注意引导民众增强守法意识。针对民众对枪支认定标准、控枪政策不熟悉的现状,检察机关可以选派业务水平高、办案经验丰富的检察官到容易涉枪的人群区域开展普法宣传。一是到公园、游乐场、夜市等常见摆摊经营气枪打气球的场所,向经营者通俗地讲述1.8焦耳/平方厘米枪口比动能的杀伤力程度,比对其所持有的玩具气枪是否达到入罪标准,引导其合法经营,避免因不知法、无犯意而涉嫌犯罪。二是到大中院校讲解我国控枪政策,避免学生因猎奇心理购买、收藏枪支。三是到乡村讲解控枪政策和持枪的危害,排查村民因打猎、看家护院或长辈遗留等因素不自觉改装、收藏、持有枪支,敦促其依法上交枪支。

在不断深化司法体制改革的进程中,检察官的职责权限不断丰富,在依法治国方略中承担着越来越重要的法律监督责任。在我国严厉缉枪治爆的执法环境下,检察机关应当驰而不息地依法从严批捕、起诉枪支犯罪,维护国家安全和社会稳定。同时,检察机关还应当主动厘清法律和技术标准的关系,能动司法,正确把握执法尺度,使案件处理达到法律效果和社会效果相统一。还要积极参与社会治安综合治理,进行普法宣传,消除群众对控枪政策的误解,引导群众自觉抵制枪支,筑牢控枪体系。

创新推进检察队伍思想政治建设的思考

◎李小萍*　傅大富**

> **内容摘要**：当前，我国正处在全面建设小康社会的关键时期和深化改革开放、加快转变经济发展方式的攻坚时期。在深刻变化的国内外环境中，检察干警的思想政治建设存在着一些问题，导致了部分地区、部分检察干警产生了理想信念不坚定、是非不辨、方向迷失等问题。对此，必须引起高度的重视，要在深入分析新形势下检察干警思想政治建设存在问题的基础上，找到解决的办法，加强和改进思想政治建设的成效，确保检察干警忠于党、忠于国家、忠于人民、忠于宪法和法律，在实现中华民族伟大复兴的"中国梦"和"四个全面"伟大战略布局中担负起特殊使命。
>
> **关键词**：检察队伍；思想政治建设；思考

一、加强新形势下检察干警思想政治建设的必要性

"我国正处于社会主义初级阶段，全面建成小康社会进入决定性阶段，改革进入攻坚期和深水区，国际形势复杂多变，我们党面对的改革发展稳定任务之重前所未有、矛盾风险挑战之多前所未有。面对新形势新任务，我们党要更好统筹国内国际两个大局，更好维护和运用我国发展的重要战略机遇期，更好统筹社会力量、平衡社会利益、调节社会关系、规范社会行为，使我国社会在深刻变革中既生机勃勃又井然有序，实现经济发展、政治清明、文化昌盛、社会公正、生态良好，实现我国和平发展的战略目标，必须更好发挥法治的引领和规范作用。"① 《中共中央关于全面推进依法治国若干重大问题的决定》明确指出："全面推进依法治国，必须大力提高法治工作队伍思想政治素质、业务工作能力、职业道德水准，着力建设一支忠于党、忠于国家、忠于人民、忠

---

* 广西壮族自治区梧州市长洲区人民检察院案件管理办公室主任。

** 广西壮族自治区人民检察院公诉一处检察官助理。

① 摘自《中共中央关于全面推进依法治国若干重大问题的决定》。

于法律的社会主义法治工作队伍,为加快建设社会主义法治国家提供强有力的组织和人才保障"。

《中共中央关于全面推进依法治国若干重大问题的决定》要求:要把思想政治建设摆在首位,加强思想政治建设,深入开展社会主义核心价值观和社会主义法治理念教育,坚持党的事业、人民利益、宪法法律至上,加强立法队伍、行政执法队伍、司法队伍建设。习近平总书记指出:理想信念是共产党人精神上的"钙",精神上"缺钙"就会得"软骨病"。坚定的理想信念是政法队伍的政治灵魂。"疾风知劲草""烈火见真金"。政法队伍是和平年代面对"疾风""烈火"最多的一支队伍。这就决定了在理想信念问题上广大干警必须有更高标准、更严要求。必须把思想政治建设摆在政法队伍建设第一位,不断打牢高举旗帜、听党指挥、忠诚使命的思想基础,铸就"金刚不坏之身",永葆忠于党、忠于国家、忠于人民、忠于法律的政治本色。

因此,面对新时期、新任务,面对人民群众新要求、新期待,必须把检察队伍建设置于更加突出的位置,不断加强对检察队伍的思想政治建设。只有通过思想政治建设,用先进的思想和理论武装检察干警的头脑,使他们树立科学的信念和崇高的理想,才能进一步激发他们敢于担当、执法为民意识,把"三严三实"作为修身做人用权律己的准则,把公平正义作为检察工作的生命线,才能面对歪风邪气敢于亮剑,不做风吹两边倒的"骑墙派",切实担负起党和人民交付的重任。

二、新形势下检察干警思想政治建设存在的问题

在新形势下,一批执法不严、司法不公的反面教材、腐败分子的涌现,一些冤假错案不断被曝光,引发了舆论的广泛关注,这些都印证了部分检察干警的理想信念出现了问题,也反映出新形势下检察干警思想政治建设的问题。

(一)对思想政治建设的重要性认识不足

首先是思想政治建设多表现为被动开展的方式,在地市级及基层检察机关表现的尤为明显。这两级检察机关多是按照党委和上级检察机关的部署和安排开展干警的思想政治建设,主动开展思想政治建设的意愿不强、次数较少。其次是不能认识到思想政治建设对提高执法办案水平的重要意义。检察机关是国家的法律监督机关,检察干警的工作主要体现在偏业务性质的执法办案,因此提高检察干警的业务能力和水平,即是提高适用法律法规的水平,被当作首要任务和重中之重,排在各项教育培训的前列。而对出现的一些冤假错案以及执

法不公、司法不严方面的问题，多是从对法律法规的执行上找问题，没有认识到思想政治建设存在的问题和缺失。事实上，正是由于对思想政治建设问题认识不足，开展思想政治建设的成效不明显，才导致了个别检察干警因为思想政治素质较低，世界观、人生观、价值观扭曲，出现了办案不讲大局，不能将检察工作同党的事业相结合以及违法违纪办案的问题。

（二）思想政治建设流于形式

首先是开展思想政治建设，多数是采用集中培训的方式进行，培训的内容也是千篇一律，不仅没有结合各地的实际情况，尤其是各级检察机关干警在理想信念方面存在的突出问题不同，也缺乏培训后的监督检查，完全是为了培训而培训，为了教育而教育。其次是没有建立起长效机制。检察干警的思想政治建设大多都是"偶发"的，上面有了部署，上面开展了，下面就跟着开展，多是一些临时性、突击性的"偶发"事件，没有真正建立起检察干警思想政治建设的长效机制，做到时时学、事事学、人人学，实现思想政治建设的全天候、全时段覆盖。

（三）思想政治建设的频度和广度都存在一定的不足，教育理念滞后

在经济全球化、社会信息化的大时代背景下，传统的教育内容、方式方法不再能适应市场经济的变化，党员干部管理、教育、监督也面临新的挑战，而我们的教育工作并没有与时俱进。在现有的思想政治建设体系中，讲原则、概念的东西多，具体的深层次剖析少；流于形式的多，解决思想实际问题的少；教育培训覆盖面相对较窄，没有满足党员、领导干部个性化、差异化的内在需求。这样陈旧、缺乏针对性的教育必然导致教育效果不理想，甚至对这种教育方式产生逆反情绪。

（四）思想政治建设着重于思想政治方面，忽视了对干警的职业认同方面的内容

在现阶段，检察干警的理想信念主要强调对党的先进性、对具有中国特色社会主义法治道路等政治性理论方面的学习，以期增进检察干警的理论自信、道路自信、制度自信，确保检察干警忠于党、忠于国家、忠于人民、忠于宪法和法律，忽视了对检察干警职业认同方面的教育。由此导致的问题是，部分检察干警对检察事业缺乏足够的认同感和职业荣誉感，在一定程度上影响了检察事业的发展。

（五）片面强调集中培训，缺少对个人自学的要求

开展思想政治建设，仅仅片面强调集中学习，对干警个人自学要求不严，

缺乏督促检查。现阶段，检察干警的思想政治建设基本上都是由政工部门组织开展的集中培训，对于干警个人自学要求较少，也缺乏必要的督促和检查机制。由此导致的后果是，完全依靠轮训这一外因发力，忽视了个人自学这一内因，很难保障教育的成效。

三、加强新形势下检察干警思想政治建设的对策

（一）把检察干警思想政治建设与推进司法体制改革和增强职业认同感紧密结合起来

加强检察干警思想政治建设的一个重要方面就是要加强干警对中国特色社会主义法治道路的认同感，使检察干警衷心拥护我国检察事业、积极投身检察事业。要通过思想政治建设，让检察干警认识到检察事业的崇高性，增强使命感、职业认同感和荣誉感，认识到推进司法体制改革是促进检察事业发展、实现全面推进依法治国战略的必然要求，从而支持和拥护改革，积极投身改革，将检察职业提升到检察事业的高度，为建立和完善中国特色社会主义法治道路奋斗终身。

（二）把检察干警思想政治建设与加强教育、监督和管理力度紧密结合起来

近年来，检察机关按照中央的部署和要求，持续开展一系列教育活动，检察队伍的整体素质和执法公信力不断提升，得到各级党委、人大和社会各界的充分肯定。但我们也清醒地看到，与党和人民的要求相比，我们还有差距，如极少数检察人员思想不纯、理想信念不够坚定、价值取向模糊；有的特权思想、霸道作风严重；有的执法不公不廉，伤害群众感情，损害检察机关的执法形象。这些问题与当前部分检察干警理想信念动摇有极大关联，针对队伍中存在的这些突出问题，我们要通过不断加大教育、监督和管理力度，加强检察干警思想政治建设，为保持检察干警理想信念坚定性，为履行好党和人民赋予的职责使命提供坚强有力的组织保障。

（三）把检察干警思想政治建设与完善执法管理机制和考评机制紧密结合起来

我们要积极探索建立统一受理、全程管理、动态监督、案后评查、综合考评的执法办案管理新机制，特别是深入研究检察机关各个执法环节，以此完善执法办案规程，并作为执法办案管理的重点。要进一步完善检察业务工作考评机制，坚持办案数量、质量、效率、效果有机统一。通过完善执法管理、考评

机制与党员干部思想政治建设的有机结合，以正确的导向促进理性、平和、文明、规范执法。

（四）把检察干警思想政治建设与创新教育方式紧密结合起来

内容决定形式，形式对内容具有反作用。丰富多样的方式方法，艺术高超的教育技巧，是取得良好教育效果的重要条件。从某种意义上讲，思想政治建设是主体与客体的价值互通与心灵融合过程，这就决定了增强检察干警思想政治建设的有效性，不仅需要注意教育内容的科学、符合实际，而且取决于教育的具体方式能否激起检察干警的心灵共鸣。检察机关在长期的体制改革过程中，累积了丰富的思想政治建设经验，从而保证了检察干警思想建设的顺利开展。进入21世纪以来，思想政治建设的内容、任务、环境和渠道都发生了巨大的变化，虽然许多传统的思想政治建设方法仍然有较强的生命力，但如果不能结合新变化、新要求，只是一味简单地重复过去的老办法，不思改革创新，就难以收到好效果，甚至适得其反。当前，只有主动适应新时期检察机关司法体制改革的变化，坚持正确的教育原则，不断探索思想政治建设的新方式、新手段，注重人文关怀和心理疏导，才能真正捍卫和拓展思想政治建设的主阵地，切实增强思想政治建设的有效性，提高检察干警干事创业的积极性。

[改革探究]

我国检察官职业保障制度理论研究

◎黄朝科* 李明强**

> **内容摘要**：司法责任制改革浪潮席卷而来的今天，带来机遇的同时，也带来了巨大的挑战与风险，检察官职业对于推进我国法治化建设、实现司法公正的目标无疑具有重要的作用。如何立足现有检察职能，从制度层面保障检察官职业的长期性、稳定性、安全性是一个需要重点关注的问题。从检察官职业保障制度的内涵出发，结合我国检察官职业保障制度的现状，通过借鉴吸收西方国家以及我国澳门特区这方面的先进经验与成果，提出健全检察官职业权力保障、完善检察官职业收入与福利待遇保障等有针对性的举措。
>
> **关键词**：司法责任制；改革；检察官职业；职业保障制度

《中共中央关于全面深化改革若干重大问题的决定》首次提出建立检察官职业保障体系，在全面落实司法责任制的今天，检察官职业保障制度日益成为检察官职业改革层面的重要环节与核心内容。在进入司法改革的攻坚期与深水区，构建检察官职业保障制度体系在其中有着更加重大的理论意义与现实作用。

一、检察官职业保障制度的基本内涵及内容

（一）检察官职业保障的含义

"检察官职业保障不同于其他行业保障，它既有体制与意识形态方面的内容，同时包含经济与社会关系的成分"。① 从狭义上来讲，检察官职业保障仅仅是指对检察官职业权力给予的保障，广义上的检察官职业保障，还包括对其职业身份、职业收入、职业安全、职业教育等全方位的保障，从这点来看，显然广义上的检察官职业保障概念更符合现代社会的发展趋势与实际需求。学者

---

* 广西壮族自治区南宁市西乡塘区人民检察院党组书记、检察长。
** 广西壮族自治区南宁市西乡塘区人民检察院业务管理部干部。
① 王斌：《检察官职业保障机制研究》，载《法制博览》2016年第11期。

宋碧红就曾指出:"检察官职业保障,就是国家以检察官职业化建设为目标,建立并完善相应的制度体系和运行机制,切实保障和全面落实检察官的职业权力、职业收入等。"①

(二) 检察官职业保障的内容

检察官职业保障包含多个层面,其中检察官职业权力保障主要表现为保障检察官行使职权的独立性,不受任何个人或组织、社会团体等非法干扰,这是检察官职业保障的基础与根本,也是检察官行使自身职权的重要保障。检察官职业收入保障则强调检察官的物质收入应当与其社会地位及付出成正比,享有相对应的各方面利益,是检察官职业保障的核心与首要解决的问题。检察官职业安全保障是针对实践中日益频发的大量辱骂、伤害检察官事件而特意提出来的,"它强调检察官不因为自身依法履行职务的行为而遭受任何形式的诬告、陷害和打击、报复等安全威胁与伤害,确保自身职业的安全性"。② 我国法律规定,"非经法定事由以及法定程序,检察官一经任命,不得随意更换以及免职、辞职或者处分",③ 其实指的就是检察官的职业身份保障,在极大程度上为检察官的职业生涯提供了"保护伞"。检察官职业教育保障突出为检察官提供科学化、系统化、专业化的职业培训,以此提高检察官的业务素养与水平,适应时代更高层次的需要。

二、国外以及我国澳门特区检察官职业保障制度探讨

(一) 澳大利亚检察官职业保障制度

1. 职权上的保障。作为澳大利亚联邦的检察官,在处理案件时,只需要考虑公共利益以及证据上的采信力度,其最大的特性在于其独立性,这意味着政府以及行政机关不能对检察官处理的案件进行任何形式的干预、介入。可以说,检察官在行使职权时,是国家权益的代表,政治上、媒体等往往很难对他们施加压力,检察官唯一需要遵守的就是澳大利亚的法律以及检察院制定的法律规则。

2. 物质上的保障。在澳大利亚,检察官享有比一般公务员更高的薪金待遇,而且工资每年都是由独立的机构决定并下发,除此之外,还享受各种形式

---

① 宋碧红:《谈检察官的职业保障制度》,载《法制与社会》2009 年第 11 期。
② 检察官职业安全保障目前在我国的保障力度还比较单薄,安全保障意识比较淡化,而西方国家在中世纪就出台了众多保护检察官职业安全的各项举措与法律条文。
③ 《检察官法》以及《公务员法》对此都进行了专门规定,但是具体涉及情形、条件以及内容未作过多解释,总体上看,比较抽象、笼统。

的补贴以及发展机会与休假制度。以新南威尔士州为例，设立了专门的培训机构——学习与提高部，①负责检察官的各项培训，安排各项课程以及培训项目等，检察官可以根据自己的实际需求，提出具体培训要求，学习与提高部根据个人实际情况，安排相应的培训内容，除此之外，还建立了职业持续发展部，设立教育与交流资金，提供对外交流、学习培训的机会，给检察官提供最大的福利待遇。

3. 身份上的保障。关于检察官身份方面的保障，主要体现在皇家检察官上。第一，皇家检察官实行职位终身制。根据澳大利亚《检察官法》相关内容规定，皇家检察官属于终身任职制的职业。被任命者可以一直担任到72岁退休，除非出现法定的刑事犯罪等免职情形。从这一点来看，其对检察官身份方面的保障已经相当完善。这种身份上的保障，极大地实现了检察队伍的稳定性与发展，让检察官感受到了有尊严地活着以及自身职业所带来的价值，进一步带动了社会治安的稳定与人民群众安全感的快速提升。

4. 安全上的保障。安全保障可以说是检察官履行职权时的基础与必要条件，是检察官最重要的"保护伞"。"在澳大利亚，设立了专门的健康与安全专员官员，负责保障检察官的各项办公以及生活安全，此外，24小时不间断的保密电话援助热线，随时为检察官畅通，一旦发生突发状况或意外事件，可以随时拨打警察专线寻求帮助。"②当然，在检察官的办公场所，同样设立了专门的安全保障与监听系统，进出人员都要凭借人脸、工作证件双重识别才能进入办公区域，这些都在极大程度上为检察官依法履职提供了良好的安全保障，有助于提高检察官的职业认同感与满意度。

（二）我国澳门特区检察官职业保障制度

1. 检察官职业独立性保障。保障检察官职权上的独立性，是检察官行使检察权的前提，是保证司法公正的基础，其重要性不言而喻，因此，"澳门基本法"第90条专门规定："澳门特别行政区检察官独立行使法律赋予的检察职能，不受任何干涉。"为了更进一步保障检察官依法独立行使职权，澳门"刑法典"专门对非法干涉检察官办案的行为给予严厉处罚，如规定"以暴力限制、阻止、威胁检察官履行职权的，构成胁迫本地区之机关罪，可以判处1—8年有期徒刑，另外，不正当扰乱检察官办案的，构成扰乱本地区机关之

---

① 李新、季美君：《论澳大利亚检察官的职权与职业保障》，载《比较法研究》2017年第1期。

② 在德国、美国等国家，对于检察官人身安全方面的保护实际上也有类似的做法与规定，甚至保护的范围不仅包括检察官本人，还扩大到其亲属。

运作罪，处最高3年有期徒刑或罚金。"① 法律上的双重保障，最终带来的好处就是检察官能够充分行使自身的职权，不受任何外界因素介入，从而最终有效地保障案件程序与实体上的公正性与公平性。

2. 检察官职业身份保障。在澳门，"司法官通则"规定："澳门检察官退休年龄为65岁。"② 在退休之前，专门规定了"检察官只有在没有能力履行自身职能或违反职业纪律、犯罪等情况下，才可以免除其职务。此外，在程序上还必须由不少于三名以上的人员审议提出建议后，才能免职。"③ 同样，澳门法律也规定了不得随意对检察官进行调动、停职、免除职务、命令退休等，除非有法定的事由。更为重要的一点，"司法官通则"还特别强调，"检察官一般不得被拘留，除非涉及可能判处三年以上有期徒刑，即使检察官被羁押，也规定了必须分开囚禁"，以免检察官遭受任何形式的打击与伤害。

3. 检察官职业薪金、福利待遇保障。澳门在保障检察官薪金这方面实行高薪制，"检察官的工资是行政长官的30%到60%"，④ 远高于其他部门，检察官入职满三年，工资可以达到正科级的工资水平。此外，检察官每年的6月和11月可以多领取一个月的薪金，甚至为检察官发放家庭津贴、设备津贴以及房屋租赁津贴，同时，每年检察官还享有固定的额外假期，为检察官提供充足的休息时间。

4. 其他保障。除了上述保障以外，澳门在保障检察官职业方面，还提供了更多具有人文关怀的内容，如从保障检察官职业安全角度考虑，"规定了检察官有权可以向司法警察局申请对其本人以及家属进行特别保护"⑤，除此之外，检察官家属可以享受到与检察官本人同等条件的医疗、护理等各方面的待遇，这些都在很大程度上解决了检察官们的后顾之忧，提升了检察官对自身职业的认可度，使他们能够更加公正、独立地办理案件。

---

① 谢志强：《浅谈澳门司法官的职业保障制度》，载《中国检察官》2016年第5期。
② 我国目前是按照大众标准实行，没有特殊情形下，检察官退休年龄一般是60岁。
③ 从这点来看，澳门在检察官职业保障的内容上规定的更具体、更全面，对检察官的保障从法律保护上无疑具有更强的指导性与操作性。
④ 同澳门相比，西方很多国家在薪金待遇上，甚至实行了更高的标准，检察官往往成为社会的高级阶层代表。
⑤ 我国只有证人能享受该方面的待遇，对检察官未作相关规定。

三、我国检察官职业保障制度的完善与建议

（一）健全检察官职业权力保障制度，实现依法独立行使职权

检察权的独立性是检察官职业保障制度的核心内容与基础，也是保证司法公正的前提，关系到司法体制改革目标的最终实现，现有的检察官制度缺乏检察职能上的独立性，因此必须加以完善。

1. 进一步健全完善权力清单制度。权力清单制度中，明确以具体条文的形式将检察官的各项权力逐一落实下来，将更多的办案权力下放给检察官，从根本上改变了过去传统的那种事事需要层层审批的弊端，极大地提高了检察官的整体办案效率，更为重要的是赋予了检察官行使检察权更多的独立性，让检察官能够真正的"施展拳脚"，同时，又不是一味地放权，在得到权力的同时，也规定了检察官相应的义务，实现了权力与义务的统一。

2. 加强人财物上的垂直管理，实现经费由中央财政统一拨付。① 地方政府、行政机关的干扰，是实践中很多具体案件办理中检察官面临的问题，其很大原因是过去人财物的管控权在地方政府。通过加大上级检察系统对下级检察系统的垂直管理，实现由中央统一拨付经费给地方检察院，人财物上的独立性带来的显著优势就是检察官行使职权上更多的独立性。

3. 完善制度建设，加大对干预检察官独立行使职权的打击力度。可以借鉴澳门模式的做法，通过立法形式，以明确条文规定，对于在实践中干预检察官独立办案的行为，无论是对于单位还是个人，根据实际情况，应当给予相应程度的处罚，情节严重的，甚至可以追究其刑事责任。

（二）完善检察官职业收入与福利待遇保障制度

一方面国家必须加快司法改革的力度，特别是在落实检察官的工资待遇问题上，要提高检察官收入，加大住房、休假以及其他各方面的福利待遇，保证检察官的工资以及各项福利待遇能够根据职务升迁等实际情况得到及时调整与逐步提高。另一方面是建立检察官独立工资制度，与普通公务员工资序列区分开来，体现检察官自身价值与社会地位，让他们感受到自身职业的神圣与光荣。

（三）构建检察官职业安全保障体系，最大化降低办案风险

国家应加大对检察官在职业安全方面的保护力度。首先，在检察官的办公

---

① 人财物实现中央、省级财政统一管理是司法改革的一项重要目标，这在东部沿海一些省份已经开始实行，但是在中西部很多地方都还未提上日程。

场所设置人脸识别、刷卡进入等技术装置设备，在硬件上保障检察官的办案环境安全；其次，设立专门、独立、秘密的 24 小时报警热线，保证检察官在遇到突发事件时，能够第一时间寻求帮助；再次，对于检察官及其家属，在检察官提出申请或认为必要时，给予全面的保护；最后，为检察官购买人身意外伤害险等保险，防止检察官在遭受意外、不可抗力等情形下能够及时、快捷地得到救济，切实维护检察官的人身安全。

（四）落实检察官身份保障制度，提供检察官合理救济渠道

一是要延长检察官退休年限，非经法定事由，不得辞退、调离、开除、要求提前退休等，使检察官的身份权益得到全面保障；二是对于调遣、开除检察官等情形，必须经过严格的程序，并将相关的事实与理由进行公示，让人信服；三是在立法上规定检察官在遭受上述情形时，有合理、正当的渠道，救济自身权益，有权提出申诉，并经专业、公正的部门审核、把关，最终作出处理。

（五）构建全方位的检察官教育保障制度，提高检察官整体素能

迈入市场经济转型的深水区与攻坚期，新型、复杂案件的不断涌现，这些都对新时期的检察官提出了更高要求，检察官职业的特殊性，也要求检察官不断更新知识储备，提升各方面的业务能力与自身素能，以适应时代的发展与需求，而检察官教育保障制度就是其中重要的一把钥匙。首先，要根据检察官的实际需求、具体情况，按照检察官提交的申请与意见，有针对性地安排相应的培训内容与课程。其次，增强培训的实践色彩，避免只是单纯的普及理论知识。对于一些疑难、复杂案件，或者是类似司改版统一业务系统操作方面的难题，可以聘请上级院甚至是省外、国外一些相关方面经验比较丰富的人士进行指导，加大实践能力方面的培训力度。再次，增加对外培训、交流的机会，学习借鉴其他地方优秀的经验做法，为我所用，以此提高自身的业务能力与水平。最后，设置培训教育经费或者基金，满足检察官不同层次、多样化、全方位的职业教育需求。①

---

① 实际上，检察官的职业培训很多时候都是灌输性的被动参与，很少能够有根据自身需求主动选择的机会，从这点上看，需要更进一步完善。

检察人员分类管理改革的思考
——结合 B 市检察队伍现状分析

◎蒙秀萍[*]　李美兰[**]

> **内容摘要**：按照上级检察机关的统一部署，目前 B 市检察机关已完成了机构整合和人员调整，并按照新的机制开始运行。整体来看，分类管理取得了较大的成功，基本实现了预期的目标。但改革向来不是一蹴而就，而是在不断探索和总结积累经验的基础上逐步完善的，通过对改革前后的情况进行对比分析，将当前分类管理中出现的一些新情况和新问题进行梳理，并从检察官员额制和单独职务序列管理的相关制度完善、加强检察官助理队伍建设等方面提出解决对策。
>
> **关键词**：司法改革；检察人员；分类管理

检察人员分类管理是推进司法体制改革和深化检察人事制度改革的重要内容，自治区党委和自治区人民检察院对检察人员分类管理改革高度重视、积极推进。2017 年 7 月，自治区人民检察院与自治区党委组织部、自治区党委政法委等共同发布检察官单独职务序列及检察官助理和书记员职务序列改革试点实施方案，为检察人员分类管理工作的具体实施提供了政策依据。随后，还下发了推进人员分类管理工作的通知，着力推进全区检察人员分类管理工作。在这一年多的时间里，B 市检察机关通过实施检察官员额制、检察官办案责任制、检察官单独职务序列改革、检察官助理和书记员职务序列改革等工作对检察人员分类管理进行了积极的实践与探索，为检察机关进一步深化检察人员分类管理改革提供了可鉴之本。

一、检察人员分类管理改革的概述

（一）检察人员分类管理改革前的状况

1. 内设机构的设置。B 市人民检察院下设 14 个内设机构，其中检察业务

---

[*] 广西壮族自治区百色市人民检察院政治部主任。
[**] 广西壮族自治区百色市人民检察院政治部干部、人事科科长。

部门有 8 个，具体为侦查监督科、公诉科、民事行政检察科、监所检察科、控告申诉检察科、法律政策研究室、人民监督员办公室、案件管理办公室；综合行政部门有 4 个，具体为办公室、政治部、监察室、行政财务装备科；司法辅助部门有 2 个，具体为检察技术科、司法警察支队。12 个基层院共有内设机构 191 个、派驻乡镇检察室 42 个，每个基层院的内设机构设置基本和市级院一一对应。

2. 检察人员的构成。员额制改革前①，B 市检察机关共有在职在编检察人员② 599 名，其中具有助理检察员以上法律职务的检察官 425 名，占检察人员总数的 70.9%；书记员 87 名，占检察人员总数的 14.5%；司法警察 38 名，占检察人员总数的 6.3%；其他人员 49 名，占检察人员总数的 8.3%。岗位（部门）分布情况为：院领导 60 名，占检察人员总数的 10.0%；检察业务部门 369 名，占检察人员总数的 61.6%；综合行政部门 105 名，占检察人员总数的 17.5%；司法辅助部门 65 名，占检察人员总数的 10.9%。检察官 425 名中，院领导 59 名，占检察官总数的 13.9%；在检察业务部门的有 300 名，占检察官总数的 70.6%；在综合行政部门的有 48 名，占检察官总数的 11.3%；在司法辅助部门的有 18 名，占检察官总数的 4.2%。

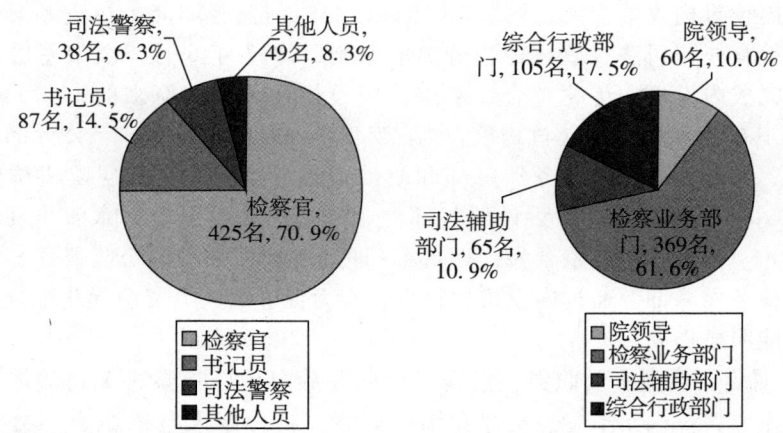

图 1：改革前检察人员结构图　　图 2：改革前检察人员岗位（部门）分布图

---

① B 市检察机关首批入额全部完成的时间为 2016 年 12 月，因此此处统计时间截至 2016 年 11 月。

② 本文中统计的人员均仅指中央政法专项编制人员。

3. 检察人员的职责。长期以来，检察机关内部对检察官的岗位职责、属执行检察权的事务都未有明确的界定。存在一些人员办案却没有法律职称，或办案的检察官不仅要审查案件，还有大量的基础性和事务性工作需要面对等情况。对检察官、院领导等人的办案任务数也并没有明确规定，检察官晋升领导后更多的精力主要放在行政工作上，办案数量明显不足。

4. 检察人员的管理。改革前，B市检察机关依照《人民检察院组织法》和《检察官法》的规定，虽然对具备检察官条件的检察人员进行了法律职务的任命和等级的评定，但尚处于法律职务职级的空转状态，并未对检察官进行单独序列的管理，缺少符合自身司法特性的管理模式，而是将其与其他检察人员一同按照一般公务员管理规定进行混合管理。在职务职级晋升、工资福利以及考核方面均参照同级一般公务员来管理。检察人员的交流也以工作需要和行政职务职级的晋升为依据，而不以检察人员类别为依据①。

（二）检察人员分类管理改革后的现状

1. 整合内设机构。目前，B市人民检察院尚未开展内设机构改革，监察体制改革后，核减反贪污贿赂局、反渎职侵权局、职务犯罪预防局三个内设机构，其他机构保持不变，现有内设机构14个。根据自治区检察院《广西基层检察院内设机构改革指导意见》，按照诉讼职能与监督职能、司法办案与案件管理、检察权与司法行政权适当分离的原则，2017年6月，全市基层检察院已全部完成内设机构优化整合，基层院内设机构总数从原来的191个整合为54个，其中有2个基层院机构整合为"六部"，即侦查监督部、公诉部、诉讼监督部、业务管理部、检务保障部和政治监察部；有2个基层院机构整合为"五部"，即刑事检察部、诉讼监督部、业务管理部、检务保障部和政治监察部；有8个基层院机构整合为"四部"，即刑事检察部、诉讼监督部、业务管理部和检务保障部。通过内设机构整合，有力促进了人力资源优化配置，检察工作效能明显提高。

2. 明确人员类别及职责。根据《广西壮族自治区检察机关司法体制改革试点工作方案》，结合检察规律和岗位职责，将检察人员依职责划分为检察官、检察辅助人员和司法行政人员三类人员。检察官是依法行使检察权的检察人员，包括检察长、副检察长、检察委员会委员、检察员，代表国家行使批准

---

① 陈慧敏：《检察人员分类管理改革研究——以H市检察机关为例》，南京大学2018年硕士学位论文。

逮捕、提起公诉、对诉讼活动进行法律监督及法律规定的其他职权。检察辅助人员是协助检察官履行检察权的检察人员,包括检察官助理、书记员、司法警察、检察技术人员,从事与办案有关的辅助性、事务性、技术性工作。司法行政人员是从事机关行政管理事务的公务员,包括各种专职党务、政务工作人员,负责检察机关党的建设、队伍建设、行政管理、后勤服务等工作。

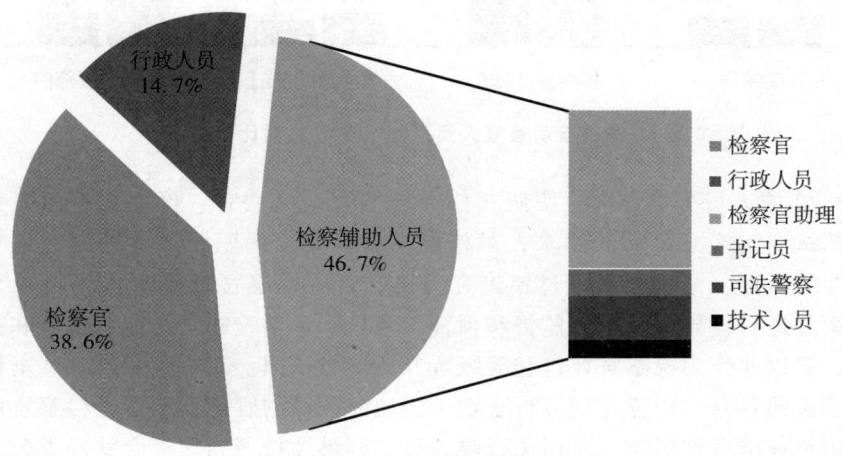

图3:改革后检察人员结构图

全市检察机关现有检察人员448名,其中检察官173名,占检察人员总数的38.6%;检察辅助人员209名(其中:检察官助理134名,占检察人员总数的29.9%;书记员22名,占检察人员总数的4.9%;司法警察37名,占检察人员总数的8.3%;检察技术人员16名,占检察人员总数的3.6%),占检察人员总数的46.7%;司法行政人员66名,占检察人员总数的14.7%。岗位(部门)分布情况为:院领导56名,占检察人员总数的12.5%;检察业务部门280名,占检察人员总数的62.5%;综合行政部门59名,占检察人员总数的13.2%;司法辅助部门53名,占检察人员总数的11.8%。

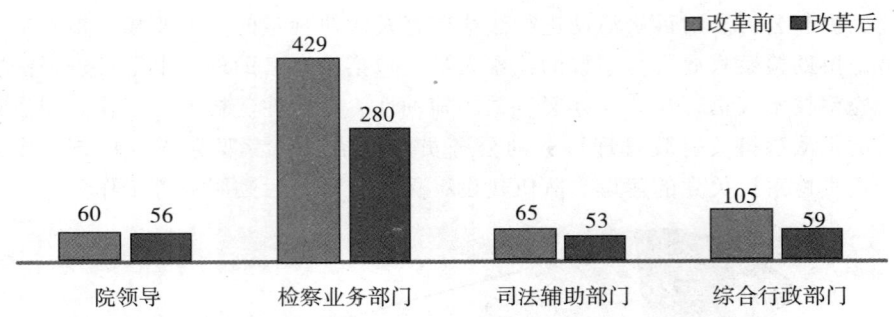

图 4：改革前后检察人员岗位（部门）对比分析图

3. 实施人员分类管理。按照《广西壮族自治区法官、检察官单独职务序列改革试点实施方案》的要求，对检察官实行单独的职务序列管理，建立检察官业绩考评、司法档案、过错追究等机制，对检察官直接或其"主导"办理的案件进行督导、检查、监督和预警，考核和评估检察官的业务素质和办案质量，并以此作为检察官评价和等级晋升的参考依据。对检察官助理和书记员也分别按照各自的职务序列进行有别于当地公务员的管理，制定了检察官助理和书记员业绩考评机制。对司法行政人员，则继续按照当地综合管理类公务员的模式进行管理。

二、检察人员分类管理改革的成效

（一）检察官员额制改革全面完成

2016 年 12 月前，全市检察机关确定首批入额检察官 220 名。2018 年 8 月，确定第二批入额检察官 16 名。部分入额检察官因退休、调离检察机关等退出员额后，全市检察机关现有员额检察官 173 名，占全市政法专项编制总数的 36.2%。改革后，一大批政治思想过硬、法律素质过硬、办案能力过硬的检察官进入员额，"谁办案，谁负责""谁决定，谁负责"的司法责任制改革要求逐步落到实处，司法效率和办案质量也得到明显提高。

（二）检察官单独职务序列改革基本完成

根据自治区检察院确定的检察官单独职务序列改革"两步走"方案，第一步全市检察机关员额检察官等级套改工作于 2018 年年初已全部完成。目前，检察官工资套改工作也已全部完成，完成检察官工资套改 236 名。在完成检察官职务套改工作基础上，B 市人民检察院与市委组织部联合印发了《B 市检察机关检察官职级选升考察方案》，制定了《B市人民检察院四级高级及以下检察官入额后等级晋升工作方案》，完成四级高级及以下检察官等级按期晋升13名，市院三级高级检察官及基层院四级高级检察官等级择优选升工作14名，各基层院正积极推进一级及以下检察官等级晋升工作。全市检察机关已基本建立有别于其他公务员的检察官单独职务序列。目前，全市检察机关现有二级高级检察官1名，占检察官总数的0.6%；三级高级检察官4名，占检察官总数的2.3%；四级高级检察官40名，占检察官总数的23.1%；一级检察官78名，占检察官总数的45.1%；二级检察官22名，占检察官总数的12.7%；三级检察官18名，占检察官总数的10.4%；四级检察官10名，占检察官总数的5.8%。

（三）检察官助理、书记员职务序列改革稳步推进

B市人民检察院制定了《检察辅助人员和司法行政人员分类定岗方案》，将未入额检察人员配置到各部门，按照人岗相适应、局部调整、个人意愿和组织安排相结合的方式，确定各部门的检察辅助人员和司法行政人员。将符合任职条件和标准的未入额检察人员一律转任为检察官助理，安排到一线协助检察官办案，全市检察一线办案力量增加近20%。按照《广西壮族自治区法官、检察官助理和书记员职务序列改革试点实施方案》要求，建立了符合检察官助理和书记员职位特点的职务序列，但原则上还是按照综合管理类公务员进行管理。目前，全市检察官助理134名中，二级检察官助理1名，占检察官助理总数的0.7%；三级检察官助理56名，占检察官助理总数的41.8%；四级检察官助理24名，占检察官助理总数的17.9%；五级检察官助理39名，占检察官助理总数的29.1%；未定级14名，占检察官助理总数的10.4%。书记员22名中，三级书记员7名，占书记员总数的31.8%；四级书记员3名，占书记员总数的13.6%；五级书记员9名，占书记员总数的40.9%；未定级3名，占书记员总数的13.6%。

（四）聘用制书记员管理制度进一步完善

为推动聘用制书记员管理实现专业化、规范化，B市人民检察院制定了《公考招聘聘用制书记员工作方案》和《聘用制书记员日常管理考核办法》，从招录、培养、履职、考核和薪酬管理等环节入手，着力解决聘用制书记员招得进、教得好、用得上、考得准、留得住的问题。2016年以来，通过公开招录方式，补充聘用制书记员31名，初步建立起一支分类科学、运行规范、基本稳定的聘用制书记员队伍。

三、完善检察人员分类管理改革的建议

当前,司法体制改革已进入"精装修"阶段,针对改革中出现的问题逐步完善相关制度是亟待解决的问题。

(一)完善检察官员额制和单独职务序列管理的相关制度,确保队伍有序更替

1. 完善检察官员额配置制度。检察官员额数的配置,应当与工作职能相适应,与工作量相适应。从工作职能的变化来看,国家监察体制改革以后,检察工作职能发生了比较大的变化,自侦职能转隶,增加了民事行政公益诉讼等职能。由于众所周知的原因,改革前大部分检察院都十分重视自侦工作,在队伍建设、员额配置等方面给予了倾斜,职能转隶后涉及检察官员额如何确定,需要制定相关政策。同时,要精细研究转隶后各业务部门中员额检察官的情况,及时提出优化建议,提升员额配置、使用、管理的科学化水平。还要充分考虑新增职能对员额检察官的需求,合理调整员额检察官比例。从工作量的差异来看,检察官员额配置,还应当充分考虑案件数量、地方人口、经济发展水平等因素,实行以案定额、人案挂钩。考虑到同一市各基层院工作量也可能存在较大差异的实际,省级院也可适当将员额控制权下放市院,实行市级统筹,一方面可以更精准地实现基层院员额数与工作量相适应,确保员额配置向案多人少矛盾突出的基层院倾斜;另一方面也与现行的工作考核机制相衔接,实现市院管人管事相统一、责权利相统一。对于预留员额的使用,在留有余地的同时,也要合理安排,尽量将省级院预留的员额优先向案多人少的基层院倾斜。

2. 完善员额遴选制度。司法责任制改革以来,广西相继进行了两轮员额遴选,在遴选条件、遴选方法、遴选程序等方面积累了一些经验,考试、考核、公示、审批等程序规定也日趋完备。但当前遴选主要还是"目光向内",在本院符合条件的检察官助理中遴选。长远看,员额检察官动态调整,还是需要面向整个检察系统、面向法律职业群体、面向社会,实行跨院遴选、逐级遴选、面向社会公开遴选。

3. 进一步明确检察官交流适用政策。员额检察官动态调整难,特别是退出难与配套制度不完善有很大关系①。检察官入额后,其个人成长按检察官等级

---

① 胡建光、万艳红、梁剑宝:《关于员额检察官退出机制的思考》,载《检察调研与指导》2017 年第 3 辑。

晋升。组织部门批准检察官等级晋升，但并没有认可其行政级别也相应晋升。检察官退出员额，其行政级别如何确定？政治、经济待遇如办公用房、车补等又如何确定？这是很多检察官都十分关心的问题，也是导致检察官不会轻易退出员额的重要原因之一。目前，只有最高检和最高法政治部下发了一份关于检察官交流适用政策相关问题的内部通知，但是当地编制人事及公务员管理部门均没有相关文件，建议应该制定全省统一的政策，明确员额检察官等级与公务员行政级别对应的转换关系，便于确定检察官退出员额后的职务等级、工资以及相关待遇等。

4. 完善员额检察官办案绩效考核制度。对检察官的绩效考核，可以从办案绩效、职业操守、廉洁自律等方面设定考核指标，对违反职业操守、廉洁自律的规定相对比较好把握。对办案绩效的考核需要从办案数量和办案质量两个方面设定考核指标。检察案件种类繁多，各类案件难易程度差异较大。确定检察官的办案数量，需要区分案件类型，合理确定各类案件的疑难权重比例系数。在考核时可以尝试将案件分为实体性案件、程序性案件、事务性案件，不同类型案件给予不同的权重系数，对确定检察官办案数量有所帮助①。在办案质量的考核上，则是通过案件质量评查，确定案件质量等次，量化为检察官的工作质效。对入额院领导的办案绩效也应当进行考核，不仅要考核办案数量和办案质量，还要考核领导办案的亲历性，对办"挂名案"进行处理。

（二）加强检察官助理队伍建设

检察官助理是员额检察官的后备力量，承载着未来检察机关的发展重任。基层检察院如何最大限度地解决检察官助理因司法改革带来的心理与薪酬等方面的冲击，确保队伍不乱、办案力度不减，从职业规划、发展前景、职业保障等方面留得住人、用好人是解决问题的方式与途径。

1. 明确检察官助理发展路径，提升检察职业尊崇感。一是要明确职级晋升标准与途径。明确何时、何种条件能够参加入额考试，从具备条件的检察官助理职务序列中，经过全省统一遴选标准和程序择优选任，同时，让作为检察官助理"后备"人才的书记员也能找到明确的努力方向与目标。二是要处理好新旧法律职务任职衔接。要充分考虑具有法律职业资格证书的检察人员回归办案一线的意愿，通过岗位及部门交流的方式，增加相应的办案经历与提升办

---

① 丁凤彩：《员额检察官动态调整机制初论》，载 http://jm.hbjc.gov.cn/jcyj/201807/t20180713_1314529.shtml，2018 年 7 月 23 日访问。

案经验。①

2. 纳入司法责任追究对象，提升干警责任意识。司法责任制改革和检察官职权清单明确了员额检察官"谁办案谁负责，谁决定谁负责"的问责机制，但实际上，员额检察官在办案过程中不可能做到事无巨细、面面俱到。虽然检察官助理不具备独立的办案资格，但其在辅助员额检察官办案过程中，从事的文书制作、卷宗摘录等所有辅助性的工作均会给员额检察官在研判案件时带来一定的影响②。建议在制定绩效考核与责任追究等相关制度时，建立检察官助理责任清单，把检察官助理的工作职能细化至具体环节，明晰权责，并在案卷材料和统一业务应用系统中全程留痕，提升工作责任意识。

3. 搭建检察官助理培优平台，提升干警综合能力。因人而异，因才定位，根据干警的个人意愿与成长需求，实施"定制化"的培养模式。一是实施定期轮岗锻炼。让检察官助理定期到不同部门轮岗锻炼，熟悉不同部门的工作流程、文书制作、办案方式等，并在规定时间节点内进行考核。二是开展业务竞赛等岗位练兵活动。主要模仿省院入额考试内容开展知识竞赛，强化各种文书写作、公诉辩论等能力。三是打造专业化、精英化人才。实行导师制，以老带新，积极提供外出学习与培训的机会，提升干警的专业技能。四是建立科学的激励机制。根据工作性质与工作职责，建立不同部门的量化考核标准与内容，明确职责，作为考核、奖励、晋升、惩罚的依据，激励每位干警更好地完成本职工作。

（三）稳定司法行政人员队伍

1. 疏通发展道路。结合每位司法行政人员的意愿和工作表现，制定个人工作规划和发展道路。对目前从事行政工作但意愿到办案一线工作的，条件合适的时候，优先考虑调整岗位。对热爱并希望留任行政工作岗位的，为其制定具体的学习计划和长远的发展规划，不断提升素质能力。同时，提高行政人员纵向流动性，积极向当地党委政府及组织部门推荐成绩突出的青年干警，为行政人员留足发展和上升的空间，给予行政人员进步的动力。

2. 提高薪资待遇。努力缩小检察官、检察辅助人员、司法行政人员之间

---

① 陈长春、王加亮：《司法改革背景下基层院检察官助理队伍培养机制研究》，载 http://www.jsjc.gov.cn/jcyj/swtt/201806/t20180620_479414.shtml，2018 年 7 月 23 日访问。

② 杨春磊、王斌：《司法改革背景下员额检察官与检察官助理关系探析》，载《江汉大学学报》2017 年第 2 期。

的薪资差距，通过提高待遇，增强行政人员自身的职业认同感，显得尤其必要。同在一个检察机关工作，收入差距过于悬殊，将会严重打击检察辅助人员和司法行政人员的工作积极性，是一个不争的事实，所以适当提升行政人员的薪资是短期内迅速稳定司法行政队伍的有效手段。

3. 加强教育培训。积极邀请上级检察机关领导和党校讲师为干警授课，组织行政人员参加培训，鼓励干警提升学历，不断学习工作新方法，拓展工作思路。坚持以老带新，经验传承与人才更替，强化行政人员自身的职业素养和业务技能。

4. 优化工作环境。这里的工作环境含义广泛，不仅指办公场所等客观环境，还包括工作氛围等主观环境。环境对人的影响巨大，工作氛围直接或间接影响着人的精神状态和工作效率。院领导尤其是单位的"一把手"要切实转变思想观念，把行政工作和业务工作放在同等重要的位置上看待，加强舆论引导，逐步消除少数干警心中对行政人员的偏见，给予行政人员应有的尊重。

司法责任制改革背景下检察机关案件承办确定机制的问题研究

——以 G 区检察院部署应用情况为切入点

◎杨 梅*

> **内容摘要**：建立随机分案为主、指定分案为辅的案件承办确定机制，是落实当前检察机关司法责任制的重要内容。2017 年全国检察机关为适应改革要求和高检院的决策部署，积极组织实施自动轮案制度，推进案件分配机制改革，如何确保案件分配规范高效、公平均衡、公开透明，进一步促进司法公正是当前亟待解决的问题，本文拟以 G 区检察院该项工作部署应用情况为切入点展开研究，以期对检察机关案件承办确定机制建言献策。
>
> **关键词**：司法责任制；随机分案；案件承办确定

为落实检察机关司法责任制，加强对司法办案活动的监督管理，促进公正司法，2017 年 5 月高检院研究起草了完善案件承办确定机制的相关规定，要求案件承办确定应当采取随机分案为主、指定分案为辅的方式进行，7 月初司改升级版"全国检察机关统一业务应用系统"正式运行，各地检察机关积极顺应检察改革新形势，梳理全院人员的系统办案身份，对办案单元、轮案组、轮案规则等进行系统后台配置，逐步依托该系统推进开展自动轮案工作。改革至今，G 区检察院采取随机分案的方式对所受理的 416 件审查逮捕案件和 401 件一审公诉案件进行了自动轮案，笔者现以该院在部署应用案件承办确定机制过程中存在的问题为切入点，提出一些粗浅的看法，为下一步制定科学合理的分案制度作出有益探索。

一、随机分案模式的价值取向

检察机关案件承办确定机制，是指案件管理部门统一受理或者其他业务部

---

* 广西壮族自治区桂林市象山区人民检察院案件管理办公室主任。

门依照规定自行受理的案件,根据案件的特点、性质、类型和检察官办案情况,按照"随机分案为主,指定分案为辅"的原则,依托统一业务应用系统直接分配给独任检察官或者检察官办案组办理的检察业务管理活动。随机分案作为主要的案件承办确定方式,是指运用系统分案功能,随机将案件一次性科学合理地分配到独任检察官或检察官办案组,在分配案件时不按照轮案组内检察官排列序号进行有序分配,而是每一轮中案件在选择检察官时是随机的。它是对传统轮案体系的重大结构性调整和功能性变革,是推动司法责任制改革落实的重要制度,其价值取向在于:

(一)缩减分案环节,提高办案效率

实行电脑随机分案后,案管部门受理的案件可以直接进入分案流程确定案件的承办检察官,缩减了过去案管部门受理分流再到业务部门接收分案的中间环节,一站式完成了受理与分案的全部工作,避免案件在流转过程中因部门转换、工作交接所延误的时间,有利于提升案件流转速度,缩短办案周期,提高办案效率。G区检察院自实施电脑随机分案后,检察官拿到受理案件的时间比过去平均缩短了1天。

(二)实现分案公平,体现制衡透明

传统分案模式是业务部门内部手动登记和人工分案,随意性大,给挑案选案留下了可操作空间,部分检察官不愿办理疑难复杂案件可以通过内勤暗中操作,将本应分到其名下的案件人为地变更给他人,这不仅使分案工作存在不公平的隐患,还导致干警之间彼此猜忌而影响队伍团结。现在将案件分配和变更管理的权力调整给案管部门,可在一定程度上减少分案干预,约束制衡业务部门随意变更案件的操作,且电脑随机分案,每个检察官被分配到的案件难易程度是客观随机的,不掺杂主观色彩,更能体现公平、透明。

(三)减少暗箱操作,防控廉洁风险

传统实践中,检察机关采用的案件分配模式一般是部门内部分案,业务部门内勤将案件登记后按检察官排列先后顺序确定案件分配,由于没有相关程序进行监督制约,分案的人为因素较重,案件被分到个人后,只要双方承办人协商同意就可以随意调换案件,甚至也有提前跟内勤打好招呼将案件直接分到其名下的做法,可以说原有模式通过暗箱操作办理人情案、关系案、金钱案的空间很大。由于系统介入,将业务部门自行定案转变为电脑随机分案,全程留痕,这种不确定性能够最大限度地减少分案环节中人为因素的控制,从源头上防控廉洁风险,提高司法公信力。

(四) 提升统筹管理,科学调度资源

现有的系统轮案查询模式可以更客观便捷地采集到每个办案单元的横纵比数据,例如其间的随机分案、指定分案、变更获得案件件数、当前轮次案件分配情况、不在位登记统计数据等,既能方便案管部门为员额制办案量提供测算依据,同时兼顾分案原则性和灵活性细化统筹,配置出更合理的系统自动轮案规则,还能实现领导对办案资源的科学调度、对办案活动的统一领导和监督管理。

二、案件承办确定机制部署应用过程中存在的问题

(一) 少数案件系统分案比人工分案更耗时

案件承办确定机制虽然采取随机分案为主、指定分案为辅,但目前该系统并未配置指定分案的模式,导致部分案件需要实现指定分案存在操作烦琐的问题,比人工直接分案耗时更多,与案件流转省时提效的初衷相违背,就G区检察院受理案件情况来看,需要指定分案的情形占27.5%,第一类是报捕和移诉同案犯或提前介入的案件,占9.5%,这类案件一般是按照同人办理原则分案给原承办人,但系统设置的同一规则被限制在不同类型的案件范围,就意味着"审查逮捕案件"类型和"一审公诉案件"类型的同案犯或提前介入案件都不能直接走该规则分到原承办人,只能先走系统随机分案程序随机分到某承办人后,再通过变更承办人申请审批程序实现同人办理,增加了三道流转环节;第二类是疑难复杂或社会影响较大案件,占18%,G区检察院作为一个拥有53名人员编制、年均办理1100多件刑检案件的机关,17名员额检察官配置给侦查监督部3人、公诉部3人,在人数有限且已经精英化的基础上,再设置办理疑难复杂案件轮案组显得没必要,因此特殊情况下的调剂指定更适合院情,然而指定分案配置的缺省,先随机再变更的替代解决方案给分案工作造成诸多不便。

(二) 平衡案件数量上不及人工分案

G区检察院在运用电脑随机分案实践中也发现了一些设计上的"短板",导致分案公平性和平衡性上反而不及人工分案,体现在以下方面:(1) 系统随机分案模式目前无法实现组间平衡,同一名检察官被设置的轮案组越多,短期办案压力越大,如办理未成年人案件轮案组的检察官被分到1个案件后,由于系统无法组间平衡,该检察官还将继续参与办理普通刑案轮案组的本轮次分案,容易造成检察官短期内案件积压,增加了结案压力。(2) 变更承办人后

易出现分案异常。由于系统设计上的不足，同案犯同人办理等很多分案处理都必须依赖变更承办人的操作，根据规则执行变更后原办案单元还将参与本轮次轮案，亦称"补偿分案"，变更办案单元则视为本轮次已轮案，不再参与该轮分案，但目前变更承办人后分案不均的状况频频，致使同期同规则的检察官被分到的案件数悬殊，易引起部门间摩擦。为了减少上述影响，维持分案平衡，当下只能通过技术部门不断在后台对案件数量高的办案单元勾选"是否参与自动轮案"的方式缩减差距。

（三）满足不同分案需求的灵活性欠缺

系统设计的自动轮案规则须服务于办案，适应工作需要，G区检察院经过一段时期的运行，电脑随机分案目前还有不及人工分案灵活的"短板"，体现在以下方面：（1）按照一定权重系数参与随机分案的入额部门领导或院领导，由于不是按1/1轮案规则参与轮案，在实践中往往会根据工作安排调整分案频次，不会全年按照同一个1/n轮案规则持续性参与分案，为保证办案数符合要求比例，采取闲时提高轮案规则、忙时降低轮案规则的方式平衡，但如此调整的后果是当提高轮案规则时系统会出现连续性分案，且与所设置的新轮案规则不匹配，出现该办案单元案件数异常激增的问题。（2）鉴于部门内入额检察官数量不多，出现出差、病假、培训、公休等不在位登记的情形很常见，某时期参与轮案的检察官只有部门领导或院领导是一种常态，但系统设计的分案规则是参与轮案的办案单元里若没有轮案规则为1/1的就无法进行分案操作，当前只能通过技术部门在后台频繁修改轮案规则来保障正常分案。

（四）系统设计仍存在挑案选案的操作空间

电脑随机轮案推行的初衷是避免受人为因素的干扰，杜绝挑案选案，但G区检察院经过实践观察，发现系统在设计上的某些规律和模式仍存在挑案选案的空间，具体表现在以下方面：（1）当不同轮案规则的办案单元进入同一轮次分案时，系统会优先分给轮案规则中分母较大的办案单元，一般为院领导或部门领导。（2）当同一轮次分到最后一个办案单元时，也可以确定接下来的案件被分到的检察官。因此，上述规律可以让被分案的检察官出现唯一确定的情形，给人为分案预留了一定的操作空间。

三、扎实推进案件承办确定机制改革的建议

（一）完善系统分案功能，满足办案需求

针对当前电脑随机分案平衡性不足、灵活性欠缺的短板问题，组织技术力

量和业务骨干深入基层调研，总结各地做法，汇总收集问题，吸纳各方意见，就软件的完善不断研究论证，在落实改革的基础上优化分案功能。具体如下：（1）对特殊案件建立指定分案模式以提升分案效率，如类似同案犯、提前介入等这类确定应当由原承办人办理的案件，就没有必要先进入随机分案流程后再变更承办人。（2）完善系统分案同期动态平衡，保障分案公平合理以减少分案纠纷和部门摩擦，同时建议授权案管部门根据实际情况调整配置权限，如轮空次数、是否参与自动轮案等。（3）设计部分开放性功能，通过特殊规则的配置灵活解决差异化的办案需求，如在保持总量平衡的原则下，允许办案单元在闲时与忙时不同轮案规则的变化不会引发分案异常等。

（二）规范分案流程，减少人为操作空间

分案是否公开透明直接关系到廉洁风险的防控，加强制度管控，规范分案流程，能最大化地运用系统随机分案实现公平分案。具体如下：（1）案件管理部门按照受理案件的顺序进行登记，并立即按序录入系统进入随机分案，要求即受即分，避免囤积案件再分配，全程留痕。（2）严格规定指定分案的范围、比例、条件和程序，对于有回避等法定事由或提前介入、共同犯罪案件等关联性案件，以及重大疑难复杂、可能引发涉检信访风险的特殊案件可采取指定分案的方式。（3）规范变更办案单元的程序，随机分案后需要变更承办人的，必须由办案部门提出申请并说明理由，经分管副检察长批准，由案管部门审核后予以变更，并进行变更备案登记。（4）每月定期从系统内导出案件轮案信息细节数据、不在位登记情况、变更办案单元情况、检察官办案量等数据信息在内网通报，增强分案透明度，以公开促公正。

（三）加强办案过程监督管理，确保权责一致

由于系统智能化有限，只能识别代表个人身份的密钥，不能识别操作系统是否就是承办者本人，亦不能辨别、清理出占员额却不办案的滥竽充数者。因此，入额院领导将密钥交给其他检察官或司法辅助人员，仅进行口头指示的非亲历性办案情形在一定程度上还将存在，承办人是否实际参与取证、调查，是否实际审讯、提审、出庭，是否清楚案件争议焦点，是否熟悉案件情况等，可通过建立入额院领导办案台账，以视频调取、笔录查询、材料核实等方式进行跟进监督，及时追踪记录案件办理进度，不定期组织对其承办案件进行质量评查，通报办案任务完成情况，避免出现院领导入额后不办案、委托办案、挂名办案等现象，只有加强了办案过程的监督管理，相关案件承办确定工作才能真正匹配到个人，才能确保权责一致，保障相关绩效考评的真实性与客观性，保

证司法责任制改革落到实处。

当前，检察院案多人少的矛盾日益突出，在司法责任制改革背景下，如何加强和深化案件分配机制改革，化解人案矛盾，机遇与挑战并存。我们期待在最高人民检察院的领导下，以电脑随机分案机制为引擎的一系列司法改革工作能够建立起更符合司法规律和检察官职业特点的司法制度，为中国司法掀开一页崭新的篇章。

司法体制改革背景下检察权的行使
——以人民监督员为视角

◎叶晶晶[*]

> **内容摘要**：人民监督员制度是由最高人民检察院倡导的并在检察系统内强力推行的一项重大制度创新，是深化我国刑事司法改革的关键环节，虽然实施成效显著，但也存在刚性效力薄弱、制度运行过程出现问题等瑕疵。结合该项制度剖析司法实践中存在的难题，理性分析这项制度所应实现的价值，推动完善检察权的行使，使之成为对检察机关进行司法活动的有效外部监督。
>
> **关键词**：检察权；人民监督员；行使；完善意见

　　检察机关作为我国的法律监督机关，如何妥善解决监督法律监督机关的难题，合理而有效地防止检察机关滥用起诉、不起诉、撤案自由裁量等权力，一直是司法理论和实务界聚焦的热点。为回应"绝对的权力必然导致绝对的腐败""法律监督者由谁监督"等民众的困惑和质疑，最高人民检察院主动引入外部监督设立人民监督员制度，经过十余载的不断探索，通过为民众提供直接有效的参与检察机关开展司法活动的监督平台的方式，推动检察权的行使与完善取得了良好效果。但不可否认的是，人民监督员制度在实行过程中还存在诸多问题亟待解决。

一、人民监督员制度发展历程及其意义

（一）人民监督员制度发展历程

　　人民监督员制度始于 2003 年高检院颁布《检察机关直接侦查案件实行人民监督员制度的规定（试行）》，自此这一制度开始在我国的部分省市试点推行。2004 年，高检院颁布《关于进一步规范和深化人民监督员制度试点工作

---

[*] 广西壮族自治区鹿寨县人民检察院办公室副主任。

若干具体问题的意见（二）》等四个有关文件，作为具体实施该项制度的指导性文件。至此，人民监督员制度在全国检察机关正式全面铺开。2010年，高检院又颁布《关于推行人民监督员制度的实施意见》，再到2015年高检院联合司法部拟定了《深化人民监督员制度改革方案》，直至2016年印发《人民监督员选任管理办法》和《最高人民检察院关于人民监督员监督工作的规定》，对人民监督员的选任方式、监督程序和监督范围等作出较为全面的规定。至此，人民监督员制度基本成形。

（二）检察机关实行人民监督员制度的意义

随着我国法治化进程的推进，程序上的公正越来越受到人们的重视。让人民群众代表监督检察权的行使，对促进检察活动公正及提高检察权公信力有着积极而重大的影响。

1. 检察权公信力的重要保障。我国民众在司法活动中对国家权力有着天然的信任，但仅倾向于当国家权力以第三方作为裁判者的立场时。因此，设立人民监督员制度，为民众搭建直接参与司法程序的良好平台，促进民众的司法信任感，有利于提升检察权的公信力。此外，人民监督员在行使监督权的过程中，代表广大人民群众与检察机关进行沟通，这在很大程度上提升了民众对我国司法公正的信心，获得民众对检察工作的理解与支持。从这方面来看，人民监督员制度能实现的效果是当前我国司法体系中已有制度无法取代的。

2. 改善当前司法环境，保障检察权独立行使。依照我国现行的司法工作制度，检察机关从法定的工作程序上看只受上级检察机关的领导，但从检察官的任命程序与赖以生存的财政供给看，检察机关行使检察权往往受到上级检察机关、地方行政权力等多重约束，影响了检察权的独立自主性、公正性。实行人民监督员制度，一方面增强了对检察机关的外部监督强度，能有效防范检察权的滥用；另一方面源于社会各界的人民监督员更具有广泛的代表性和社会影响力，其公平公正地监督司法活动及形成的监督力量，能够极大地冲击来自外部对检察机关行使检察权的干扰和阻力，改善了司法工作环境，保障了检察权独立行使。

3. 直接监督检察权的行使，督促办案质量。在检察权的行使中加入外部监督，不仅有效增强了检察机关办案的社会透明度，促进了司法公正，也促使检察干警转变人民监督员制度运行执法理念，愈加注重强化自身监督和素质，坚持依法文明办案，降低办案风险。当前，我国司法体制改革工作正在不断深入，特别是在2015年高检院、司法部联合拟定《深化人民监督员制度改革方案》，又于2016年印发了《人民监督员选任管理办法》和《最高人民检察院关于人民监督员监督工作的规定》后，不断的改革创新对检察机关的工作提出了更高要求。通过直接参与监督检察机关的司法活动，督促检察机关不断提高执法办案工作质量。

4. 取之于民，节约司法资源经济性。由于刑事司法活动具有资源高消耗的特点，导致司法资源的稀缺与易耗。而人民监督员制度充分运用了社会资源，通过这样一个民众直接参与监督的方式作为检察机关外部司法监督的有效手段，利用人民监督员选任的民众性、广泛性的特点，取之于民信之于民，在一定程度上降低了其运行的成本。让检察权直接在民众的监督阳光下行使，不仅对外达到了检察司法活动公开、公正的效果，增强检察权的公信力，对内也有效节约了司法资源，督促检察机关提高司法办案质量，继而达到节减执法办案成本，实现法律效果和社会效果的统一。

二、人民监督员制度视野下检察权行使存在的缺陷与不足

人民监督员制度作为我国自主创新的制度，伴随着司法改革迈入深化阶段，人民监督员代表人民监督检察权的力度与国家、民众的期待逐渐产生差距。

（一）缺乏法制化，权威性不足影响检察权公信力

从2003年始由高检院倡导实施至今已十年有余，人民监督员制度仍未有明确的立法。在司法实践中，上述最高人民检察院、司法部颁布的规范性文件成为开展人民监督员工作的主要依据，由于立法的滞后性，缺失具体、明确的法律根据而导致人民监督员制度在落实监督检察权的司法活动中遭遇各种瓶颈，其正当性、权威性、有效性也一直颇受诟病。人民监督员制度的设立，是我国检察机关为回应"谁来监督监督者"这一社会聚焦热点，而主动将检察权的行使过程置于人民监督之下，该制度的运行触及了检察机关的自身利益，倘若没有法律明确规定，监督者决定的效力反而最终受制于被监督者的决定[1]，最终受到影响的是检察权的公信力。

（二）监督意见的刚性效力微弱，对检察权的监督力度不足

当前在人民监督员制度运行中，人民监督员监督意见没有法律强制力，对

---

[1] 付晓梅：《关于完善人民监督员制度的构想》，载《攀枝花学院学报》2014年第5期。

案件的定论主要还是建议性的，对检察机关的决定没有起到实质性的约束。案件评议中，当人民监督员表决后，其表决意见还需经过检察机关审查，该意见没有终局性。新修订的《最高人民检察院关于人民监督员监督工作的规定》第20条规定：人民检察院依法作出决定与人民监督员表决意见不一致的，人民监督员办事机构应当会同案件承办部门向参加监督评议的人民监督员作出必要的说明。第26条规定：人民检察院作出的复议决定为最终决定。复议决定与人民监督员的表决意见仍不一致的，负责复议的人民检察院应当向提出复议的人民监督员说明理由。这些都说明了人民监督员的监督是一种柔性监督，其评议表决意见欠缺刚性，法律效力还不够充分。因此，该监督没有得到充分的法律效力保障，民众易对检察权的公正性产生质疑。

三、完善检察权行使的意见与建议

坚持和完善有中国特色的社会主义司法制度，更进一步深化司法体制改革，对检察机关依法独立公正行使检察权过程中加强和规范对检察活动的社会监督提出了"广泛实行人民监督员制度"的更高要求。

（一）推进人民监督员制度的法制化

在法治社会，只有将一项制度固定化为国家级的法律，让民众积极参与，使之真正具有社会影响力。[①] 只有将人民监督员制度列入国家级的法律之中，才能从根本上解决这一制度欠缺人民性和群众基础性的难题。为保证人民监督员所作决议的独立性及公正性，很有必要对人民监督员制度进行改进并加以完善，同时，还应当赋予人民监督员的监督决议以法律效力。对此，应尽快出台关于人民监督员工作的相关法律法规，这是完善对检察权监督的关键环节，也是推进司法改革、民主建设和法治建设的必然要求。法制化不仅保障了人民监督员的表决效力，还能保障人民监督员充分享有知情权、旁听权、表决权等权利。只有充分了解和把握案情，才能作出准确合理的分析和判断，体现检察机关司法活动的民主性、公正性，促使检察权的行使公开公正。

（二）加大监督程序的开放性，提升行使检察权的透明度

人民监督员制度作为检察机关接受社会监督的制度安排，是促进检察权行

[①] 王斌：《人民监督员制度存在的问题及完善建议》，载《法制博览》2015年第26期。

使公平公正的有效形式之一，而知情是监督的前提。① 健全检察机关外部监督制约机制，赋予监督员充分的知情权，既是人民监督员客观全面地掌握案件事实的前提，也是保证监督程序通畅的基本要求。笔者建议，启动人民监督员监督程序后，人民监督员首先应查阅案卷材料、了解案情，再听取检察机关的案情介绍，并针对案件情况进行问答。此外，监督员还可以分别会见案件各方当事人，询问了解案件的有关细节，听取各方当事人及律师的意见，避免先入为主的观点。对于重大案件，人民监督员还可通过旁听案件审讯过程，在此基础上出具科学公正的监督意见书。

（三）增强监督意见的刚性效力，推进惩治和预防司法腐败机制建设

当前，人民监督员的监督效力过于软弱，从本质上看源于人民监督员制度未实现法制化，在处理司法独立和人民监督员制度的平衡问题中没有明确的法律定位。司法实务中，若只是依据检察院内部的规定维持其生命力，会致使依附于检察权之下的监督缺乏约束性。此外，还应当注意的是，由于检察机关的司法独立性，人民监督员在行使监督权过程中也应当合理地把握干预案件的程度。至于如何均衡监督权与检察权二者的关系，为检察机关提高执法办案能力和水平、提高办案质量和效率提供切实可行的监督，仍需实践中继续探索。

（四）重设关于监督员回避制度的规定

为防止与案件存在利害关系的人民监督员参与案件评议，应当重设回避制度，且回避的主体不仅包括人民监督员，还应包括人民监督员办事机构的相关工作人员，回避的情形可以参照人民陪审员的回避条件进行设定。当人民监督员、人民监督员办事机构工作人员与案件存在利害关系时，不得以人民监督员身份进行监督，也不能从事任何关于监督的工作，其回避由组织监督工作的负责人决定。假若因未回避而对案件监督产生实质性影响的，须重新组织对案件另行监督。此外，还应明确规定人民监督员私下不能会见案件当事人，也不能接受当事人的财物、吃请及其他利益，否则都应属于回避的情形，以此保证人民监督员客观公正地履行职责。

（五）扩大监督的范围，加强检察权的公信力

要保障检察工作的长远发展，加强检察权的公信力，应当持续保证人民监督员制度的"生命力"，在改革的趋势下，应逐步扩大人民的监督员的监督范

---

① 张建升：《让检察权在人民监督下依法独立公正行使》，载《人民检察》2015年第5期。

围。纵然对职务犯罪进行有效的监督是设立人民监督员制度的初衷,但这并不意味着只是局限于职务犯罪案件,还可以尝试着拓宽监督范围,将检察环节中的若干普通刑事案件纳入其范围。①且随着督察体制改革,人民监督员的监督范围也要进行调整,在重大改革前扩大人民监督员的监督范围势在必行。

  作为法律监督机关,阳光办案是检察工作发展的必然趋势,通过对检察权运作过程的严格规范监督,才能杜绝公权力的恣意妄为。"打铁还需自身硬",检察机关当务之急是积极调整思路,以改革和完善人民监督员为切入点,不断采取有效措施,以确保健全检察权依法独立公正行使的外部监督制约机制。

---

  ① 王光贤:《人民监督员制度的实践探索与改革展望》,载《人民检察》2015年第10期。

检察民事公益诉讼理论与实践探究

◎杨 琼*

> **内容摘要**：检察民事公益诉讼制度作为公益诉讼制度中的后起之秀，充分发挥了检察机关人员专业、取证便利、双重职能保障的优势。试点工作结束一年之计，检察民事公益诉讼制度虽有蓬勃发展之势，但在实践中也遭遇了规范性文件规定混乱、诉前程序价值难以充分实现以及检察公益"两诉"协调欠佳的问题。为实现检察公益诉讼保护公众利益的价值，应从统一规范性文件、落实诉前程序效力、构建检察公益"两诉"协调机制多方面着手，为检察民事公益诉讼制度保驾护航。
>
> **关键词**：检察民事公益诉讼；检察行政公益诉讼；诉前程序

《全国人民代表大会常务委员会关于授权最高人民检察院在部分地区开展公益诉讼试点工作的决定》（以下简称《授权决定》）经2015年7月1日第十二届全国人民代表大会常务委员会第15次会议通过，最高人民检察院为落实《中共中央关于全面推进依法治国若干重大问题的决定》中关于探索检察机关提起公益诉讼制度构想，2015年7月1日发布《检察机关提起公益诉讼改革试点方案》（以下简称《试点方案》），正式启动检察公益诉讼制度的试点工作。2015年12月22日，江苏省常州市人民检察院诉许建惠、许玉仙污染环境案打响了检察民事公益诉讼第一枪，正式开启检察机关作为民事公益诉讼人的司法之旅。至此之后，检察机关提起公益诉讼案件数量不断攀升，2017年7月1日新修改的《民事诉讼法》正式确立检察机关作为公益诉讼人的主体地位之后，其作为公益诉讼人案件数量呈井喷之势。2016年2月25日，最高人民法院发布《人民法院审理人民检察院提起公益诉讼案件试点工作实施办法》（以下简称《法院实施办法》）。根据最高人民检察院2018年3月公布最新数据显示，自2015年7月1日试点启动至2017年6月30日试点结束，全国法

---

* 广西民族大学法学院。

院共受理检察机关提起的公益诉讼案件 1126 件，审结 938 件。2017 年 7 月《民事诉讼法》修改至 2018 年 1 月全国法院共受理检察机关提起的公益诉讼案件 10565 件，其中提出检察建议及发布公告 9497 件，向法院提起诉讼 272 件①。《民事诉讼法》修改后半年内案件数量约是试点两年案件数量的 10 倍，检察机关公益诉讼制度蓬勃发展，态势良好，这与检察机关自身具备的优势条件密不可分。

一、向阳花木易为春——检察机关提起公益诉讼的主体优势

《民事诉讼法》第 55 条明确规定，法定的机关和有关组织及人民检察院有权针对环境污染、侵害众多消费者权益等损害公共利益的行为提起民事公益诉讼。检察院作为具有监督与诉讼双重职能的国家机构，相较于法律规定的机关及相关组织在提起民事公益诉讼层面上，主要具备三方面优势：人员专业性、取证便利性及双重保障优越性。

（一）人员专业性

检察人员具备法律知识和法律素养，员额制改革后，入额检察官是经过选拔的优秀检察人员，具备实践与理论双重专业知识。而一般的社会组织及机关并不具备如此专业的法律团队。且在 2015 年试点之前，针对环境污染、侵害众多消费者利益等侵害公共利益的案件，检察机关可根据《刑事诉讼法》提起刑事附带民事诉讼，这为检察民事公益诉讼提供了司法经验，使其驾轻就熟。而社会组织及机关大部分缺乏相关经验，势必影响公益诉讼的质量及效率。

（二）取证便利性

决定民事诉讼之成败在于其证据是否充足确凿，涉及公共利益的环境诉讼及消费者权益诉讼因其复杂性及专业性导致其取证难于一般民事诉讼，且极易出现证据偏差。2016 年 12 月最高人民检察院会议通过的《人民检察院提起公益诉讼试点工作实施办法》（以下简称《检察院实施办法》）赋予检察机关六种调查核实证据手段，其中包括：查阅案件材料、询问相关人员、收集物证书证、咨询专家意见、勘验证物及其他必要调查方式。② 并且对行政机关、相关单位及公民苛以配合检察机关调查的义务，其所具备的便利条件使其他社会组

---

① 最高检召开新闻发布会通报检察公益诉讼案件办理情况，载 http://www.spp.gov.cn/spp/zdgz/201803/t20180303_368643.shtml，最后访问时间：2018 年 11 月 20 日。

② 详见《人民检察院提起公益诉讼试点工作实施办法》第 6 条。

织望尘莫及。

（三）双重保障优越性

《检察院实施办法》明确检察院具有查处职务犯罪、控告检察、诉讼监督等多重职能。① 监察体制改革后检察机关主要履行监督及诉讼两大职能。检察机关一方面有权督促相关行政机关行使职权制止违法行为，助推其及时作为、严格执法。另一方面在行政机关不依法履行职责的情况下可直接向人民法院提起公益诉讼，维护公众利益。② 检察机关因其职能对民事公益诉讼所享有的双重保障优势也为其他主体所欠缺。

二、白璧有微瑕——检察民事公益诉讼制度现存问题

公益诉讼在我国是新生事物，检察院作为公益诉讼人更无经验可循，故自在《中共中央关于全面推进依法治国若干重大问题的决定》中提出建立检察机关公益诉讼机制以来，并未对检察民事公益诉讼制度出台相关法律明确其具体运行方式与步骤，而是采取"摸着石头过河"的方式，由最高人民检察院及最高人民法院对相关问题作出回应。2018年3月1日，最高人民检察院及最高人民法院联合发布《最高人民法院、最高人民检察院关于检察公益诉讼案件适用法律若干问题的解释》（以下简称《检察公益诉讼解释》）对检察公益诉讼相关问题作出进一步规定，但仍遗留一些问题未能得以解决。

（一）规范性法律文件规定混乱

由于并无法律对检察机关公益诉讼制度作出统一规定，授权最高人民法院、最高人民检察院及其他有权机关做出规定。不同机关分别对检察公益诉讼制度进行探索与规制，各规范性法律文件均对检察机关民事公益诉讼案件类型作出明确规定。

表一：检察机关民事公益诉讼案件类型

《授权决定》	生态环境和资源保护、国有资产保护、国有土地使用权出让、食品药品安全等领域
《试点方案》	污染环境、食品药品安全领域侵害众多消费者合法权益等损害社会公共利益的行为

---

① 详见《人民检察院提起公益诉讼试点工作实施办法》第2条。
② 宋婧等：《检察机关在环境民事公益诉讼中的作用探讨——以浙江首例检察院提起的环境民事公益诉讼案为例》，载《环境保护》2018年第4期。

续表

《法院实施办法》	污染环境、破坏生态、在食品药品安全领域侵害众多消费者合法权益
《检察院实施办法》	污染环境、食品药品安全领域侵害众多消费者合法权益等
《民事诉讼法》	破坏生态环境和资源保护、食品药品安全领域侵害众多消费者合法权益等
《检察公益诉讼解释》	破坏生态环境和资源保护、食品药品安全领域侵害众多消费者合法权益等

由表一可知，各规范性法律文件大致从环境污染、生态资源保护、消费者权益保护这三大方面对检察民事公益诉讼案件类型作出规定。相较而言，《授权规定》中对案件类型规定范围最为广泛，《法院实施办法》较《检察院实施办法》多出一项"破坏生态"，虽然后者有"等"字为检察机关提起其他类型的公益诉讼提供了空间，但与《授权规定》相比，还是限缩了检察公益诉讼案件类型。① 为充分保护社会利益，发挥检察机关公共保护职能，同时也避免检察机关的公益诉讼权无限扩张，针对检察民事公益诉讼案件范围，我们需要根据实践的不断推进采取肯定式列举的方式具体明确哪些危害社会公共利益的行为可以由检察机关提起民事公益诉讼。而目前规范性文件规定混乱，使检察机关在公益诉讼案件中不置可否，降低了诉讼效率与质量。

（二）难以充分实现诉前程序的价值

《试点方案》规定检察机关必须在履行督促行政机关、建议社会组织提起民事公益诉讼后，无适格的机关及组织或其拒绝提起民事公益诉讼案件的前提下，才可向法院提起公益诉讼。② 检察权作为一种监督性质的权利，其介入民事公益诉讼是为了避免公共利益长时间受损而无人救济的状况出现，诉前程序的设置体现了检察机关提起民事公益诉讼的补充性和谦抑性，既能有效促使相关行政机关及社会组织及时行使权职，采取措施直接保护公共利益不受损害，节约司法资源，又能缓解员额制改革后检察人员匮乏的困境。

诉前程序设置之目的在于尊重相关行政机关及组织自我调整保护公共利益

---

① 杨雅妮：《检察机关提起民事公益诉讼诉前程序探析》，载《河南财经政法大学学报》2018年第2期。

② 详见《人民检察院提起公益诉讼试点工作实施办法》第13条。

的能力，以行政机关及组织提起公益诉讼为首要选择，检察民事公益诉讼为补充救济手段。但在运行过程中，诉前程序督促建议相关行政机关及组织提起民事公益诉讼的效果并不理想。以江苏检察院在试点期间办理的 52 件公益诉讼案件前置程序为例，回复准备提起公益诉讼的行政机关及组织仅 19 个，占比 36.5%。① 具体回复情况如下图所示：

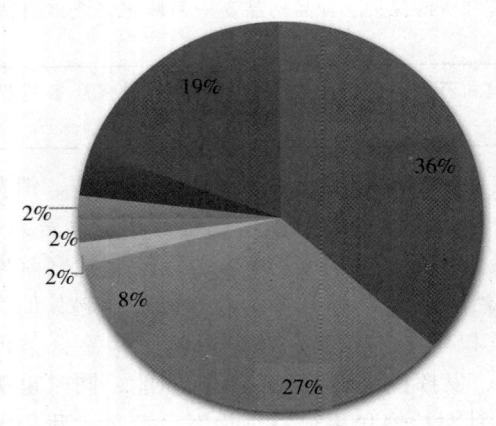

图一：江苏省 52 件检察公益诉讼案件诉前程序回复情况

（三）检察公益"两诉"衔接欠佳

伴随着《民事诉讼法》《行政诉讼法》的修改，检察机关同时成为民事公益诉讼与行政公益诉讼的主体，无论是民事公益诉讼亦或是行政公益诉讼，都促进了公益保护体系的不断完善，都有利于发挥检察院的法律监督及保护社会及公共利益的法定职责。但检察院为诉讼主体的公益"两诉"为何种关系？两者是彼此独立、并行不悖还是本质趋同择一适用？此问题看似无关紧要，实则触及公益诉讼的本质问题，检察公益"两诉"关系的不同制度安排涉及案件管辖的集中与分别、法律责任的分别与合并、审理程序的分化与集中等诸多问题，遗憾的是，无论是《民事诉讼法》《行政诉讼法》抑或是 2018 年 3 月 2 日开始实施的《检察公益诉讼解释》都未对检察"两诉"之关系作出明确的制度安排。

---

① 陆军等：《检察机关民事公益诉讼诉前程序实践检视》，载《国家检察官学院学报》2017 年第 6 期。

2016年，吉林省白山市人民检察院诉白山市江源区卫生和计划生育局及江源区中医院行政附带民事公益诉讼案是改革试点后全国出现的首例检察行政公益诉讼附带民事公益诉讼案。此案之后被最高人民检察院作为第29号指导性案例进行公布，根据《检察院实施办法》的相关规定，检察院同时提起行政公益诉讼与民事公益诉讼的范围仅限于环境污染领域，食品药品安全领域、消费者权益保护领域、英烈保护领域等多个公益诉讼领域能否提起行政附带民事公益诉讼法律规定并不明确。此外，29号指导性案例中民事公益诉讼与行政公益诉讼的主体都是检察机关，故问题得以简化。但若是民事公益诉讼是由有资质的社会组织提起，而行政公益诉讼是由检察机关提起，在此种情况下，行政公益诉讼是否可以吸收民事公益诉讼？若可以吸收，是由检察机关与社会组织作为共同原告还是由检察机关作为单独原告？这些问题在实践中都需进一步明确。

三、更上一层楼——检察民事公益诉讼制度路径优化

法律规定明晰故行而有依，统一规范性文件是完善检察公益诉讼制度的起点，在此基础之上，协调诉讼监督权与公益诉讼权才能避免检察机关内部职能冲突。而检察民事公益诉讼之精髓在于其诉讼前置程序，故发挥诉讼前置程序的作用对实现检察民事公益诉讼价值至关重要。

（一）统一规范性法律文件

最高人民法院与最高人民检察院承担主要的检察公益诉讼制度构建任务，"两高"充分沟通联合发文成为统一相关法律规范的最佳途径。其中统一检察公益诉讼案件范围势在必行，笔者认为应通过"两高"联合发文或再次修改《民事诉讼法》时统一并扩大案件范围。采取肯定式列举的方式将案件范围从"污染环境""食品药品安全领域侵害众多消费者合法权益"向生态环境和资源保护、国有资产保护、国有土地使用权出让、食品药品安全等领域发展。此外，对目前实践中频发的侵犯未成年人权益、公共工程招投标侵害公众利益等案件予以高度关注，立足司法实践，案件范围朝向热点问题延伸。统一并扩展检察机关公益诉讼案件范围，使公共安全获得更坚实保障。

（二）强化诉前程序效力

诉前程序中有关机关及组织回复提起公益诉讼的占比较少，根据图一可知主要有积极性不高和能力不足两个原因。针对积极性不高的问题，笔者建议可以采用激励与惩处并用的机制。对提起公益诉讼的机关、组织集体，可为其筹

集诉讼资金以减轻其诉讼压力,并且对于提起公益诉讼多、诉讼质量高的个人给予荣誉称号及物质奖励。对连续两年有能力提起公益诉讼而拒绝提起公益诉讼的组织,依法撤销其作为相关组织的资格。针对提起公益诉讼能力不足的难题,可结合支持起诉制度予以攻克。检察人员具有法律专业性,其调查证据也具有手段便利性,由检察机关支持起诉能弥补相关行政机关及组织诉讼能力方面的不足。但目前实践中检察机关支持起诉是派员出席发表支持起诉意见,并不参与质证与辩论环节,使支持起诉并未发挥实质作用。笔者建议对于支持起诉案件,检察机关应当运用自己优势,协助相关机关及组织调查证据,为其提供免费法律咨询,并参与法庭质证与辩论环节,从而提高相关机关及组织提起公益诉讼的专业能力。

(三) 完善检察公益"两诉"衔接机制

《检察公益诉讼解释》包含一般规定、民事公益诉讼、行政公益诉讼及附则四个部分,笔者建议在附则之前添加一部分用以构建检察"两诉"衔接机制。首先,《检察公益诉讼解释》中明确增添刑事附带民事公益诉讼这一新的公益诉讼类型,同理,笔者建议在修改该解释时明确规定行政附带民事公益诉讼这一公益诉讼类型,并扩充检察机关可以提起行政附带民事公益诉讼的案件类型。[①] 使检察机关提起行政附带民事公益诉讼有法可依,既能充分发挥诉讼程序设置的效率优势,又能协调检察公益"两诉"之关系,发挥检察公益诉讼中"行主民辅"的制度优势。其次,明确检察机关与有权社会组织同时提起公益诉讼的处理规则,就同一案件,检察机关提起行政公益诉讼,有权社会组织提起民事公益诉讼,此种情形下笔者建议由行政公益诉讼"吸收"民事公益诉讼,由检察机关作为原告提起"两诉",同时终止对社会组织提起的民事公益诉讼案件的审理。因为相较于一般社会组织,检察机关保护公共利益更具优势,且由行政公益诉讼"吸收"民事公益诉讼,有利于节约司法资源,提高司法效率,避免累诉。

---

① 巩固:《检察公益"两诉"衔接机制探析——以"检察公益诉讼解释"的完善为切入》,载《浙江工商大学学报》2018年第6期。

[制度完善]

法治视域下检察机关
对公安机关强制措施监督的审视与完善

◎ 曾祥云*

> **内容摘要**：检察机关对侦查机关适用限制人身自由等强制措施的监督既是体现检察机关对司法监督的重要表现，也是"以审判为中心"的诉讼制度改革背景下加强人权司法保障、维护司法公正的必然要求。在这种司法改革背景下审视公安机关采取的强制措施，从法律监督的角度，以公安机关采取的强制措施、特别是刑事拘留措施为主要研究点，探讨检察机关对公安机关强制措施监督的困境及存在的问题，并针对监督中存在的问题从明确对公安机关强制措施的监督范围、加强对公安机关强制措施监督的组织管理等方面提出相应的措施及对策。
>
> **关键词**：检察机关；法律监督；强制措施；机制完善

党的十八大以来，依法治国、保障人权成为司法工作的主旋律，十八届四中全会提出的"完善对限制人身自由司法措施和侦查手段的司法监督"的司法改革，是时代的要求，也是保障人权的需要。近两年的司法体制改革，其涉及面之广、力度之大、影响之深为新中国成立以来之最。检察机关作为法定的法律监督机关，既在改革中发展，也经历着改革的阵痛，不可否认，当前的司法体制改革对检察机关的部分职能甚至某些职权有一定的影响，但是从整体上看宪法赋予检察机关的法律监督的职能是没有动摇的，而且从某种意义上说，司法改革之后检察机关的业务范围更为集中，其法律监督的责任更加重大。

一、检察机关对公安机关采取的强制措施的监督属于司法监督

在我国，狭义的司法机关就是指法院与检察机关，不包括公安机关。公安机关本质上应归属于行政机关，但公安机关又不同于一般的行政机关。根据

---

* 广西壮族自治区玉林市人民检察院副检察长。

《宪法》和《刑事诉讼法》的有关规定，在刑事诉讼活动中公安机关承担侦查和执行刑罚两项职能，因而公安机关又是刑事执法机关，兼有刑事执法的职能。因此，公安机关也是我国刑事司法体系中的组成部分，行使部分司法职权。

强制措施是指对刑事案件的犯罪嫌疑人、被告人所采取的一种限制人身自由的法定强制措施。在办理刑事案件时，包括公安机关在内的司法机关为保证刑事诉讼的顺利进行，会依法采取限制或剥夺犯罪嫌疑人、被告人一定期限内的人身自由的强制手段。这种限制人身自由的强制措施包括拘传、取保候审、监视居住、拘留、逮捕等五种。对于这些限制人身自由的强制措施，除逮捕这一强制措施由法院、检察院决定外，其余的四种强制措施均可由公安机关自己决定、自己执行，因此公安机关对强制措施的采取是有绝对的权力的。拥有权力就容易滥用权力，绝对的权力必将导致绝对的腐败。司法实践中，公安机关滥用强制措施现象时有发生，既有移送检察机关审查批捕、起诉前的拘传、拘留、取保候审、监视居住，也有检察机关审查不批准逮捕、不起诉后的超期取保候审、监视居住，甚至还有检察机关批准逮捕后公安机关立即取保候审，或者取保候审、监视居住到期后长期不管挂在那儿成为"挂案"，这些行为严重损害了被采取强制措施人的合法权益。由于公安机关在行使强制措施时带有司法属性，检察机关对公安机关采取强制措施的监督是司法监督。

二、检察机关对公安机关采取强制措施监督的必要性

我国《宪法》《人民检察院组织法》均明确规定人民检察院是国家的法律监督机关，这从立法层面确定了人民检察院实施法律监督的独特地位，即检察机关是国家法定的、专门的、不同于一般监察机关的法律监督机关。此外，我国的其他法律如刑事诉讼法、民事诉讼法、行政诉讼法也赋予了检察机关对相关活动实行监督的职责。因此，检察机关行使法律监督权是有法可依的，检察权是一种独立的国家权力，是保障法律正确实施的重要环节，其作用是其他任何机关都不能代替的。人民检察院依法行使检察权，履行对立案、侦查、审判和刑罚执行以及民事审判各环节的监督。因此检察机关对公安机关的侦查活动包括采取的强制措施均需依法开展司法监督。

台湾学者林钰雄先生认为："创设检察官制度的另外一个重要功能，在于以一受严格法律训练及法律拘束之公正客观之官署，控制警察活动的合法性，

摆脱警察国家的梦魇。"① 这也说明了检察机关的法律监督有利于制约公安机关的权力，促使其在侦查活动中依法依规，保障犯罪嫌疑人的人权。依法治国的背景下，必然要求检察机关延伸法律监督范围，强化法律监督职权，而检察机关对公安机关强制措施的监督就是延伸监督触角的重要举措。但从目前的司法实务来看，检察机关对公安机关强制措施的监督工作一直不尽如人意，在一些方面监督措施不力、监督效果差。一些地方公安机关在侦查过程中随意使用强制措施、不规范使用强制措施现象还普遍存在。因此，在司法实践中检察机关实施对公安机关强制措施的监督具有客观需要，有利于保障人权，追求程序与实体的双重公正，让每一个人都能感受到司法的公平正义，实现公平正义的社会价值；另外，加强对公安机关强制措施的监督也是推进检察改革的重要举措。检察机关通过对公安机关强制措施实时、动态、全过程的监督，有利于规范公安机关的执法活动，减少因滥用强制措施导致的社会矛盾，保持社会的和谐稳定；同时强化检察机关的监督权，加强和改进检察工作，树立检察机关司法权威。

三、当前检察机关对公安机关强制措施监督的审视

当前，由于司法体制及其他方面的种种原因，检察机关对于公安机关采取强制措施的监督存在监督信息单一、监督效果差、监督范围狭窄等问题，其影响主要表现在以下几个方面：

1. 相比较于公安机关，检察机关处于相对较弱的地位，受"重配合、轻监督"观念影响，检察机关与公安机关之间配合有余、监督不足。依照有关法律规定，检察机关与公安机关在司法实务中"分工负责、相互配合、相互制约"，在业务上，检察机关与公安机关处于一种相对独立的状态。在刑事案件办理过程中，公安机关主导侦查权，法律没有明确规定公安机关必须接受检察机关的侦查引导和指导。因此，检察机关开展监督只能是事后对侦查案件材料进行书面审查。刑事案件的前期侦查工作，包括调查、取证、强制措施等可能对于整个案件的后续推进起着重要作用，如前期侦查活动违法取证，其证据可能作为非法证据予以排除，其强制措施违法可能导致罪与非罪的问题，甚至可能涉及滥用职权等职务犯罪的问题。可见，前期公安机关侦查活动检察监督的缺失，可能造成严重的问题。但是目前检察机关相对于公安机关所处的弱势

---

① 林钰雄：《检察官在诉讼法上之任务与义务》，载《法令月刊》1949年第10期。

地位及有关法律规定，致使检察机关处于"监而不能"的尴尬境地。另外，由于长期以来"重配合、轻监督"的思想影响，在司法实务中，检察机关注重与公安机关的配合、忽视对公安侦查活动的监督，导致检察机关对公安机关配合有余、监督制约不足，检察机关从法律监督机关沦为公安机关的配合机关。

2. 检察机关对公安机关强制措施的监督渠道不畅。目前，检察机关对公安机关强制措施监督的信息来源较为单一。在当前司法实践中，根据有关法律规定，公安机关采取强制措施事先无须取得检察机关的批准，甚至公安机关采取强制措施并不需要通知检察机关，这样即使检察机关发现公安机关滥用强制措施也是"后知后觉"，而且这种"事后"检察机关发现采取强制措施情况的信息也为数不多，大部分来自被强制人及其代理人的申诉控告，部分来源于检察机关审查案件过程中自我发现。这种来源单一与滞后的信息，致使检察机关监督渠道不畅，使检察机关对刑事强制措施的检察监督无法同步开展。

3. 检察机关的监督手段有限、缺乏刚性，监督趋于救济。司法实践中，检察机关纠正公安机关违法刑事活动的监督手段主要有两种：（1）发出纠正违法通知书、检察建议书，对一些不重要的违法刑事活动予以口头纠正。但是检察机关监督后侦查机关是否遵守、是否改正、不改正的后果是什么，法律均没有明确规定。比如，检察机关对公安机关某一违法强制措施发出了纠正违法通知书，由于缺乏相应的制裁措施，实践中纠正违法通知书的效力明显不足，而且发出纠正违法通知书是一种事后监督，只能对发现已经采取的违法的强制措施予以纠正，其效果等同于一种补救措施，不能有效预防违法强制措施的发生。另外，滞后的"事后监督"方式也较难发现违法问题，这使得检察机关的法律监督在一定程度上被虚化。（2）提前介入。这是一种检察机关主动监督的方式，本来这种方式可以将检察机关的监督提前，但由于提前介入只有在发生重大、疑难、复杂或者社会影响较大的案件时，或者上级检察机关督办、交办的案件，或者公安机关请求提前介入案件时，检察机关才可能提前介入案件的办理，此时检察机关才能实现对公安机关侦查活动的同步监督。但这种情况下的案件数量较少，发挥监督作用有限，另外公安机关未提出请求的话，也不能主动实施监督，导致检察监督往往缺乏实质效果。

4. 检察机关对强制措施的监督范围不全面，导致部分强制性措施监督缺位。根据我国现行法律规定，除逮捕措施外，其他的诸如刑拘、取保候审、监视居住等强制措施以及搜查、扣押、冻结等措施由公安机关自己决定。检察机关实施监督没有具体的法律规定，或者是只有原则性的规定，缺乏具体的操作细则，致使检察机关对公安机关的上述行为"监而不能"。检察机关对公安机关强制措施的监督范围不全面，导致检察机关对于公安机关如刑拘、取保候审、搜查、扣押、冻结等涉及公民人身权利、财产权利的强制性措施的监督存在监督缺位。

四、对公安侦查强制措施法律监督机制的完善

（一）检察机关对强制措施监督不到位原因分析

审视检察机关对公安机关强制措施监督机制的现实困境，我们发现，造成目前的困境既有立法层面的问题、制度层面的因素、司法实务层面的原因等外部因素，也有检察机关内部的原因。

1. 外部因素。主要表现为：（1）立法层面的问题。在法律层面，我国《刑事诉讼法》有关条款只原则性规定了检察机关对公安机关采取的强制措施实施监督的权力，而没有相关的司法解释予以明确规定，导致监督既缺乏操作性、又缺乏刚性的制约。对于公安机关不回复检察机关的纠正违法通知书的，并没有法律作出相关规定，是否遵守仅靠公安机关的自觉和通过有关部门的协调，这样检察机关监督的效力也就可想而知。另外，根据《刑事诉讼法》的规定，检察机关对公安机关强制措施监督的范围仅限于逮捕措施，而对于其他涉及公民人身权利和财产权利的强制性措施，检察机关实施监督困难较大。即使是难以对于逮捕措施的监督，也是一种事后监督，具有滞后性，且监督效果甚至带有救济的性质。另外监督手段仅限于提出纠正意见，缺乏刚性，没有对非法采取强制措施后果的刚性惩处措施，难以达到实际监督的效果。（2）制度层面的问题。在现有法律制度和司法体制中，检察机关与公安机关分工负责、相互配合、相互制约，在司法实践中处于相对平行和独立的状态。因此检察机关即无法对有关刑事案件公安机关是否违法采取强制措施展开调查，对于监督效力也没法行使必要的处分权，更不用说在机制上获得同步监督的保障。在具体的监督过程中，由于检察机关在监督立撤案审查制度、检察机关提前介入机制、检察机关引导侦查机制、监督效力保障措施等方面只有原则性规定，没有具体的操作办法，致使检察机关的监督机制无法运行。

2. 内部原因。主要表现为：（1）检察机关的执法观念有待改进。目前，随着我国各项改革的深入，各种利益交织，社会矛盾加剧，社会治安形势严峻，刑事案件频发。公安机关作为维护社会稳定的重要力量、案件侦查的主要力量,在侦查活动中其作用明显比检察机关大,其在侦查活动中的地位相对与检察机关的监督活动来说更为突出。而检察机关迫于公安机关破案率、维稳及其他方面的原因,在"重配合、轻监督"的观念影响下,检察机关重视与公安机关的配合,忽视对公安机关执法活动的监督的观念没有从根本上得到改变。为了更好地履行检察机关的监督职能,检察机关要改变旧的执法观念,在强调配合的同时积极主动开展监督,保持监督的动态、同步、全方位,全面加强对公安机关侦查活动的监督。(2)检察机关人员素质、经费等问题制约其监督作用的发挥,应加大检察机关人力资源、经费保障,提高检察人员办案能力及指导公安机关办案能力。

(二)检察机关对公安机关强制措施监督机制的完善

为了更好地履行监督职责,检察机关应总结对公安机关侦查活动监督的经验教训,完善相关监督制度。

1.明确对公安机关强制措施监督应遵循的基本原则。具体包括:(1)依法监督原则。检察机关对强制措施的监督,应在依照法律规定的基础上,立足监督职能,在监督的范围、手段、方式等方面都要依法进行。(2)有限监督原则。主要包括两个方面:一是参与不干预,即参与监督但不干预具体办案。二是到位不越位,即只监督应该监督的事情,不越位。(3)适度监督原则。检察机关在监督中,既要发挥其能动性,改变以往被动监督的局面,又要在必要性的基础上,保证该监督的方面不遗漏,同时又要避免监督扩大化;既要引导公安机关的办案,纠正违反法律程序的方面,但又不能主导整个案件的办案。(4)有效监督原则。检察机关既要公正地监督,又要不影响办案效率。公正和效率是确保监督有效的两个方面,缺一不可。

2.明确对公安机关强制措施的监督范围。明确检察机关对公安机关强制措施的监督范围,主要包括采用的强制性措施如刑拘、取保候审、监视居住的监督,捕后取保候审、监视居住及不移送起诉的监督。如针对公安机关任意扩大采取强制措施的行为,检察机关可以要求公安机关按期报告采取强制措施的数量,检察机关可以随机抽取部分采取强制措施的情况进行监督,对于监督发现的滥用强制措施的行为,可以通过检察建议、书面纠正违法通知书等方式要求公安机关改正。检察机关在审查批捕、起诉案件时,对公安机关延长刑事拘留期限的情况一并审查,对于随意延长刑拘时间或者故意随意延长刑拘时间的,应书面通知公安机关纠正。对于检察机关批捕后的案件,检察机关办案人员应注意继续跟踪,不能办了就"了",这样就会对捕后取保候审、捕后没有移送起诉的案件有目的的监督，发现存在的问题，及时敦促公安机关报告取保候审的原因及不移送起诉的理由，消除"挂案"，维护当事人的权益。

3. 加强对公安机关强制措施监督的组织管理。检察机关应建立对公安机关强制措施监督的台账，如实记录检察机关对公安机关实行监督活动的情况。通过定期走访，及时发现存在的问题，有利于提升检察机关自身的监督能力。在有条件的地方，检察机关可以在相关层级的公安机关设立检察室或者派驻检察官，对公安机关强制措施进行法律监督、提供法律咨询。完善提前介入机制，将对公安机关的监督前移至立案侦查阶段，变传统的被动监督为主动监督，有效避免公安机关强制措施的滥用。在具体办理案件时，检察机关在书面审查的基础上，必要时，应通过实际询问被害人、讯问犯罪嫌疑人等实地走访方式，全面了解强制措施的采取情况，同时建立信息备案制度，对强制措施实施有效监督。

4. 加强与公安机关的沟通与联系，强化对公安办案的指导。检察机关应加强与公安机关的沟通与联系，定期对监督工作进行总结，发现公安机关在执法活动中、强制措施中暴露的问题，应指出问题、提出相应的整改措施，迅速反馈到公安机关，以便其及时解决问题，规范强制措施的采用。检察机关也可以定期或不定期到公安机关举办诸如规范强制措施等侦查业务讲座，并对公安机关的强制措施及侦查工作中存在的其他问题提供针对性指导意见，提高公安机关的办案水平，规范公安机关执法行为。

5. 建立配套机制，保障对强制措施监督工作的顺利进行。为强化检察机关对强制措施的监督效果，检察机关应在内部和外部建立配套机制，保障监督工作的顺利进行。如在检察机关内部的侦查监督部门、公诉部门之间建立互动工作机制，互通逮捕、起诉消息，形成部门联合监督公安机关强制措施的工作机制，强化监督力量；在外部，公安机关、检察机关双方可以确定由公安法制部门承担提供公安机关采取强制措施信息的职责，检察机关由侦监部门提供相关批捕等信息，实现侦查、监督信息共享，扩大检察机关对强制措施采取的知情权，强化检察机关对强制措施的监督效果，如公安机关可以将采取强制措施的报表由专人定期抄送给检察机关，以备检察机关查验。检察机关也可以建立监督台账，将监督的内容反馈给公安机关，实行公、检联动，强化监督效果。对于办案中的一些具体问题，检察机关、公安机关可以通过召开联席会议的方式，通过协商达成共识。另外一个重要配套机制就是检察机关加强与公安机关协商，建立违法问题纠正保障机制。对于检察机关对公安机关违法采取强制措施的监督建议不履行,或者不能按时更正检察机关针对违法强制措施发出《纠正违法问题通知书》的,公安机关内部应建立相应的惩处机制,检察机关也可以向公安机关的上级机关反映,或者向监察机关反映,对相关人员给予相应的处分,保证对公安机关强制措施监督到位。

依法治国,要求担负法律监督职责的检察机关高举监督之剑,尽监督之责,维护人权,要求检察机关将监督之责落到实处,尽监督之能。在法治视域下,检察机关法律监督的要求更高。检察机关应适应时代要求,尽职履责,做好法律监督工作。对于公安机关强制措施的监督,既是检察机关维护人权、履职尽责的表现,也是检察机关实现法律公平正义的体现。因此,检察机关加强对公安机关强制措施的监督,在依法治国的背景下,具有重要的现实意义。但是以目前检察机关的办案力量、检察队伍的结构及办案经费,检察机关对数量庞大的公安机关实施全面、动态、有效的监督面临人力和物力的不足,因此检察机关首先必须在监督对象、监督方式及监督手段方面有所创新,同时尽量创造条件将一些优秀的人才招进检察机关,加大案件办理经费的投入与办案条件的保障。另外由于历史的原因和现实工作的需要,目前部分公安机关办案人员的素质、执法能力以及执法水平也有待提高,检察机关应加强对公安机关办案人员业务上的指导,必要时可以派出专人对公安执法人员开展业务培训,同时加强与公安机关办案部门的联系,强化信息沟通,建立相关案件信息通报制度,完善相应奖惩机制,实现检察机关对公安机关强制措施最大限度的监督,促进公安机关强制措施的公平公正。

"审判中心"背景下公诉机制的完善和构建

◎刘 强*

> **内容摘要**："审判中心"实质是指以庭审为中心，贯彻证据裁判原则、直接言词原则开展诉讼活动。公诉机制改革对于推进以审判为中心的诉讼制度改革起着关键性的作用，然而现有公诉机制中存在着理念指导错位、证据质量不高、驾驭庭审能力不足的问题。"审判中心"诉讼制度改革要求检察机关必须强化侦诉合作提高控诉质量、保障侦诉证据标准与审判标准相一致、全面保障被告人和辩护人合法诉讼权益、强化检察机关的庭审能力。检察机关为应对此要求，应当通过引导与监督并重完善侦诉合作机制，以证据裁判规则指导完善证据审查机制、以直接言词原则提升公诉人庭审水平从而完善公诉机制，促进以审判为中心的诉讼制度改革。
>
> **关键词**：审判中心；公诉机制；庭审中心；证据裁判原则

《中共中央关于全面推进依法治国若干重大问题的决定》（以下简称《决定》）明确提出要推进以审判为中心的诉讼制度改革。检察机关作为《宪法》规定的国家法律监督机关，重要的司法诉讼机关，"审判中心"[①] 概念的提出对检察机关的工作提出了更高的要求和挑战。因此，我们必须对现有公诉机制进行进一步检视，围绕以庭审为中心对现有公诉机制进行不断完善，从而提高公诉案件质量，提升案件庭审实效，促进以审判为中心的诉讼制度改革。

一、"审判中心"概念的厘清

"审判中心"概念并非是我国借鉴大陆法系或者英美法系等法治国家的法

---

* 广西壮族自治区桂林市秀峰区人民检察院副检察长。

① 《决定》指出：以审判为中心的诉讼制度改革，确保侦查、起诉的案件事实证据经得起法律的检验。全面贯彻证据裁判规则，严格依法收集、固定、保存、审查、运用证据，完善证人、鉴定人出庭制度，保证庭审在查明事实、认定证据、保护诉权、公正裁判中发挥决定性作用。

律术语。① 因为它们并没有这一概念，但是西方法治国家所有法律制度都是围绕着"审判中心"建立的，实质上实行的就是"审判中心"诉讼制度。党的十八届四中全会《决定》首次提出要进行以审判为中心的诉讼制度改革，然而针对"审判中心"的概念如何理解，在理论界和司法实务界引起了一番激烈的讨论，最后的讨论结果也是众说纷纭、各执一词。有人认为"审判中心"等同于"法院中心"，因为法院在案件审判过程中处于主导地位和发挥中心作用，公安机关、检察机关、辩护人应当以法院为中心。② 有人认为，我国《宪法》规定公检法三机关的"分工负责、相互配合、相互制约"的"阶段论"将不复存在，法院是审判的实施主体，因此"法院中心论"要取代"阶段论"。③ 还有人认为，"以审判为中心"是法院"以审判工作为中心"的具体落实，在《决定》出台前，法院的大量文件中已经出现"以审判工作为中心"的概念，如《关于进一步加强人民法院参与社会治安综合治理工作的意见》中的"以审判工作为中心是指在审判工作与审判工作的延伸工作之间的关系中，审判工作是中心工作。"④ 因此，厘清"审判中心"概念，对于准确把握《决定》的改革精神尤为重要。

《决定》中明确"保证庭审在查明事实、认定证据、保护诉权、公正裁判中发挥决定性作用。"因此，审判机关认定的事实、采信的证据都应当来源于庭审，公安机关调取的证据均应当在庭审中经过控辩双方的充分质证。由此可以看出，庭审才是决定案件的关键性环节，以庭审为中心才是以审判为中心诉

---

① 我国媒体和期刊多将审判中心翻译为 Trial‐centered；将审判中心主义翻译为 Trial‐centralism，这是一种直译的方法，并非来源于西方的专有术语，《元照英美法词典》中没有这一词汇。

② 王坤：《从以审判为中心的改革促进刑事诉讼价值的实现》，载《法制与社会》2015 年第 4 期。

③ 樊崇义：《以审判为中心的概念、目标和实现路径》，载《人民法院报》2015 年 1 月 14 日，第 5 版。

④ 这里的延伸工作包括：对于案件审理中发现的社会治安隐患，各类案件纠纷、矛盾产生的根源和管理上的漏洞，促进有关单位、部门采取切实可行的措施，加强防范和管理，完善防范机制；在审理民事、经济纠纷、行政案件以及办理控告、申诉工作中，从收案起就要注意发现可能导致矛盾激化的苗头，依法及时疏导，努力缓解矛盾，消除不安定因素；做好息诉、服判工作和上访户的疏导工作，减少重信、重访和越级上访，努力把矛盾解决在当地，解决在基层。

讼制度改革的核心要素。"审判中心"概念实质上指的是以庭审为中心,贯彻证据裁判原则、直接言词原则开展诉讼活动。根据全国第六次刑事审判工作会议文件,"庭审中心主义"是指"事实证据调查在法庭,定罪量刑辩论在法庭,判决结果形成于法庭。"

法院虽然作为案件庭审的主导机关,但是案件庭审的实施主体并非仅仅是法院,而是由公安机关、检察机关、辩护人、法院形成的庭审合力。检察机关依法在庭审中履行公诉职能和审判监督职能,辩护人在庭审中履行辩护职能,公安机关虽然一般不在庭审中出现,但是却以证据为依托在庭审中实现着侦查职能。检察机关是否能有效履行控诉职能也取决于庭前公安机关和检察机关是否能形成有效控诉合力。检察机关通过审查侦查机关调取的证据形成证据锁链,作为在庭审中指控被告人的有力武器。检察机关是以案件质量为依托将侦查机关和审判机关联结起来的重要纽带,因此检察机关办理案件的质量高低对案件庭审的成败起着关键性的作用,检察机关公诉机制的改革效果在一定意义上也直接影响着"审判中心"的诉讼制度改革的成败。

二、现有公诉机制的反思

(一)理念指导错位

现有公诉机制实质上受"侦查中心主义"的指导理念影响,从而导致现有检察机关的审查起诉工作存在被动化、表面化,庭审公诉工作存在形式化的问题。"侦查中心主义"是指在刑事诉讼中,侦查阶段对于被告人的定罪和量刑起着实质性的决定性作用,后续审查起诉和庭审审判只是对侦查调查结果的完善和补充,即"仅仅根据侦查阶段做成的调查笔录进行审判,即所谓'书面审理'"。[①] 德国刑事诉讼法学家赫尔曾指出"中国的公安机关在刑诉中扮演着一个更强有力的领导者角色,而不管警察是否受到足够的法律教育。"[②] 公安机关行使着《宪法》赋予的侦查权,在查办案件、实现国家刑罚权的过程中起着不可替代的作用,因此,"侦查中心主义"潜移默化地影响着检察院的审查起诉工作和法院的审判工作,从而导致刑事诉讼案件处理形成一种由侦查到起诉再到审判的工序性作业,以线性关系代替"三角构造"。另外,通过

---

① 田口守一:《刑事诉讼法》,刘迪等译,法律出版社2000年版,第25页。
② 约阿希姆·赫尔曼:《德国刑事诉讼法典》,李昌河译,中国政法大学出版社1995年版。

调研分析广西 L 市近三年来侦查机关在调查取证中存在问题进行样本分析，从样本数据中可以看出，侦查机关由于其法律地位以及侦查人员法律素质的影响，其调取证据的质量存在众多问题，而如果公诉阶段被虚化，进而导致审判工作形式化，那么案件质量将受到严重影响。

表1：广西 L 市公安机关 2015—2017 年调查取证中存在的问题

类型\年份	案件总数	未作鉴定案件数	物证未提取案件数	调查不充分案件数	未移送证据案件数	不符合程序规定案件数	不符合技术要求案件数	不符合侦查逻辑案件数	例外与原则混淆案件数
2015	42	3	1	2	17	6	3	3	32
2016	40	5	2	3	13	8	6	2	28
2017	34	4	6	5	9	8	7	2	21

（二）审查证据质量不高

现有公诉机制中"以供到证"的证据审查机制和事后性的非法证据排除机制导致公诉部门审查证据质量不高。证据质量是刑事案件的生命，检察机关通过对侦查机关调取的证据进行实体性和程序性审查，排除非法证据，采纳合法证据，要求补充证据，最终形成证据锁链进行有力指控。然而，长期以来形成的"以供到证""先供后证"审查机制，承办人在审查全案证据时，往往先审查犯罪嫌疑人是否供认，然后再根据犯罪嫌疑人的供述去寻找客观证据，这种"以供到证"的证据审查思维违背了证据裁判原则。因为物证、书证等客观证据的真实性、合法性、客观性要比犯罪嫌疑人的供述更能反映客观事实，所以"以供到证"的思维模式制约着公诉审查证据质量的提高。

非法证据排除规则适用不佳导致审查案件证据质量不高。虽然《刑事诉讼法》对于非法证据排除规则进行了更加详细的规定，但是目前司法实践中能够适用的并不多。这反映出了现行公诉审查证据机制中，检察机关对于侦查机关的证据具有一定的依赖性，重实体、轻程序的意识仍然根深蒂固，而非法证据排除规则是从证据获取程序上进行严格控制，近年来法院重审并宣告无罪的冤假错案往往都是由于关键证据的获取程序上存在非法取证造成的。另外，一些检察人员对于公安机关与检察机关的关系认识不清，局限于相互配合的思想意识导致忽视非法证据的存在，从而使得检察人员排除非法证据能力不足或者思想上不想排除非法证据。然而"创设检察官制度的另外一项功能，在于以受严格法律训练及法律拘束之公正客观官署,控制警察活动的合法性,摆脱警察国家的梦魇。"① 非法证据排除制度是法律赋予检察机关对于公安机关侦查监督职能的一项重要举措,有效运用该制度对于提高公诉证据质量起到至关重要的作用。

（三）庭审驾驭能力不足

现有公诉机制中,一方面,检察机关对于案件庭审中的能力建设重心在于法律文书制作水平和庭前能力,而公诉人在庭审中驾驭庭审的能力欠缺,特别是庭审中询问证人和询问鉴定人的能力匮乏。另一方面,正如英国法学家威廉·韦德所述:"法律必须平等地对待政府和公民,法治所需要的是,政府不应当在普通法律上享有不必要的特权和豁免权。"② 这一观念体现的是对于被告人诉讼权利在庭审中更应当给予充分保障,因此随着被告人诉讼权利保护以及辩护人辩护权制度的不断完善,公诉人在庭审中将面临辩方更强有力的抗辩,使得检察机关对于案件庭审的驾驭能力更显不足。

现有公诉机制中公诉人在庭审中询问证人、鉴定人、侦查人员能力不足。造成这一问题主要有三个原因:一是目前我国司法实践中证人、鉴定人、侦查人员出庭率非常低,公诉人一年中能遇到证人出庭作证的案件寥寥无几,基层检察机关则更稀少,因此现实条件制约了公诉人这方面能力的培养;二是由于证人证言具有不稳定性的特性,公诉人对于证人出庭也存在思想上的排斥,认为证人出庭极有可能直接影响全案证据体系的构建;三是现有检察机关对于公诉人庭审能力的培养机制中对于询问证人、鉴定人、侦查人员并不重视,对于公诉人庭前能力培养的程度远远大于庭审能力培养。目前,公诉人在庭审中询问证人存在着能力方面的严重缺陷,从而直接导致询问目的不明确、询问方式不合理、询问内容不准确、关键证人证言未能够询问到位等情况,同时当面对辩护人询问证人后产生不利于公诉方的情况下,公诉人应对能力欠缺,最终导致庭审效果不佳,庭审质量不高。

三、"审判中心"对公诉机制的要求

（一）强化侦诉合作提高控诉质量

"侦查中心主义"下的侦诉关系倾向于以侦查机关所侦查的证据为中心,

---

① 林钰雄:《检察官论》,法律出版社2008年版,第7页。
② 张文显:《二十世纪西方法哲学思潮研究》,法律出版社1996年版,第613页。

检察机关对于侦查机关的监督是事后性的监督，对于侦查机关移送的案件证据审查局限于卷面上的审查，从而导致证据完整性和合法性监督不力。有学者指出"警察和检察官统一于相同的追诉任务中，可以实现追诉主体的优秀侦查能力和良好法律素质的结合，可以保证国家追诉的正确行使。"① 因此"审判中心"下要求强化侦诉合作机制。应当充分发挥检察机关的指导监督作用，以服务庭审为中心，建立新型的侦查合作机制，提高检察机关与侦查机关合作的主动性和全面性，充分发挥侦查机关的侦查技能和检察机关的法律素养，新型侦诉合作关系应当是以服务庭审为宗旨，确保侦查、起诉的案件事实、证据经得起法律的检验，以证据为核心，形成合法严密的证据锁链，从而提高指控犯罪的质量。

（二）保障侦诉证据标准与审判标准相一致

"审判中心"下要求公诉案件的证据标准应当严格与审判定罪量刑标准相一致。证据是刑事案件的核心，而证明标准是刑事案件成功与否的根本准则。"案件事实清楚，证据确实充分"是新刑事诉讼法对公诉和审判标准的准确表述。而在司法实践中，一些侦查人员与检察人员对于审判标准缺乏准确的认识，认为侦诉机关所认定的证据标准，法庭就应该采纳，至少不会判处无罪。"审判中心"下要求侦查机关和检察机关应当以法院审判过程中所形成的证据标准为中心引导侦查和起诉。对于有证据瑕疵或者程序违法的案件，杜绝带病起诉、案前协调、事后补正的传统做法。侦查、公诉阶段对于事实认定、证据采信的证明标准都应当以审判标准为目标，侦查、起诉的案件在事实和证据层面经得起法庭审理中辩护人的质证、辩论的检验，经得起更为严格的证据裁判规则的检验。

（三）全面保障被告人和辩护人合法诉讼权益

"审判中心"要求国家机关要尊重犯罪嫌疑人和辩护人的诉讼地位，严格依法保障其诉讼权利，检察机关要通过完善工作机制，同时完善监督机制确保侦诉审三机关全面保障犯罪嫌疑人和辩护人的诉讼权利。孟德斯鸠在《论法的精神》中提出："一个人，即使最卑微的人的生命也应当受到尊重，国家在控诉他的时候，也必定要给他一切可能手段为自己辩护。"② 因此面对强大指控力量的个人，国家必须通过建立完善相关法律制度保障个人在刑事诉讼中的

---

① 宋英辉：《刑事诉讼原理》，法律出版社2003年版，第248页。
② ［法］孟德斯鸠：《论法的精神（上册）》，商务印书馆1982年版，第75页。

辩护权利；在个人经济困难的情况下，获得国家所给予的法律援助的诉讼保障。然而，通过调研我国16个样本调查地区的犯罪嫌疑人在2017年侦查阶段、审查起诉阶段和审判阶段的法律援助案件数量及其所占比例分别是523件、17.53%，553件、18.54%，1907件、63.93%。"[1] 可见，检察机关为犯罪嫌疑人申请法律援助的绝对数量非常低，相对数量仅仅略微高于侦查机关。"审判中心"要求检察机关必须在保障犯罪嫌疑人和辩护人诉讼权利的同时严格依法执行，坚决杜绝对犯罪嫌疑人和辩护人诉讼权利的保护流于形式，避免在执行过程中以各种理由延迟辩护人会见犯罪嫌疑人的时间。检察机关应当完善预约机制保障辩护人及时阅卷，通过与司法机关开展联席会议完善法律援助机制，对于由于经济困难确实无法聘请律师的犯罪嫌疑人，经过依法审查，对于符合条件的犯罪嫌疑人及时高效地向法律援助机构转达申请，确保犯罪嫌疑人获得国家法律援助的权利。

（四）强化检察机关的庭审能力

"审判中心"要求不断完善证人、鉴定人出庭制度，保证庭审在查明事实、认定证据、保护诉权、公正裁判中发挥决定性作用，检察机关将来面对更加激烈的庭审对抗，公诉人庭审能力的高低对于庭审质量起着关键性的作用。修改后的刑事诉讼法对公诉人的庭审能力提出了更高要求，针对公诉人在庭审过程中当庭询问证人和鉴定人作出了规定，要求检察人员在庭审过程中贯彻直接言词原则。"审判中心"改革下面临着重大的庭审改革，审判机关居中裁判，辩护人在庭审中对控方证据在庭审中发挥更加强有力的攻击。庭审中，控辩双方得以全面落实直接言词原则和辩护原则，在庭审中控辩双方进行更为有效的对抗，从而真正查明案件真实。随着证人、鉴定人、侦查人员出庭数量的增多，"审判中心主义"对于公诉人在庭审中灵活应对证人翻证，有效询问鉴定人、侦查人员提出了更高要求。

四、"以庭审为中心"完善和构建公诉机制

（一）引导与监督并重，完善和构建侦诉合作机制

检察机关应当以庭审为中心、以证据为核心、以案件质量为目标完善引导与监督并重的侦诉合作机制。新型侦诉合作机制应当紧紧围绕案件庭审进行构建，充分发挥检察机关对于侦查机关的引导与监督作用。"审判中心"下，检

---

[1] 参见"刑事法律援助实施情况总结研讨会"会议文件。

察机关在侦查机关调查取证方面和侦查机关出庭作证方面既要充分发挥引导作用，也要发挥监督作用。检察机关应当改变传统"侦查中心主义"下被动审查案卷证据的现状，通过主动介入侦查对侦查机关的证据收集活动进行引导和监督。具体方式可以是提前介入重大案件的讨论为侦查人员提供取证意见，也可以通过与侦查机关以会签文件的方式针对特定类别案件的证据收集提供指导性意见。"检察机关应当根据庭审证明的需要，以客观公正的视角有针对性的引导侦查人员收集、补充证据，更加注重证据的真实性、合法性和证据链条的完整性，从整体上提高追诉质量。"[1] 但需要注意的是，对于检察机关提前介入侦查应当进行案件范围上的限制，在范围上应当是重大复杂的案件，并且是证据繁多、取证难度较大的或者是社会影响大的重大、复杂案件，否则不利于检察机关对侦查机关监督作用的发挥。

检察机关还应当通过提升侦查人员出庭能力对侦查人员出庭作证进行引导与监督。侦查人员出庭作证在"庭审中心"审判模式下将发挥重要的作用，然而，在现有侦诉合作机制中并未涉及检察机关对侦查人员出庭能力的引导与监督，从而导致司法实践中被告人或者辩护人要求侦查人员出庭时，侦查人员以各种理由坚决不出庭，或者侦查人员出庭时的庭审表现差强人意。侦查人员面对辩护人的交叉询问，如果应对不力，往往导致庭审效果不佳，因此检察机关应当对侦查人员出庭能力进行有效引导，强化侦查人员出庭活动的监督，提升侦查人员出庭作证的质量。具体而言，检察机关可以通过邀请侦查人员参加模拟庭审提升侦查人员出庭作证的应变能力和语言表达的规范程度。模拟庭审中，公诉人与模拟辩护人重点针对侦查人员的取证方式和取证程序等程序性问题进行质证，侦查人员必须依照法律程序规范地对侦查活动的合法性向法庭阐释，让法庭对于侦查机关的取证方式和程序有个真实的了解，从而加深对证据的采信度。另外，检察机关还可以通过组织侦查人员观看现场庭审的方式引导规范侦查人员的出庭能力。现场观摩庭审能够让侦查人员亲身经历庭审的整个过程，从观摩对象的表现上吸取经验和教训，从而引导自身的出庭活动。同时检察机关还应当通过侦查人员的庭审活动对其侦查行为进行有效监督。

（二）以证据裁判规则为指导，完善和构建证据审查机制

曹建明检察长在2015年全国检察长会议中提出："检察机关要全面贯彻

---

[1] 王守安：《以审判为中心的诉讼制度改革带来深刻影响》，载《检察日报》2014年11月10日，第3版。

'证据裁判规则'①,坚持严格依法收集、固定、审查和运用证据,严格证明标准,不仅要重视收集和采信有罪证据,也要重视收集和采信无罪证据,坚决排除非法证据,有罪则诉,疑罪从无,坚决防止事实不清、证据不足的案件或者违反法律程序的案件'带病'进入起诉、审判程序。"② 该段表述给检察机关在"审判中心"下如何进行证据审查指明了方向。然而在现有公诉机制下,还存在一些办案人员重口供、轻物证,重有罪证据、轻无罪证据,重实体审查、轻程序审查,排除非法证据远未达到法律效果的问题。因此检察机关应当全面贯彻曹建明检察长的会议精神,以证据裁判规则为指导完善证据审查机制。

检察机关要改变传统"以供到证"的证据审查机制,树立"以证到供"的证据审查观念,注重对在案证据的程序性审查,注重对无罪证据的收集和审查,依照证据证明标准取舍证据,最终形成证据锁链。检察机关要对案件诉讼程序中立案、拘留、逮捕、提押、换押、羁押期限、诉讼权利保障等诉讼程序进行审查。对于物证、书证之类的客观性证据,更要充分审查物证提取的程序,而对于稳定度相对较低的犯罪嫌疑人供述、证人证言等言词证据,更要树立审查程序重于实体的认知观念,全面系统化地提升证据质量。

检察机关应以证据裁判原则为指导,提高排除非法证据的能力。从非法证据排除规则在司法实践中的情况来看,司法机关排除非法证据的案件并不多,特别是检察机关审查后适用非法证据排除规则的少之又少。③ "审判中心"下,

---

① "犯罪事实说"表述为对犯罪事实的认定,必须有相应证据予以证明。"犯罪事实说"支持的有:《法国刑事诉讼法典》第 427 条;1876 年日本《断罪依证律》"凡断罪,依证据";我国台湾地区"刑事诉讼法"第 154 条认为刑事诉讼中证据裁判原则的基本内涵为犯罪事实的认定必须以证据为依据。"争议事项说"认为必须有相应的证据予以证明才能认定刑事案件事实,也就是说认定被告人的有罪事实和无罪事实都需要证据,明显背离了无罪推定原则。因此本文采"犯罪事实说",即在刑事案件中,必须以证据为依据来认定案件中的犯罪事实,其内涵可以包括三个方面:一是犯罪事实问题必须依靠证据加以认定,无证据则无事实;二是证据必要要有证据资格;三是证据必须经过法庭调查才能作为裁判依据。

② 《最高检:防止证据带病进入起诉和审判程序》,载 http://news.jcrb.com/jxsw/201501/t20150123_1471361.html,2018 年 4 月 10 日访问。

③ 通过抽样查阅东莞市第一人民法院 2013 年 1 月 1 日至 2013 年 5 月 31 日审结的 745 宗刑事案卷材料,只有 4 宗刑事案件适用了刑事非法证据排除的相关法律法规;其中检察机关适用的 1 宗,法庭适用刑事非法证据排除的 3 宗。

检察机关应当及时核查可能存在的非法证据,听取犯罪嫌疑人、辩护人的意见,坚决排除非法证据。从典型的"审判中心"国家的经验看,美国检察官主要是从以下两个方面强化非法证据排除:一是充分运用审前的听证程序举证证明证据的合法性;二是明确非法证据排除的标准。对于被告人的口供,美国检察官需要核实口供的取得不违反"米兰达规则""反对自证其罪原则"及"正当程序原则",证据合法性应当达到优势证据标准,排除合理怀疑的程度。① 德国检察官实行的是检察领导侦查的制度,因此他们对非法证据从侦查开始就已经明确"避免采用非法手段取得的犯罪嫌疑人供述",具体从举证禁止和证据使用之禁止②排除非法证据,受职权主义影响,德国检察官在法庭上更多的是配合法官排除非法证据。③

我国检察机关应当充分以证据裁判规则为指导,以该原则的法治精神指导具体排除非法证据活动。检察机关在审查起诉阶段就应该重视非法证据排除工作,坚决摒弃存在非法嫌疑但事后补充相关证据带病使用的陈旧理念,通过对证据进行程序性审查,对于证据合法性有疑问的案件和被告人、辩护人提出非法证据排除申请的案件,必须要求侦查机关补充证明证据合法性的证据材料,提高审查起诉阶段和审判阶段应对非法证据排除的能力,进而提高庭审质量。

(三)以直接言词原则提升公诉人庭审水平

公诉人作为在案件庭审中的主要力量,其参与庭审的水平对于法庭查明案件事实起到关键作用,因此完善公诉机制必须提高公诉人在法庭上阐明言词证据的能力。庭审实质化下需要贯彻直接言词原则④,因此检察机关必须转变现有证人证言局限于案卷中的做法,要将证人证言的位置放眼庭审。公诉机制改

---

① [美]琼·雅各比:《美国检察官研究》,周叶谦等译,中国检察出版社1990年版。
② 举证禁止是指相关材料自始不得作为证据进入刑事诉讼,法律从一开始就不赋予其证据属性,而证据使用禁止在德国包括违反禁止规定而取得的被告之陈述,即使被告人自己同意,亦不得使用为证据。
③ [德]克劳思·罗科信:《刑事诉讼法》,吴丽琪译,法律出版社2003年版,第212页。
④ 直接言词原则是大陆法系国家刑事诉讼中常用的审理原则。如《德国刑事诉讼法》第250条规定:"对事实的证明如果是建立在一个人的感觉之上的时候,要在审判中对他询问。询问不允许以宣读以前的询问笔录或者书面证言而代替。"《法国刑事诉讼法》第427条规定:"除法律另有规定外,犯罪得以任何证据形式认定,并且法官得依其内心确信作出判决。法官只能在审理过程中向其提出的,并在其当面经对席辩论的证据为其作出裁判决定的依据。"

革中，更要强化公诉人在庭审中应对被告人翻供、证人出庭等情况的能力。面对被告人翻供、证人证言反复时，公诉人要在庭审中通过重点讯问被告人、证人与庭前供述不同的原因以及通过讯问被告人、询问证人了解案件的情节，从情理层面和法律层面让法官在庭审中查明真相。当公诉人面对辩护方的证人时，要学会充分运用交叉询问，针对证人资格、证人与当事人的关系、证人的品格、证人见证现场所处的方位、证言与其他证言的矛盾之处、证人翻供的理由等方面进行核实，从而查明案情。

庭审中，不仅普通的物证、书证、言词证据会遭到当庭质疑，就是信服力高的鉴定意见也会被质疑。然而目前司法实践中，鉴定人出庭数量很少，从而制约了公诉人获取这方面的经验。① 刑事诉讼法赋予辩方可以申请专家证人出庭的权利，当专家证人对原有公诉方的鉴定意见提出质疑时，公诉人必须通过交叉询问专家证人的方式予以回应，从而阐明鉴定意见结论的合理性，让法庭对于鉴定意见增加内心确认。这要求培养公诉人法医学、病理学、痕迹学、会计学等专业化能力，公诉人要在庭审前就针对鉴定意见进行详细分析，避免对于鉴定意见了解浮于表面，应当知其然也要知其所以然，只有这样才能够在法庭上对晦涩难懂的尸体检验报告、人体伤害鉴定报告、司法会计鉴定进行解释，有效回应专家证人和辩护人的质疑，从而提高庭审效果，让法官对原有鉴定意见增加内心确信。

检察机关可以通过庭审观摩、强化培训对公诉人的庭审能力进行提高。检察机关应当充分发挥运用检察资源，充分运用检察官学院、检察课堂等教育培训平台，专门邀请高校教授和检察业务专家对各级公诉人进行庭审能力专题培训。同时，各级检察机关还应当筛选被告人翻供、证人证言反复、鉴定意见有争议、申请排除非法证据、有专门知识的人出庭等具有典型学习借鉴意义的庭审组织公诉人进行观摩庭审，通过现场观摩、庭后总结评议、经验教训提炼的方式培养公诉人的庭审能力。另外，检察机关还可以通过庭审能力建设理论与实务研讨会的方式强化公诉人出庭能力的综合培养，提高庭审质量，完善公诉机制，从而促进我国以审判为中心的诉讼制度改革。

---

① 根据浙江省司法厅统计，2013年该省办理的刑事诉讼涉及鉴定的案件36832件，鉴定人出庭作证只有167次，出庭率仅为0.45%。

未达刑事责任年龄涉罪未成年人临界预防之审视和完善

——以检察工作实践为视角

◎蒋毅敏*　蒋韦慧**

> **内容摘要**：未达刑事责任年龄涉罪未成年人的预防帮教，不仅关系未成年人的健康成长和家庭的幸福美满，更关系社会的长治久安，是检察机关和全社会义不容辞的责任。如何及时对这些未达刑事责任年龄的涉罪未成年人进行临界预防，帮助他们顺利归复社会，已经成为我国少年司法无法回避的现实问题。现阶段，检察机关要坚持党委政府为主导、检察机关统筹组织、社会力量全面参与，从内外解决资源配置和制度支持问题，形成制度化、规范化的帮教预防体系。
>
> **关键词**：未成年人；未达刑事责任年龄；临界预防；帮教矫正

2012年4月广西南丹13岁少女肢解同学案①，2013年11月重庆10岁女童电梯摔婴案②，2015年10月湖南省邵东市三名未满14周岁的少年劫杀女教

---

*　广西壮族自治区罗城仫佬族自治县人民检察院副检察长。
**　广西壮族自治区罗城仫佬族自治县人民检察院未成年人检察部负责人。
①　13岁的周某在南丹县里湖瑶族乡仁广小学读书，与不满13岁的覃某是同班同学，平时两人关系比较好。覃某因同学们喜欢与周某玩耍，并曾议论她长得胖、不及周某漂亮，而对周某心生忌妒并怀恨在心。2012年4月10日傍晚，覃某邀请周某到家中玩耍，两人在家中看电视时，覃某乘周某低头玩手机之际，用木凳砸周某头部并致其晕倒。因害怕周某醒后告诉老师和家长，便从家中找来菜刀、啤酒瓶、割纸刀、剪刀等凶器，对周某行凶，致周某当场死亡。后覃某还将周某头颅、手臂砍断，装进塑料袋，并清理案发现场血迹。
②　2013年12月4日夜里11点多，重庆卫视一档节目在网上流传开来，内容是一段拍摄于11月25日下午的小区监控视频：一个看上去十来岁的女童，在电梯内摔打、猛踢一个1岁多的男婴，在电梯升至25层后，女童将男婴扔出电梯，随后又拖着孩子消失在监控盲区。男婴随后被发现满身是血躺在楼下，之后警方证实，是当事女童将男婴抱至家中阳台栏杆上玩耍，致男婴从25楼坠下。

师案①；2016 年 7 月广西岑溪 13 岁的少年灭口三姐弟案②，2017 年 12 月四川大竹 13 岁少年弑母案③等一系列未成年暴力恶性事件的频频上演，让我们不得不把视线拉向这个社会群体——未达刑事责任年龄却实施符合犯罪构成要件的未成年人。2018 年 5 月 27 日，在最高人民检察院未成年人检察工作 30 年新闻发布会上，高检院未成年人检察工作办公室副主任史卫忠表示，"一些过去只有成年人才实施的犯罪如贩毒、绑架甚至暴力恐怖犯罪中，也出现了未成年人的身影。故意伤害（重伤）、抢劫等恶性犯罪增多，且犯罪手段残忍、不计后果"。④ 未成年人极端恶性暴力事件频现报端，引发了社会对刑事责任年龄的热议，也折射出了我国未成年人健康成长不容乐观的现状。如何及时对这些未达刑事责任年龄的涉罪未成年人进行临界预防⑤，帮助他们顺利归复社会，已经成为我国少年司法无法回避的现实问题。

一、未达刑事责任年龄未成年人犯罪现状的实证分析

近年来，我国未成年人犯罪数量持续下降⑥，但根据 2015 年《中国教育

---

① 2015 年 10 月 18 日，湖南省邵阳市邵东县廉桥镇在校学生刘某（13 岁）、赵某（12 岁）、孙某（11 岁）三人预谋到新廉小学对在校教师实施抢劫。当日 12 时许，三人窜至新廉小学宿舍楼，将被害人李某云叫出宿舍，持木棒对李某云进行殴打，并拖至卫生间用布堵住其嘴巴，被害人李某云继而死亡。后刘某、赵某、孙某将李某云的手机及 2000 余元现金抢走。

② 2016 年 7 月 18 日，广西岑溪诚谏镇石桥村一名 13 岁少年与父亲吵架后离家出走后经过黄家时，看到黄家 4 岁与 8 岁的两个女儿以及 7 岁的儿子在家中玩耍，便以摘果子为由，将 3 名小孩骗至附近一处偏僻地方，随后威逼孩子讲出家中藏钱之处，因小孩年幼而未果。少年害怕事情败露，后用石头与刀将三人击打致死并抛尸。

③ 2017 年 12 月 5 日，四川达州市大竹县一名 13 岁的少年袁某某因怨恨母亲陈其某对其管教过于严格，在家中持刀将 43 岁的母亲杀害。

④ 最高人民检察院：《未成年犯罪嫌疑人不捕率、不诉率逐年上升》，载 https://www.guancha.cn/FaZhi/2016 - 05 - 27_ 361990. shtml，2016 年 5 月 27 日访问。

⑤ 所谓临界预防，全称为未成年人临界行为预防，是指对参与犯罪，因未达刑事责任年龄或情节显著轻微不作为犯罪处理的未成年人，以及有过不良行为或严重不良行为记录的未成年人，使用一系列刑法替代措施，开展帮教预防等工作，以达到对未成年人进行教育、感化、挽救、预防犯罪的目的。

⑥ 最高人民法院 2018 年 6 月 1 日发布的未成年人权益司法保护和犯罪特点司法数据分析报告显示，2009 年至 2017 年，我国未成年人犯罪数量连续 9 年持续下降。

发展报告》显示,我国未成年人犯罪低龄化趋势明显。一项对 14 至 18 周岁犯罪人群的调查显示,14 周岁的未成年人犯罪比例,从 2001 年的 12.3% 上升到 2014 年的 20.11%。而在海口边防的团伙盗窃案抓获的犯罪嫌疑人中,14 岁以下的未成年人有 17 名,占比 80%。① 同时根据最高人民法院 2018 年 6 月 1 日发布的未成年人权益司法保护和犯罪特点司法数据分析报告显示,农村地区未成年人犯罪发案率超 80%,流动、离异等家庭的未成年人犯罪排名靠前。② 以河池市罗城仫佬族自治县人民检察院收集的数据为例,对近五年来受理的审查起诉未成年人案件进行梳理统计后发现,在此期间共受理未成年人一审公诉案件 41 件 58 人,其中有 19 人在未达刑事责任年龄时实施了盗窃、抢劫等犯罪行为,且多为屡教不改;有 5 人在达到刑事责任年龄后,仍多次再犯。在这 19 名有前科劣迹的未成年犯中,初次实施犯罪的年龄多为 14 岁以下甚至更早,且部分实施初次犯罪时为在校生;同时根据罗城县公安机关提供的数据显示,该 19 人中,在未达刑事责任年龄时最少犯案数为 1 起,最多犯案数达 120 起。

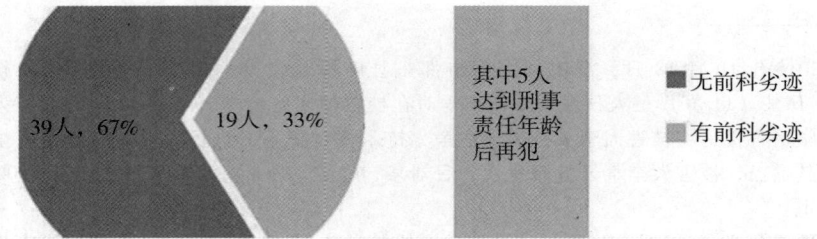

通过对上述 19 名在未达刑事责任年龄即多次实施了犯罪行为的未成年人进行统计分析,发现这些涉罪未成年人的犯罪特征均较为相似。

1. 从犯罪原因看,都存在不良的家庭因素。案件中的未成年人家庭,多存在不同程度的不良因素。19 名涉罪未成年人均来自留守家庭、离异家庭、流动式家庭、单亲家庭或再婚家庭,未成年人父母"生而不养、养而不教、教而不当"等问题普遍存在,这也是造成未成年人犯罪低龄化的最重要因素之一。

---

① 杨东平:《中国教育发展报告(2015)》,社会科学文献出版社 2015 年版。
② 《从司法大数据看我国未成年人权益司法保护和未成年人犯罪特点及其预防》,载 http://www.court.gov.cn/fabu-xiangqing-119901.html,2018 年 6 月 1 日访问。

2. 从案件类型来看，涉嫌罪名较为集中。主要集中在盗窃、抢劫这些财产型犯罪上，究其原因，大多与网络具有直接或者间接的联系。在智能手机已全面普及的今天，这些未成年人大多是通过网络习得犯罪手段、获取不良信息。并且这些未成年人多数沉溺于网络，受网络上暴力、黄色内容的不良影响进而诱发犯罪。

3. "被边缘化"处境成为犯罪诱因。这些未成年人大多长期处于"被边缘化"处境，或是被家庭忽视，或是被学校放弃，基于心智的不成熟、盲目攀比和贪图享乐心理而产生反抗情绪，进而选择犯罪手段来满足自己的物质和心理需求。

二、未达刑事责任年龄涉罪未成年人临界预防的检察工作实践

未成年人检察工作是检察机关的核心职能之一，对未达刑事责任年龄涉罪未成年人开展帮教预防已经成为当今社会的一个共识。检察机关作为国家专门的法律监督机关，在预防未达刑事责任年龄未成年人犯罪方面，能够在执法办案的过程中最直观地发现未成年人犯罪的背后根源，有效推动预防未成年人犯罪工作的开展，而对于未达刑事责任年龄涉罪未成年人危害社会行为的预防和矫治也是检察机关社会管理创新的重要组成部分。当前，部分检察机关在未达刑事责任年龄涉罪未成年人的预防和矫治机制方面，都进行了有益的探索，并在实践中形成了自己独特的工作模式。

（一）天津模式

天津市检察机关着重针对校园欺凌、暴力案件中因未达到刑事责任年龄而没有受到刑事处罚的未成年人和其他在校学生，开展未成年人临界预防工作。天津市检察机关以利益最大化、处置专门化等为原则，将未成年人临界预防的重点放在解决在校未成年人犯罪低龄化问题。一是在开展临界预防工作时着重规范化和制度化发展，如东丽区检察院、滨海新区塘沽检察院、河东区检察院分别制定了临界预防工作实施意见及帮教制度，对临界预防工作原则、帮教对象、工作流程、跟踪回访等作出具体规定。① 二是进行个别化帮教，对未达刑事责任年龄的涉罪未成年人坚持矫治和保护并重，定制个别化矫正方案，帮助涉罪未成年人顺利归复社会。三是将临界预防的重点群体确立为存在不良行为

---

① 《对在校未成年人加强临界预防工作》，载 http：//www.spp.gov.cn/ztk/2016/gyss-gztj_3632/dxal/201612/t20161228_176998.shtml，2016 年 12 月 28 日访问。

的未成年群体和校园暴力频发学校，将法律政策的科普作为临界预防的重点，依托"检校共建""检团共建"，加强警示教育，为解决在校未成年人犯罪低龄化问题进行有益尝试。最高人民检察院于2016年12月28日发布的检察机关积极参与防治中小学生欺凌和暴力典型事例中，对天津检察对在校未成年人所做的临界预防工作予以了充分肯定。

（二）上海模式

上海检察机关未检工作着重探索对涉罪未成年人的保护处分制度①，根据个案特性进行不同程度的干预，通过分级分流、特殊检察、心理重塑、重个别化帮教实现对涉罪未成年人的合理处遇，以实现处遇适当、权利法定、心理矫治和帮教矫正的四重权益保护。上海检察机关在理念上更侧重于对触法未成年人的保护需求和诉讼化、司法化制度构建的平衡，强调保护处分的司法属性及处理过程中的权益保护。②

青浦检方探索建立"双结合"训诫制度，将训诫与教育、对未达刑事责任涉罪未成年人的训诫与对家长的教育有机结合起来；静安检方探索建立"检校社共建"机制，协调各方力量共同开展案外跟踪帮教，建立个人档案并保存至其成年，同时联合社会工作机构、相关职业学校共同构建"检校社共建"机制；③徐汇区检察院探索构建未成年人分级处遇三级预警机制，针对涉案少年的人身危险性、涉案轻重程度、性质、情节，进行不同级别的预警处遇措施；嘉定检方探索未达刑责年龄涉罪未成年人保护制度，与公安机关形成共识，建立公检信息通报制度，对于不满刑事责任年龄的未成年人，由公安机关及时通报检察机关，需帮教的直接通知社工站。④

2017年8月26日，未成年人保护处分制度研讨会在上海召开。保护处分制度"提前干预+以教代刑"的工作理念为少年司法领域所认同；保护处分

---

① 未成年人保护处分制度是指实施了严重不良行为或触犯法律的行为，但因为年龄或情节等法定原因，没有被追究刑事责任的未成年人，由司法机关和相关职能部门、社会组织等依法进行社会化帮教和必要的强制性矫治，预防再犯。

② 常锋、钟图：《探索高危未成年人临界预防帮教模式》，载《未成年人检察》2018年第1期。

③ 张晓君：《上海检方探索建立未达刑事年龄涉案未成年人保护处分机制》，载 http://www.chinapeace.gov.cn/2016-06/06/content_11346462.htm，2016年6月6日访问。

④ 龚韵竹：《上海嘉定检方探索未达刑责年龄涉罪未成年人保护制度》，载 http://www.jcrb.com/procuratorate/jcpd/201804/t20180410_1857507.html，2018年4月10日访问。

制度的构建得到高检院的充分肯定,会议综述报全国人大、高检院,被《检察日报》刊登。①

（三）资阳模式

资阳市人民检察院及其所辖的雁江区、安岳县、乐至县人民检察院根据自身条件对未成年人临界预防模式进行探索创新,探索出了"三色预警"差异性帮教机制,"五步工作法"网格化预防模式,观、护、帮、教四结合的"三三观护"模式和社会团体全方位参与的"1+N立体帮教"模式。②

资阳市检察机关探索的未成年人临界预防模式,以高危未成年人临界预防为主题,以社会化建设为主线,以网络化为手段,以信息科技化为支撑,以精准帮教为目标,将未成年人预防工作的对象延伸到未达刑事责任年龄的涉罪未成年人。资阳市检察机关的未成年人临界预防主要侧重观护帮教环节,向社会综合治理方向延伸,充分发挥了检察机关在整合资源方面的牵头作用,借助信息化、大数据手段,创新开展"三色预警"工作法,从高危未成年人的社会化和网格化预防帮教着手,形成了未成年人临界预防的"资阳经验"。2017年5月27日,高检院《检察要情》对"资阳经验"给予充分认可,9月27日,资阳市检察机关因未成年人临界预防项目被高检院授予"全国未成年人检察工作创新实践基地"的称号。

三、当前对未达刑事责任年龄涉罪未成年人预防帮教的困境

（一）原则化的法律规定缺乏可操作性

根据《刑法》第17条第4款的规定,家长、监护人管教是处遇未达刑事责任年龄涉罪未成年人的首要选择,但是该条规定过于粗疏,在实践中常常导致家庭管教流于形式。原因有二:一是现行刑法忽视了对不良家庭环境的调整;二是现行法条缺乏对不合格监护人监护责任的规制。虽然2012年新修订的《未成年人保护法》第二章在家庭保护部分对监护人的职责作出了规定,但是这些规定过于原则化,缺乏可操作性,常常使监护人管教流于形式。如果不以法律形式正式明确监护人的管教职责,很难保证家长、监护人管教职责的

---

① 高冰:《未达刑事责任年龄未成年人保护处分制度构建》,载《人民检察》2015第14期。

② 常锋、钟图:《探索高危未成年人临界预防帮教模式》,载《未成年人检察》2018年第1期。

正确履行。而家长、监护人的密切配合,是检察机关开展临界预防工作的重要基础之一。

（二）检察机关力量薄弱与社会参与需求存在冲突

从未达刑事责任年龄涉罪未成年人临界预防的实践中我们不难看出,涉罪未成年人的再社会化重塑仅凭检察机关一己之力很难有效推进,未检部门在承担了捕诉监防的重要职责后,缺乏精力和专业化的素养去应对临界预防的专业需求,需要借助社会专业力量和服务机构进行帮教和考验。但是从我国社会支持体系的发展看,社会工作呈现出总体滞后、发展分布不平衡的局面。东部地区的社会工作发展较快,财政支持充分,政府采购社会帮教较为成熟,北上广、江浙沪等发达城市的社工力量较为充足；中西部地区青少年社会工作人员占比较小,发展呈现较为滞后的状态,而财政支持的滞后发展也导致政府采购项目引进缓慢或困难。以广西为例,广西的青少年社工力量明显不足,几乎没有成熟的社会工作机构能够作为政府购买服务的载体,能够参与到临界预防帮教的社会组织更是少之又少,政府采购在检察机关的未成年人犯罪预防工作中几乎很少被引入①,这些都成为制约临界预防帮教工作的瓶颈。

（三）非强制处罚方式效果弱

实践中对未达刑事责任年龄的涉罪未成年人进行处理时,公安机关大多只能进行口头教育或责令家长严加管教,普遍存在"抓了放、放了抓"的情形,而检察机关在临界预防实践中,最常用到的训诫、责令具结悔过、赔礼道歉等手段,往往因为缺乏强制性,在预防、威慑等方面的效果都有所减弱。部分屡次犯案的未成年人都是抱着"反正抓了也要放,去偷去抢也不会被处罚"的心态,一而再再而三地犯案,这也是为何在罗城县公安机关提供的数据中,会出现涉罪未成年人犯案多达120次的原因。

（四）预防帮教无法形成有效合力

临界未成年人的预防帮教是社会化工程,当前正处于社会转型期,要做好未成年人犯罪预防工作,需要政府、司法机关、学校、家庭等各方面共同有效参与。"在香港或者国外,这种不够入刑的,属于公安和社工衔接的教育范畴,但内地少年警务目前还是空白。"一是基层警务人多案少的局面长期存

---

① 2017年6月,钦南区检察院启动了流浪未成年人及涉案未成年人心理健康"灵动海豚"服务项目,通过政府购买第三方机构提供心理健康服务,帮助特殊群体回归社会、回归家庭,为全区首个列入政府购买的未成年人司法保护项目。

在，并没有对未达刑事责任年龄的涉罪未成年人进行专门的信息收集和统计，与检察机关、社工机构的衔接存在信息脱节的状况；二是帮教工作无法形成合力，在未成年人的帮教和预防上，虽然一直强调各部门协作配合，但是实际操作中，还是存在各职能部门各自为政、责任稀释的情形，缺乏专门的社会机构有效介入，各种资源无法形成合力，对于这些未达刑事责任年龄的涉罪未成年人的处遇往往流于形式，难有实效。

四、未达刑事责任年龄涉罪未成年人临界预防的几点建议

未达刑事责任年龄涉罪未成年人临界预防工作是未成年人司法保护的薄弱环节，是一项需要长期坚持的综合系统工程，仅凭检察机关一己之力很难完成，检察机关作为司法机关和法律监督机关，要坚持党委政府为主导、检察机关统筹组织、社会力量全面参与，从内外解决资源配置和制度支持问题，形成制度化、规范化的帮教预防体系。

（一）以儿童最大利益原则为指导奠定立法基调

1959年联合国大会决议《儿童权利宣言》首次提出"儿童的最大利益"原则①，1989年《儿童权利公约》再次对其予以重申②。我国已于1991年正式签署《儿童权利公约》，在重构未达刑事责任年龄涉罪未成年人的处遇规定上，要以儿童最大利益原则为出发点。儿童最大利益原则的首要旨意即在未成年人利益与社会利益冲突之时，应当毫不犹豫优先考虑未成年人利益。如在现行的法律规定对未成年人的帮教仅有原则性规定而缺乏可操作细则、临界预防于法无据、缺乏统一规范性的情况下，可以根据全国各地的帮教实践情况制定《未成年人帮教条例》，对帮教预防的部门权责、考核监督、协调衔接等予以明确规定。

（二）以点带面推动社会支持体系的构建

最高人民检察院于2015年5月27日发布了《检察机关加强未成年人司法

---

① 《儿童权利宣言》原则二："儿童应受到特别保护，并应通过法律和其他方法而获得各种机会与便利，使其能在健康而正常的状态和自由与尊严的条件下，得到身体、心智、道德、精神和社会等方面的发展。在为此目的而制定法律时，应以儿童的最大利益为首要考虑。"

② 《儿童权利公约》第3条第1款规定："关于儿童的一切行为，不论是由公私社会福利机构、法院、行政当局或立法机构执行，均应以儿童的最大利益为一种首要考虑。"

保护八项措施》，对推动建立未成年人司法借助社会专业力量的长效机制做出了明确规定。检察机关要主动发挥主观能动性，统筹组织，对司法资源和社会资源进行整合，依托党委政府建立各部门职权清晰的衔接配合机制，推动形成社会共同帮教的合力。一是要依托党委政府，通过信息研判、情况反映等让地方党委政府对未达刑事责任年龄涉罪未成年人的基本状况和临界预防的必要性予以充分了解并大力支持，推动形成公检法司为主要力量、其他政府部门协同配合、社会团体共同参与的综合治理格局。二是充分发挥政府购买的作用，强化专业化社会力量的参与，分流和缓解检察机关人员不足、力量薄弱的任务和压力，建立专业化力量有效参与的长效机制。三是充分发挥企业、社会组织的作用，借助观护基地、工读学校、社工站、企业实践等载体，构建社会化主体积极参与未达刑事责任年龄涉罪未成年人帮教预防的新格局。

（三）积极引入强制性亲职教育

大量的实践数据表明，涉罪的未成年人多来源于残缺家庭，触法未成年人实施暴力行为，往往是源于家庭监护和教育保护的缺失。家庭教育在未成年人的犯罪预防中起着重要的作用，而《刑事诉讼法》在未成年人犯罪中确立的"教育、感化、挽救"方针，既是未成年人刑事司法的目的，也是家庭、学校、政府、社会的共同责任。在未达刑事责任年龄涉罪未成年人的教育中，家庭的作用居于首位，且大量实践表明，家庭教育方式不当会在很大程度上促成未成年人走向犯罪。① 强制性亲职教育的引入，能够弥补法律在监护干预措施方面的不足，帮助涉罪未成年人的父母或者其他监护人及时发现家庭教育中存在的问题，通过更新教育观念和改进教育方法形成科学的教育观，从而有效配合司法机关开展帮教矫正工作，更好地帮助涉罪未成年人复归社会。

（四）加强未成年人帮教信息化建设

检察机关开展未达刑事责任年龄涉罪未成年人临界预防的困境之一，就是信息沟通不畅，对于未达刑事责任年龄却实施符合犯罪构成要件的未成年人的信息掌握不全。一方面要充分发挥公检联动，建立信息化共享数据库，将未达刑事责任年龄涉罪未成年人纳入数据库，建立囊括未成年人基本情况、家庭情况、帮教情况、法制教育等功能模块为一体的个人档案，根据未成年人违法犯罪的严重程度进行等级划分，开展差异性的帮教。另一方面要充分发挥未达刑

---

① 王贞会、范琳：《涉罪未成年人强制亲职教育制度构建》，载《青少年犯罪问题》2017年第3期。

事责任年龄涉罪未成年人的信息衔接共享，促使各职能部门形成整体联动作战的能力，因地制宜开展工作，有效解决未达刑事责任年龄涉罪未成年人犯罪后失联无法帮教、流动性未成年人异地帮教难等情况。对于涉罪未成年人的管理信息系统，可以分为内部子系统和社会子系统两个子系统。内部子系统主要是未达刑事责任年龄涉罪未成年人个人信息部分，为公检法司四部门共同掌握，既便于工作衔接做好协同配合，又保护了未成年人隐私；社会子系统可以设置法制教育、帮教矫治、法律法规等功能模块，便于全社会共同参与未达刑事责任年龄涉罪未成年人的帮教和矫治。在条件成熟的情况下，各地的管理信息系统可以实现省市间互联，对于外来作案异地帮教、流动性帮教将产生积极的效果。

[调查研究]

贺州市检察院"五个引领"抓党建带队建助发展的调研报告

◎罗彩霞*

> **内容摘要**：党建工作为检察事业健康发展提供根本政治保障、良好创业环境、强大人才支撑和独特组织优势。近年来，贺州市检察院从信念引领、组织引领、载体引领、标杆引领、机制引领五个方面，大力推进机关党的建设，取得积极成效，形成了有益的经验。但仍存在党内政治生活不够严肃、工作落实存在薄弱环节、履行"一岗双责"不够全面、监督问责体系不够健全等不足。为此，需要强化政治保障、理论武装、道德约束，坚持从严从实落实党建工作责任制、加大基层党建工作落实力度、用"好干部"标准培养选拔干部，严格履行"两个责任"、抓好监督自查、落实制度治党要求。
>
> **关键词**：检察事业；机关党建；鲜明导向；五个引领

习近平总书记多次强调，各级各部门党委（党组）必须树立正确的政绩观，坚持从巩固党的执政地位的大局看问题，把抓好党建作为最大的政绩。曹建明检察长多次提出，各级检察院党组要加强和改进党建工作的领导，按照党要管党、从严治党的要求，全面落实党建工作责任制，进一步完善抓党建带队建促发展的良性机制，着力建设高素质党务工作干部队伍，始终把党的建设放在突出位置来抓。如何把习近平总书记和曹建明检察长的要求落到实处，形成大抓机关党建的鲜明导向？带着这个问题，笔者对贺州市检察院的党建工作进行了深入调研，形成了一些认识，提出了一些建议对策。

一、党建工作在检察事业中的作用分析

调研中发现，在加强检察机关管理过程中，党建工作具有无以替代的独特

---

* 广西壮族自治区贺州市人民检察院办公室副主任。

优势。

（一）党组织可以帮助检察机关克服"专注检察业务，忽略理论研究"的弊端，为检察事业发展把握正确方向

党组织通过组织开展主题实践活动、党课学习等途径，加强政治理论学习，特别是加强对习近平新时代中国特色社会主义思想的深入学习，教育全体党员坚定对中国特色社会主义的道路自信、理论自信、制度自信、文化自信，坚持和拓展中国特色社会主义法治道路，筑牢信仰之基，补足精神之钙，确保检察工作始终沿着正确的方向前进。

（二）党组织可以帮助检察机关克服"重视刚性管理，忽视柔性教育"的弊端，为检察事业发展补齐制度"短板"

党组织通过教育培训、谈心谈话、交流座谈等方式，对检察干警进行教育和疏导，实行人性化管理，教育检察干警端正工作态度，始终坚持党对检察工作的绝对领导，始终在方向问题上保持正直清醒和政治自觉，弥补因刚性管理带来的思想教育缺失。

（三）党组织可以帮助检察机关克服"倚重职业激励，弱化人性关怀"的弊端，为检察事业发展增添精神动力

党组织可以通过定期走访干部职工、结对帮扶送温暖、"党员一日捐"、党组织各项活动等，打好人文关怀这张"感情牌"，及时了解检察干警的呼声和愿望，协调解决检察干警的实际困难，维护检察干警的合法权益。发挥党建文化建设中主导作用，协助检察机关提炼符合时代特征的检察职业精神、价值观念和行为准则，掌握增加检察机关的凝聚力、向心力和战斗力。

（四）党组织可以帮助检察机关克服"注重专业素能，偏废综合素养"的弊端，为检察事业发展培养复合型人才

党组织可以充分发挥引才育才聚才的功能，通过实施"党员人才工程"，引导检察机关完善人才培养奖励机制，营造各类人才"百花齐放"的良好环境，通过定期组织开展知识讲座、业务技能培训、巡回宣讲等方式，为检察事业发展建设一支高素质的检察队伍。

（五）党组织可以帮助检察机关克服"侧重内部管理，轻于对外沟通"的弊端，为检察事业发展营造和谐环境

党组织可以充分发挥协调沟通功能，利用与当地党委政府和上级党委机关联系机会多、与社会各界接触范围广及协调能力强的优势，为检察事业发展争取更多的资源、赢得更多的支持。可以引导检察机关"走出去"，积极延伸检

察职能，积极围绕中心服务大局，积极参与扶贫攻坚工作，积极创新社会管理工作，有效地树立检察机关的良好形象。

二、贺州市检察院加强党建工作的主要做法

近年来，贺州市检察院贯彻落实全面从严治党要求，紧紧围绕"以党建带队建，以队建促发展"的工作思路，积极探索党建工作与检察中心工作相互融合，构建以党建为引领，统筹推进检察各项工作的新机制，"五个引领"抓党建带队建助发展，不断提升党员的先锋模范作用和党组织的战斗堡垒作用，先后荣获国家级集体荣誉2个，个人荣誉3人；荣获自治区级集体荣誉38个，个人荣誉45人；荣获"市先进基层党组织""市党建工作示范点""市党员先锋号"等多个荣誉称号；18名党员先后被评为"市优秀共产党员""市优秀党务工作者""党员先锋岗"。

（一）信念引领：强化思想政治建设，唤醒党员意识，注重党建工作的常态化

思想建设解决的是旗帜问题、灵魂问题，是一切问题的"总开关"。贺州市检察院始终将理论学习作为一项政治任务来抓实抓细，为党员干警补足精神之"钙"，打牢思想之"基"，不断唤醒"休眠""打盹"的党员意识。一是推进"菜单式"理论学习。制定机关党委、党支部、党小组年度党建计划、学习安排，明确重点学习内容清单，制作党员理论学习一览表，采取集中学和自主学相结合、互信交流学和撰写心得体会相结合的方式，积极探索开展"微学习""微党课""微宣讲"等学习方式，重大理论创新成果系统学，中央、高检院、自治区院重要会议精神和决策部署及时学，与时俱进提高思想政治工作水平，切实做到年年有计划、季季有检查、月月有学习、周周有笔记、时时有交流，在全体党员干警中树立以学促用、活学活用的理念，确保全体党员干警党性坚强，对党忠诚。二是开展"正反面"党性教育。突出先进典型示范教育，通过邀请专家、革命先辈开展党史党情专题讲座，每月召开主题党日活动，召集党员观看"群众最喜爱的检察官"先进人物事迹教育片，组织员额检察官赴国家检察官学院井冈山分院开展主题学习活动等，激励党员干警进一步坚定理想信念，做合格党员。加强反面警示教育，通过参观钟山监狱、警示教育基地，集中通报《部分省管干部违纪违法案件及教训警示的通报》《全市纪检监察机关纪律审查情况通报》典型案例、组织党员干警对照《准则》《条例》逐项查摆整改等，引导全体党员筑牢拒腐防变思想防线。三是建

立"痕迹化"谈心谈话。打破传统的单向模式，建立上下交流、双向沟通渠道，实行"六个一"谈话模式，在领导班子成员之间、班子成员和党员之间、党员和党员之间开展经常性的谈心谈话，突出问题导向，突出抓早抓小，突出刚柔并重。每个工作日，领导班子成员到分管部门看一看精神状态，谈一谈工作进度；每周召开一次例会，学习党章党规党纪，集体研讨检察业务工作中的难点和困惑；每月开展一项团队活动，融洽感情，培育协作精神；每季召开一次党员思想分析会，沟通了解，共同提高；每半年召开一次思想政治工作推进会，对不良思想及时咬耳扯袖；每个年度，举办一次思想政治工作研讨会。解决党员干警思想包袱，筑牢思想基础，聚焦于学习、聚力于工作。

（二）组织引领：细化班子主体责任，增强党员意识，促进党建工作的规范化

"火车跑得快，全靠车头带。"贺州市检察院以争创"学习型、实干型、创新型"班子领导为目标，紧紧围绕"研究工作、思考问题、谋划决策、引领团队、推进落实"20字方针，强化党组责任担当，切实发挥党组班子以上率下、树立标杆的示范引领作用。一是"三张清单"明责定责。分层分类制定责任、问题、任务"三张清单"，作为定责、考责、追责的基本依据，着力从制度层面解决党建工作"谁来抓、抓什么、怎么抓"的问题。一张"责任清单"明框架。分门别类制定党组织、书记、委员职责说明书，明确党组履行主体责任，充分发挥"一线指挥部"作用；党支部履行直接责任，充分发挥"龙头"作用；党小组履行具体责任，充分发挥"关键"作用，全面厘清管党治党责任。一张"问题清单"找短板。以年度为单位，通过班子查、党员提、党外征等途径集中梳理党建工作中存在的问题，分类列出清单，确保对症整改、精准发力。一张"任务清单"定路径。实行"基础+自选"两化联动模式，由各责任主体以"责任清单"为框架，结合"问题清单"整改任务和阶段性重点工作安排，细化提出本级常规工作、创新工作及推进措施、预期目标等，分别形成年度党建工作"任务清单"，作为全年工作推进、述职考核的主要依据。二是"三个狠抓"履责尽责。坚持问题导向，强化过程管理，把工作登记入台账，把任务打包成项目，确保责任落实、工作落地。其一，狠抓专题推进，根据全年检察工作重点，针对工作中存在的突出问题，采取支部承办、党组集中推进的模式，召开专题研讨会，实行上下联动机制，制作党建工作重点、难点、薄弱点"三点台账"，集中推动"三点"转化为亮点和新的增长点。其二，狠抓项目管理，制定《贺州市人民检察院党建工作项目化管理

办法》，把基础工作、创新工作逐项打包，普通项目照单推进、重点项目上报备案，年初申报评估、全程质量管控、集中问效评级，有效推动落地见实。其三，狠抓跟踪督查，实行整改报告、半年通报、年终督查等制度，采取定期督查、随机抽查、群众评议等方式，全面跟踪任务清单确立目标完成情况，及时以谈话、函询等形式，对有诺不践、工作不力的班子和党员干警及时诫勉谈话，督促整改，确保责任清单落到实处。三是"三重考评"述责追责。强化班子成员"一岗双责"职责，加大述评压力，强化结果运用，推动"大抓党建"形成习惯、融入意识。一重双向述评问履责。年底开展全市两级检察院党组书记抓党建工作双述双评，并逐步向党支部、党小组等领域延展，形成"纵向到底、横向到边"的党建责任述评体系，强化党员领导干部"在党意识"，形成大抓党建"人人有责"的良好氛围。二重开放评审听民意。邀请党员群众代表参加党组织书记抓党建工作述职大会，并参与现场评议，把党员群众满意作为书记履责的重要依据。三重任务考评定绩效。机关党委根据述职评议情况，结合满意度测评、日常掌握情况等，对任务清单完成情况进行考评，对考评对象作出综合评价。考评结果在一定范围内通报，作为年度考核的重要内容以及党员干警选拔任用、培养教育和奖励惩戒的重要根据。

（三）载体引领：丰富党建活动阵地，固化党员意识，凸显党建工作的本土化

创新活动载体，既是激发党建活力的有效途径，也是提升党建工作水平的一个重要抓手。贺州市检察院创新工作思路，打造集党员先锋站、党建文化长廊、"读书时光"书吧为一体的党建文化教育基地，不断开辟党员学习新阵地，丰富党员的学习平台和载体。一是一站"量体裁衣"有活力。围绕"阵地好、作用好、管理好"目标，建成全市首个市级党员先锋站，实行"八有"标准，即有统一标识、有党旗、有入党誓词、有规章制度、有党务公开栏、有学习资料、有服务团队、有"贺州检察党旗红"微信群等，成为党员开展党建活动的主阵地。围绕进一步规范党内政治生活，建立以"学习日、关爱日、服务日"为主要内容的先锋站活动机制，通过实施"定点集中学、党课辅导学、视频点播学、讨论感悟学"四学模式，将党支部和党小组开展"三会一课"、支部主题党日、党员过政治生日等全部设在党员先锋站开展，使其成为党性教育的"加油站"、争当先锋的"比武场"、党群关系的"连心桥"，进一步引导党员干警端正党员态度、明确党员身份、牢记党员使命。二是一长廊"创先争优"有作为。充分利用院办公楼道走廊、转角等处打造一条党建文化

长廊。中共党史墙和贺州党史墙,以摸得着、看得见、感受得到的形式让党员干警忆党史、铭党恩、跟党走。"一句话"党员承诺墙,对全院党员姓名、职务、承诺事项进行公示,以党员提诺、组织审诺、公开承诺、认真见诺的方式,进一步增强党员身份意识,激励党员以实际行动履诺践诺,为检察事业贡献力量。"一名党员·一面旗帜"党员风采墙,国家人才库1人、自治区人才库15人;全区业务专家10名、业务标兵41名、业务骨干24名;"全区十佳公诉人""全区优秀公诉人"14人;市优秀共产党员5人、党员先锋岗3人、优秀党务工作者2人。通过把实施"建立六大培养平台,量身定制一份个性化培养清单,全面打造'五有'优秀团队"等一系列人才培养机制所取得的成效上墙展示,取得了"命名一个岗,树起一面旗;表彰一个岗,带动一大片"的实在效果。三是一书吧"精神家园"不打烊。该院在办公大楼三楼打造一个以"读书时光"命名的书吧,环境清新、格调典雅,一张张卡座错落有致,一栏栏书架陈列有序,法律、党建、国学、文学、历史、军事等书籍门类齐全。书吧将过于严肃的围桌学习讨论改变为宽松舒适、畅所欲言的检察文化沙龙,是党员干警一个身心放松的好地方,更是集书籍阅读、视听欣赏、信息交流的检察文化休闲场所,让党员干警在闲暇之余可以享受触手可及的书香生活,知识面得到了扩宽,党性修养得到了提升。自书吧建成以来,用于开展案件探讨32次、写作沙龙56次、朗读比赛5次、先进典型宣讲活动8次;阅读和借阅书籍1238人次。

(四)标杆引领:精心打造党建品牌,发挥党员作用,形成党建工作的特色化

党建品牌,是党建工作水平和创新成效的集中体现,是党组织引领改革创新,永葆先进性的源头活水。贺州市检察院紧紧围绕党建工作的热点难点问题,大胆探索,在各项检察工作中树立精品意识,突出党建品牌建设,围绕点上出经验、面上求突破、整体推进的工作思路,以提升党建工作科学化水平为目标,积极创建一批特色明显、带动力强、示范作用突出的贺州党建"金字招牌"。一是精心提炼"求突破"。为把党建品牌建设做细做实,符合贺州实际,体现贺州特色,使之成为贺州检察工作科学发展的动力引擎,该院紧紧围绕"强化法律监督,维护公平正义"的检察工作主题,立足"崇德尚法·为民清廉"院训,精心提炼"党旗引领·德法同行"党建母品牌。采取品牌调研、品牌申报、品牌立项、品牌培育和品牌验收"五步走"模式,各党支部、党小组共创建了9个党建子品牌,明确品牌名称、品牌内涵、责任党员、工作

目标，制定《贺州市人民检察院锻造党建品牌行动》实施方案，将党建品牌创建列为年度党建工作创新项目，实行项目化管理，把党员放到品牌建设中，让党员在品牌建设中党性得到锻炼、作用得到发挥，有效统一党员干警的努力方向、奋斗目标，进而形成共同的理想价值认同。二是典型培育"出亮点"。为使党建品牌立得起、经得检、叫得响，该院将党建基础好、工作成效明显、示范作用强的公诉科党小组确定为党建示范点创建对象，量身定做创建标准、创建方案，倾力打造"公正司法·正义先锋"党建品牌，不断提高公诉党小组的司法办案能力。以学代训，每周召开一次例会，每月组织一次检察官讲坛活动，着眼于执法办案知识的运用。以案代训，召开重大疑难案件研讨会、开展公诉案件庭审观摩活动等，进一步提高处理疑难复杂案件的能力、出庭支持公诉的综合素养。以赛代训，邀请专家学者、电台主持人对选手进行办案能力、辩论技巧、礼仪形象、普通话等方面的培训，每年举办评选全市优秀公诉庭、论辩赛、优秀法律文书竞赛等活动。同时，充分发挥检察信息技术在公诉工作中的作用，探索以刑事证明处方引导侦查机关侦查取证，开通远程提审系统、电子卷宗移送、庭审指挥系统等，全力打造"智慧公诉、效率公诉"。近年来，办理的案件被评为广西检察机关年度精品和优秀案件9件、优秀公诉庭3个；荣获第三届全区"人民满意的公务员集体""广西三八红旗集体""自治区妇女儿童维权岗""自治区青少年维权岗"等荣誉称号；荣获"全市党员先锋号"荣誉称号，成为全市党建工作先进典型代表。三是以点带面"显特色"。以党建示范点建设为突破口，充分发挥先进典型的示范、辐射和带动作用，把党建品牌建设延伸到检察各业务线条，营造"你追我赶，争当先锋"的浓厚氛围，呈现出"行行有亮点、块块有榜样、家家有特色"的生动局面，真正实现党员的身影无处不在，鲜红的党旗高高飘扬。民行科创建"服务大局·民行先锋"党建品牌，在全市168家规模以上非公企业设立检察官工作联络室，为非公企业提供"保姆式"服务；反贪局创建"反腐尖刀连"党建品牌，每个办案组成立临时党支部，不公休不请假，奋战100天、建功十九大；案管中心和控申科创建"五星服务窗口"党建品牌，建成"一站式"检务服务中心，规范司法行为，多次被评为"全国检察机关文明接待室"；未检部门打造"关爱未来·共筑蓝天"党建品牌，实施检察官伴你健康成长"九个一"行动，建成广西首个青少年人文教育馆，全区未成年人检察工作现场推进会在贺州召开。一系列党建子品牌的创建打造，初步确立起"旗舰—链条—辐射"的品牌格局，通过品牌的复制、延伸和传播，实现了品牌示范带动的"倍增效应"。

（五）机制引领：全面推进建章立制，规范党建活动，实现党建工作的长效化

制度具有全局性、稳定性，管根本、管长远，建立长效机制是党建工作科学发展的重要方法。贺州市检察院始终秉承"自身监督与法律监督"并重的理念，坚持以执法办案为中心，努力多办案、办好案、办大案、办精品案，积极探索业务部门与办案组党组织设置和管理方法，不断创新管人、管案、管廉党建工作机制，努力让人民群众在每一个司法案件中感受到公平正义。一是创新"管人"机制。在机关党委的架构下，根据"部门为主、有利工作"的原则，机关党委下设4个党支部、3个办案临时党支部、7个党小组，并选派政治素质高、群众基础好、组织能力强的党员干警担任党支部书记和党小组组长，形成了以院党组为领导核心，以党支部和党小组为工作主体的上下一体化管人机制。严格落实"三会一课"制度、党内政治生活制度、民主评议党员工作和党员党性定期分析制度、党员活动日制度、党员领导干部双重组织生活制度等，坚持统一的办案指挥、统一的工作调度、统一的人员调配，对党员干警管理监督延伸到"八小时以外"，引导对党员干警"八小时内外"都要做"忠诚、为民、担当、公正、廉洁"的检察官。二是创新"管案"机制。严格落实错案责任追究制度，对司法办案人员由于故意或者重大过失造成错案的，坚决追究相应责任。认真落实风险案件报备制度，对存在办案安全风险、社会舆论风险等案件实行层报、提前防范、动态掌控。继续推行重大疑难案件会审制度，着重研究解决案件会审实现对侦查机关存在违法取证和同步引导侦查取证"两个同步"问题。继续推行立案监督"三审查三报备"工作模式，建立检察官联席讨论案件制度，对发现的疑难复杂案件，组织检察官集体研究讨论，确保拿出最佳处理方案。近年来，在连年人均办案数位于全区地市级院第一的高压态势下，该院案件工作始终保持"无错案、无超期、无投诉、无违法违纪"的"四无"记录。三是创新"管廉"机制。积极落实"两个责任"，把加强党风廉政建设与"规范化建设年"、从严治检"五查五整顿"专项行动、中央八项规定"回头看"专项行动等活动同部署、同落实、同推进，创新制定实施《执法办案规范纪律作风督察手册》，突出抓好检察业务关键节点的督察，将纪检监察引入各个执法办案节点进行刚性督察，通过对各节点的自查、检查、评查、督察，及时有效地发现和纠正执法不规范行为，先后8次对全市两级院办理的各类案件进行全面督察，共查出1065个案件存在648个问

题,并限时整改,进一步筑牢廉洁自律的公仆情怀,切实做到对党忠诚、对人民忠心、对法律敬畏、对事业执着。

三、进一步抓好检察机关党建工作的对策建议

调研中发现,贺州市检察院通过加强党建工作助推检察事业发展取得明显成效,但在实践中仍存在一些问题。主要包括:一是党内政治生活开展不够正常。极个别干部较少以普通党员身份参加所在党支部或者党小组的组织生活;"三会一课"存在表面化、形式化;领导班子民主生活会征求意见不到位,问题整改效果不明显。二是管党治党主体责任压得不实。党建工作责任不够细化,压力传导向基层延伸不够,主体责任落实仍存在"上热中温下冷"现象和"最后一公里"问题。如贺州市检察院党组虽然每年都专题听取机关党委关于党建工作的汇报,但对机关党委在开展党建工作中存在的问题研究不多,监督不到位,特别是党建工作和检察业务工作存在"两张皮"现象,没有下大功夫加以研究解决,导致党建工作不能更好地促进业务工作发展。三是领导班子成员履行"一岗双责"不全面。对"一把手"强调得多,对班子其他成员责任强调得少,个别科室(部门)将党组织集体责任归于"一把手"个人责任,个别分管领导更注重抓检察业务,不重视抓分管领域的党建工作,不能做到党建工作与检察业务工作同部署、同检查、同考核,导致部分党员党性意识不强,理想信念不够坚定,尤其是服务经济社会发展大局意识不能在具体的执法办案中得到牢固树立。四是监督问责体系不够健全。抓党建工作缺乏具体的监督保障,没有行之有效的客观评估标准。一些干警制度意识淡薄,抓执行抓落实的思想自觉和行动自觉不够。同时,对执行制度失范追究不严,缺乏严格的奖惩机制,往往只是以责令检查、通报批评等较轻微方式处理,失之于宽、失之于软。五是部分党员干警责任意识、进取意识不强。在日常工作中缺乏开拓创新、刻苦钻研、精益求精及无私奉献精神,思想上存在"求稳多、求进少"。

党建工作是队伍建设和业务工作的灵魂工程。如何更好地发挥党建工作在检察事业发展中的作用,提升党员干警的先锋模范作用和党组织的战斗堡垒作用,可以从"三个三"维度进行积极探索。

(一)抓好"三个引领",进一步加强思想建设

一是抓好政治引领,着力引导检察人员始终保持清醒政治头脑。院党组要始终强调工作方向的极端重要性,在部署工作、出台文件、研究案件、报告工

作过程中，旗帜鲜明地要求必须坚持政治意识、大局意识、核心意识、看齐意识，突出检察工作全力服务经济社会发展、促进社会和谐稳定的主基调，营造对党忠诚，信念坚定，讲纪律守规矩的工作氛围。二是抓好理论引领，着力增强检察人员的党性修养、法治素养。在开展党的群众路线、"三严三实""两学一做"等主题教育工作中，把政治学习与业务学习、理论研究结合起来，把学习型党组织建设与团队建设、组织文化建设结合起来，注重发挥班子在理论学习、理论研究的以上率下示范作用，着力从文化层次、理论高度推动全体干警认清形势、明确使命、增强自信。三是抓好道德引领，着力培育检察人员核心价值观和职业品格。着力在制度建设、执法作风、服务水平、职业道德、个人品德、环境美化、社会形象等方面深耕细作，注重通过干警组织、干警主导、干警参与持续推进社会主义核心价值观教育和检察职业道德教育，注重把道德引导融入司法办案、融入创先争优、融入单位形象、融入个人评价，吹起一股股理性之风，文化之风，文明之风。

（二）抓好"三个坚持"，进一步加强组织建设

一是坚持从严从实贯彻落实党建工作责任制。进行完善党建工作定期联席研究制度、党员领导干部联系点工作制度、重大重点工作落实督察制度、党建工作配合协调制度，层层分解党建工作任务和责任，层层传导党建工作压力，形成党建工作层层承担责任，层层抓好落实的工作格局，有效避免党建工作虚化，实现党建工作"有思考、有研究、有部署、有措施、有检查、有效果"。二是坚持多措并举加强机关基层党组织建设。要以"政治上强起来、纪律上严起来、工作上管起来"为基层党组织建设的工作目标，强调检察工作开展到哪里，党的组织就覆盖到哪里，党组织和党员的模范带头作用就发挥到哪里，继续推行在自侦部门办案一线成立临时党支部，搭建完整的基层党组织体系，为党建工作奠定良好的组织保障。三是坚持公平公正的干部选拔任用管理机制。一方面要积极为干警发展进步营造机会和平台，另一方面要在选人用人管人上坚持公平公正公开，严格执行《党委（党组）讨论决定干部任免事项守则》及干部队伍管理的各项规定，坚持"凡提必审、凡庸必调"，营造风清气正的用人环境。

（三）抓好"三个严格"，进一步推进廉政建设

一是严格履行"两个责任"，推动全面从严治检，从宽松软走向严紧硬。党组要把履行"两个责任"作为队伍廉政建设的"牛鼻子"，把切实履行"两个责任"作为党组成员、中层领导的核心职责，通过年初制定的党风廉政建

设工作要点以及层层签订党风廉政建设责任状,把"两个责任"分解到各层级领导,努力构建层层管理、层层监督,"管人"与"管事"高度统一的队伍廉政建设格局。二是严格落实自查和监督要求,推动防控"重点人、重点事、重点问题"。要把确保"单位不出事、干警不犯事"作为队伍廉政建设的底线严防死守,结合"三严三实"专题教育、"两学一做"学习教育和规范司法行为专项整治活动,全面开展执法岗位风险自查和重要执法环节风险评估,排查部门岗位廉政风险点,编制部门工作岗位廉政风险防控流程图,制定防控措施,努力做到岗位风险清楚、防范责任明确、防控措施有效。探索党内监督与司法办案监督相结合的有效办法,通过案件抽查、质量评查、个案检查、专项督察、流程监控等措施对司法办案活动实行立体化监督,促进公正规范文明廉洁司法。三是严格执行中央八项规定精神,推动各项要求触底落实,终端见效。要把严格执行中央八项规定精神作为提升廉洁自律整体水平的重要契机,党组成员带头严格执行中央八项规定,坚持不懈开展"五查五整顿"专项行动,推动中央八项规定精神在全体检察人员中入脑入心。修订《贺州市检察机关公务用车和驾驶员管理工作规定》《贺州市检察院机关食堂公务接待管理规定》,严格公务车辆使用管理,规范公务接待行为,坚持在重要时间节点和节假日做到节前提醒、节中督察、节后通报,着力营造风清气正的政治生态。

关于2015年以来广西检察机关公诉案件无罪判决情况的调查报告

◎吴寿泽*　黄　龙**

> **内容摘要**：无罪判决是司法活动中客观存在的现象，既反映了司法证明的局限性，也在一定程度上反映了公诉案件质量问题，说明公诉工作仍有需要加强和改进的地方，公诉人的办案能力和水平仍有很大的提升空间。各级公诉部门应当按照高检院张军检察长"讲政治、顾大局、谋发展、重自强"的工作要求及自治区检察院的部署安排，紧紧围绕人民群众对民主、法治、公平、正义、安全、环境等方面的新需求，通过六个"进一步强化"工作措施，不断提升公诉案件质量，不断提升公诉业务建设水平，努力为人民群众、为社会和时代提供更好、更优、更实在的法治产品、检察产品。
>
> **关键词**：公诉案件；无罪判决；司法理念

一、基本情况和主要特点

2015年1月至2018年7月，全区检察机关共提起公诉案件166748人，收到人民法院判决141466人。经核查，2015年以来公诉案件共发生生效无罪判决21人（统计报表中为20人，其中1人未录入系统），分别为2015年10人，2016年2人，2017年5人，2018年1—7月4人，无罪判决案件具有以下特点：

（一）无罪案件数量总体下降，无罪判决率近两年略有回升

从全区生效无罪人数看总体呈下降趋势：2015年10人，2016年2人，2017年5人，2018年1—7月4人；从全区无罪判决率看近两年略有回升：2015年0.27‰，2016年0.05‰，2017年0.1‰，2018年1—7月0.18‰，全

---

*　广西壮族自治区人民检察院公诉一处处长。
**　广西壮族自治区人民检察院公诉一处三级检察官助理。

区有罪判决率基本维持在99.9%,总体保持平稳。

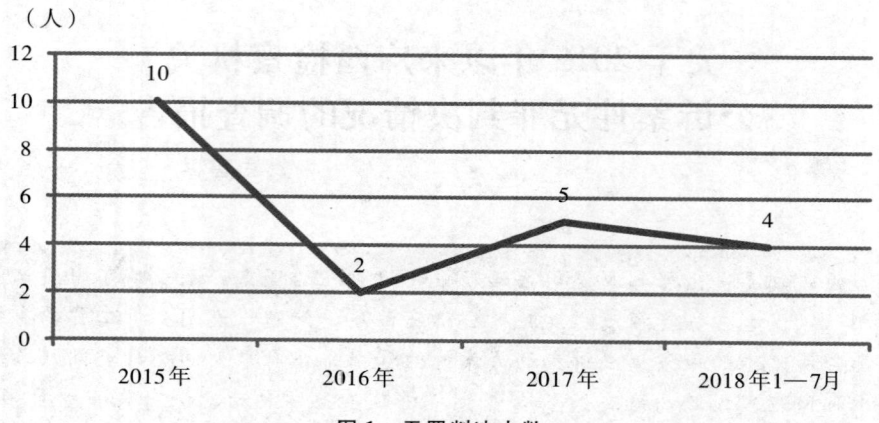

图1:无罪判决人数

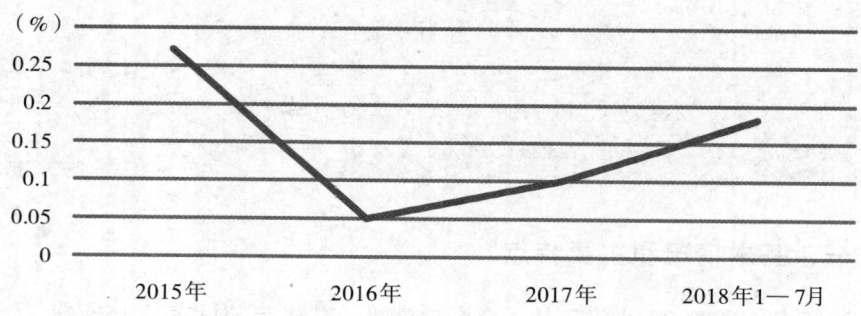

图2:无罪判决率

(二)一审法院判决无罪比例高

无罪判决案件一审法院作无罪判决的有13人,占无罪判决人数的61.9%。其中3人一审判决无罪后检察机关抗诉,上级检察机关不支持抗诉,一审判决生效;另外10人一审判决无罪后检察机关抗诉,但二审法院维持原无罪判决。一审判决有罪、二审法院作无罪判决的有7人,其中二审发回重审后改判无罪的1人,二审直接改判无罪的6人。一审二审均判决有罪、再审改判无罪的1人。

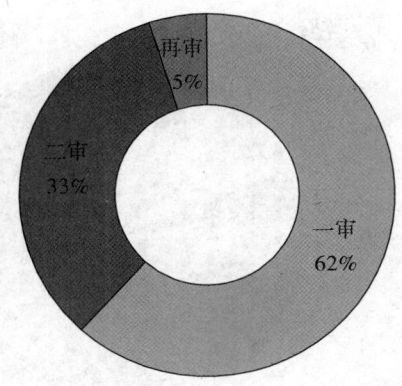

图3：无罪判决诉讼环节情况图

（三）事实不清、证据不足是法院宣判无罪的重要原因

2015年以来因事实不清、证据不足宣告无罪的16人，占无罪判决人数的76.2%。其中2015年9人，2016年2人，2017年1人，2018年1—7月4人。

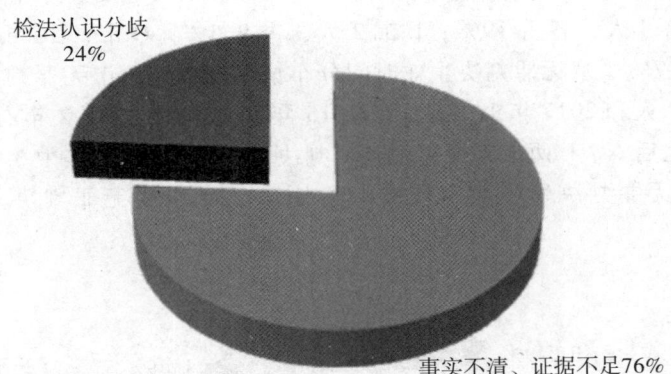

图4：法院宣判无罪原因图

（四）普通刑事案件无罪判决比例较高

从罪名来看，无罪判决中普通刑事案件17人，占无罪判决人数的80.95%。其中故意伤害3人，盗窃3人，非法占用农用地3人，强奸2人，过失致人死亡、非法吸收公众存款、诈骗、交通肇事、容留他人吸毒、故意毁坏财物各1人。职务犯罪案件4人，占无罪人数的19.05%，其中贪污3人，挪用公款1人。

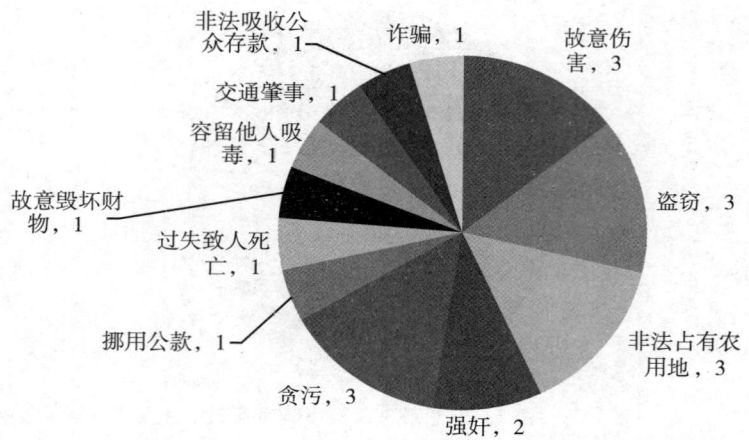

图5：无罪人数罪名分布图

（五）个别地市无罪判决情况较突出

从无罪判决人数绝对数量上看，2015年以来，N市8人，占38.1%；B市、GL市各4人，各占19%；L市2人，占9.5%；Q市、GG市、C市各1人，各占4.7%。从无罪判决生效时间分布情况来看，N市无罪判决8人分布为2015年7人和2017年1人，L市2015年和2016年连续2年有无罪判决，但2017年之后N、L两市未再出现无罪判决情况；GL市4年中3年均有无罪判决情况，无罪判决发生频率较高；B市2017年以来无罪判决人数呈上升趋势。

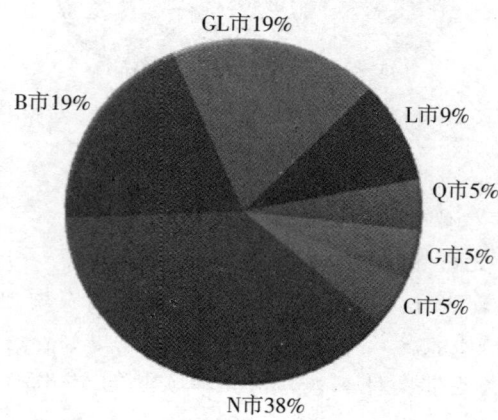

图6：无罪人数地区分布图

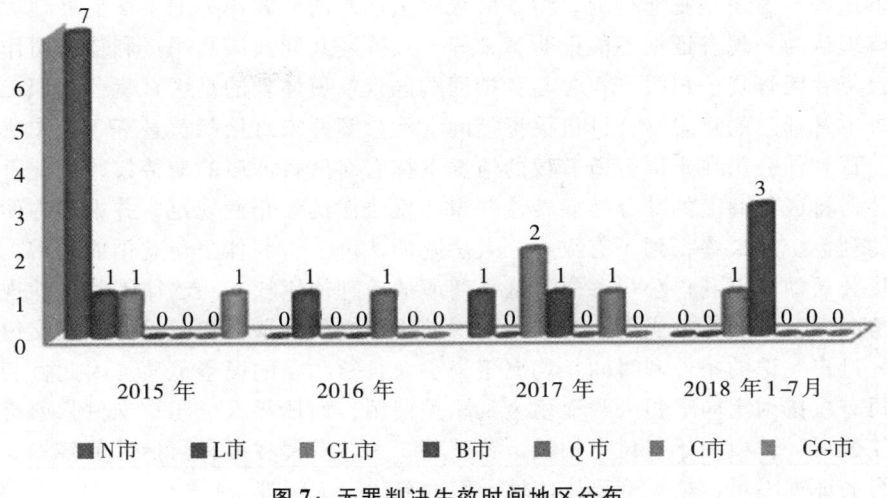

图7：无罪判决生效时间地区分布

二、无罪案件形成原因分析

无罪案件形成原因涉及多个方面，既有检察机关审查把关不严、工作制度执行不到位等主观原因，也有检法两家在认识上存在分歧、案外因素影响等客观原因。主要表现在：

（一）司法理念更新不到位

"重打击、轻保护"的思想仍然不同程度存在，对一般违法与犯罪的界限把握不准、把关不严。如孙某非法吸收公众存款案，N市Q区检察院和公诉人对单位犯罪中应当承担刑事责任的人员范围把握不准，对本不需要接受刑事处罚的孙某提起公诉。法院审理认为，孙某虽身为公司财务人员，但其经手收取钱款、发放单位拨付予客户顾问费、还本付息等行为，均是履行单位指派的职责，其并未参与关于经营模式的讨论、决定，其履行职责收取客户钱款将钱款交予总公司，是依照单位财务主管、大区总监审核后，再由公司法定代表人批准执行，不是其个人行为，不是其个人吸收公众存款。其所经手的钱款，亦没有占为己有或参与分赃，其仅是按聘任合同领取固定工资。其处理财务的行为，是一种被动的行为，仅起一定的辅助作用，不宜认定为非法吸收公众存款罪的客观行为表现。公诉机关提供的证据，不能证明孙某有非法吸收公众存款的主观故意以及直接决定并参与实施犯罪行为，因此判决孙某无罪。又如黄某等3人贪污案，N市检察院和公诉人未能准确判断被告人黄某等3人的行为是民事违法行为还是犯罪行为，将本应受民法规制的问题作为刑事案件处理。法院审理认为，现有证据不能证明黄某等3人曾经共同商谋利用百利佳公司作为平台侵吞区百货公司财产，参与竞拍回购区百商厦体现的是区百货公司职工及上级主管部门的意志。公诉机关指控的贪污数额并未直接归黄某等3人非法占有，百利佳公司在未取得所有权的情况下拥有对区百商厦的期待权，因此百利佳公司将区百商厦的部分楼层转让并未违反法律的禁止性规定，并未损害债权人的利益，且最终得到了有权处分人法院的认可。百利佳公司竞拍成功后，区百货公司即向百利佳公司移交了区百商厦的管理使用权，在法律无禁止性规定的情况下，买卖双方当事人对于不动产使用权交付的条件和时间，以及支付价款、过户登记的条件和时间，均属于当事人自行约定的民事范畴。因此百利佳公司有权按约定向承租人收取租金及相关费用，而债权人也同意支付款项给百利佳公司，款项用于支付竞拍款，黄某等3人并未侵吞占有，指控黄某等3人贪污的证据不足，缺乏刑事违法性，因此判决3人无罪。

（二）运用和分析证据的能力不足，审查证据不严不细

综合审查和判断运用证据的能力不强，对关键证据不复核，对矛盾证据不甄别，对鉴定意见不审查，对非法证据不排除。在分析证据时未能充分考虑证据的证明力及合法性，证据结论缺乏可靠性、证据结构缺乏稳固性。有的过于依赖言词证据，对客观证据审查不细。如梁俐某、梁宜某故意伤害案，未从鉴定机构、鉴定人与被害人有无利害关系等方面综合考虑证据的证明力，未充分考虑被告人及其辩护人提出的辩护意见，导致法院以事实不清、证据不足判决二人无罪。又如冯某故意伤害案，未考虑两名证人与被害人系同一单位的利害关系，未分析言词证据与视听资料存在的矛盾，在未排除合理怀疑、解决证据矛盾的情况下贸然起诉导致无罪判决。再如覃某盗窃案，公安机关现场勘查发现窗户上、地板上有手印和足印，但未进行相关鉴定，也未与两犯罪嫌疑人的手印、足印做比对。公诉人在审查起诉期间认为覃某作了有罪供述且有同案人的供述相印证，因而没有要求侦查机关进行相关鉴定并与两犯罪嫌疑人的手印、足印做比对。法院审理提出鉴定要求，但比对的结果是手印因痕迹不清，缺乏比对条件而无法比对，现场足印长度与覃某和同案人的脚印长度也比对不上，特别是覃某的脚印与现场脚印差异明显。法院据此认为在没有排除存在其他可能的情况下，不能得出覃某与同案人共同实施盗窃犯罪的唯一结论，指控犯罪的证据不足，最终判决无罪。

（三）对刑法上的因果关系理解不透，掌握法律知识能力不足

对刑法理论学习不足，对刑法上的因果关系理解有所偏差，导致案件质量出现问题。如廖某过失致人死亡案，公诉人认为廖某与钟某某驾车追逐，钟某某受廖某言语挑衅、踢车和追赶内心产生害怕，为脱离困境而加速驾驶的行为，导致其驾驶的车辆摔倒而造成受害人谭某某死亡，廖某的行为是造成钟某某开快车的诱因，是主要原因，廖某的追逐行为与谭某某死亡结果之间存在刑法上的因果关系。二审法院认为根据现有证据尚无法对交通事故产生的原因作出唯一结论，认定廖某的行为与谭某某死亡有刑法上的因果关系属于事实不清、证据不足，改判廖某无罪。又如林某等3人非法占用农用地案，公诉人对法律理解不到位，认为非法占用林地必然会导致林地种植条件遭受破坏，只要行为人实施非法占用林地行为即构成犯罪，不必要求造成林地毁坏后果方面的证据，因而在审查起诉阶段没有要求侦查机关对被取土的农用地是否大量毁坏进行鉴定。案件二审阶段，被取土的地点已被重新作为农用地予以发包并新种植芒果树，被取土的林地是否被大量毁坏已失去鉴定条件，造成该案具体的危害结果无法确定，二审法院据此改判无罪。

（四）检察机关二审案件承办人未对风险案件进行有效跟踪处置

随着以审判为中心的刑事诉讼制度改革的推进，当前已出现二审法院直接改判无罪的趋势。在案件出现无罪风险后，部分检察院及少数公诉人明知案件存在问题却仍然过于依赖与法院的沟通，寄希望于法院来"共同分担责任"。如林某等3人非法占用农用地案，B市检察院二审案件承办人在审查中已经发现证据缺失的问题，并就是否构成犯罪与B市中级人民法院的承办法官进行了沟通。承办法官表示该案将提交审判委员会讨论，可能会存在两种可能：一是认为构成犯罪会从轻处罚，改判缓刑；二是认为无罪则帮助协调发回重审，并建议二审庭审发表建议从轻处罚的法庭意见。B市检察院公诉科讨论一致认为：本案严格从证据来看，不能认定"造成林地大量毁坏"的后果，但考虑出庭效果，建议发表从轻处罚的出庭意见由法院判决。在B市中级人民法院二审开庭审理后，B市案件承办人认为事前已经与中院承办法官进行沟通而未继续追踪掌握判决动态，最终B市中级人民法院直接改判3名上诉人无罪。

（五）检法意见分歧导致无罪判决

1. 对法律适用的理解存在不同认识。如莫某容留他人吸毒案，该案争议的焦点在于莫某在其所开的包厢内看见他人吸食毒品不予制止的行为是否符合容留他人吸毒罪的构成要件。检察机关认为容留他人吸毒可以是主动的，也可

以是被动的。本案中莫某虽没有提供毒品、不参与吸食，但在其所开的包厢内看见他人吸毒而没有阻止，是被动容留，符合容留他人吸毒罪的构成要件。二审法院认为，莫某到 KTV 开包厢的主观目的是宴请他人饮酒娱乐而非为吸毒提供场所，其开包厢时主观上没有提供场所供他人吸食毒品的故意，不符合容留吸毒罪主观方面构成要件。此外，按照《禁毒法》规定，娱乐场所应当建立巡查制度，对在娱乐场所发生的毒品违法犯罪活动，经营管理人员发现后有向公安机关报告的义务。本案所涉场所属于娱乐场所，莫某是到该场所正常消费的人员，其在该场所内无制止他人吸食毒品的义务，其不予制止的行为不符合容留他人吸毒罪的客观方面构成要件。同时，莫某在其所开的包厢内发现他人吸毒即离开，没有实施阻断经营管理者的巡查、报告义务，没有实施符合容留他人吸毒罪客观方面构成要件的积极行为。据此判决莫某无罪。

2. 对证据的采信存在不同认识。如卢某交通肇事案，争议焦点是被告人韦某、卢某在该起交通事故中的责任是作为一个整体认定还是分开认定。检察机关认为公安交通管理大队出具的道路交通事故认定书具备合法性、关联性和真实性，依法应予以采信。被告人韦某、卢某的行为应视为一个整体，且应依法认定被告人韦某、卢某在交通事故中共负事故的全部责任。法院审理后，对公安交通管理大队出具的道路交通事故认定书未全部采信，认为应该分开认定被告人韦某、卢某在交通事故中共负事故的全部责任，且认定被告人韦某负事故主要责任，被告人卢某负事故次要责任，从而判决被告人卢某无罪。

3. 对犯罪客体的定性存在分歧。如肖某盗窃案，检法两家对于本案中被盗的山羊是否属于走失状态及被害人胡某某是否丧失对山羊的占有这一关键定性存在分歧。检察机关认为，被害人胡某某所在村与肖某所在村相距不远，胡某某放养山羊的地方是所在村的后山，该后山与肖某所在村的后山相连，胡某某所放养的个别山羊临时进入肖某所在村的后山是一种正常现象，也符合山羊在山上到处走的生活习性。在个别山羊进入肖某所在村的后山后，胡某某一直积极寻找，并未放弃对山羊的所有权和控制权，只要财物所有权人没有主动放弃该财物的所有权，该财物在任何地方被盗均应认定为盗窃罪，而不能认定为不当得利。二审法院认为，从案发现场及附近区域的情况看，肖家村的后山和大西洲村的后山毗连，两山相距较远，因此胡某某饲养的山羊已经脱离其支配力所能及的范围，丧失对山羊的占有，此时山羊属于无人占有状态，肖某抱走"走失的山羊"的行为属于不当得利，同时结合在案证据并不能证明肖某具有非法占有他人财物的主观故意，最终判决肖某无罪。

4. 对因果关系的认识存在分歧。如蒋某诈骗案，检法两家对蒋某使用非法途径得来且已失效的建筑证建房，并使用倒签时间的户口迁移证办理的户口簿和未经任何审批手续获得的土地证到 G 市房产管理局办理房产证这一事实均无异议，但对蒋某用欺骗手段取得房产证是否造成其获取拆迁补偿款这一损害结果的因果关系的认识存在分歧。检察机关认为，蒋某通过失效的建筑证、无效的土地证和虚假的户口迁移证办理房产证，该房产证虽然形式上真实，但实质错误且无效。蒋某对此明知但在申领拆迁补偿款时隐瞒了上述事实，其在申请时提交房产证和土地证，明知房屋所建年代并非 1987 年却故意隐瞒，非法占有拆迁款的主观故意明显，其隐瞒真相的行为使财产处分者陷入了错误认识，与拆迁款的发放存在因果关系。该案经一审、二审，法院均认定蒋某诈骗罪成立，但再审时法院认为，蒋某使用非法途径获得已失效的建筑证建房，并使用倒签时间的户口迁移证办理的户口簿和未经任何审批手续获得的土地证到 G 市房产管理局办理房产证，其主观目的是为了取得房产证。房产管理局工作人员未经认真审核为其颁发了房产证，该房产证在未被撤销或注销前是合法有效的，其持合法有效房产证获得房屋拆迁补偿款，主观上并不具有非法占有的故意，因此判决蒋某无罪。

（六）上下级院意见分歧影响案件最终处理

覃某盗窃案起诉到法院后，由于被告人翻供、补充的现场勘查结果与被告人信息比对不吻合，T 县人民法院拟判决无罪。T 县检察院公诉科和检委会分别就本案进行讨论，一致认为因本案证据发生变化，致使被告人覃某盗窃的事实存疑，拟撤回起诉作存疑不起诉处理。按规定向 B 市检察院公诉部门汇报后，市院公诉科讨论一致认为该案事实清楚，证据确实、充分，不应撤回起诉，市院检委会审议时亦认为现有证据足以认定覃某构成盗窃罪不应撤回起诉。B 市检察院公诉科将检委会决定汇报自治区检察院承办人，自治区检察院承办人表态可按照 B 市检察院检委决定执行，最终没有撤回起诉导致判决无罪。

三、意见建议

无罪判决是司法活动中客观存在的现象，既反映了司法证明的局限性，也在一定程度上反映了公诉案件质量。全区 2015 年以来共出现 21 人无罪判决，相当程度暴露出检察机关少数案件承办人对法律政策理解不到位，证据把握、指控犯罪的能力水平不足，责任心缺失，工作制度执行不到位等问题。下一步，各级检察机关应当按照高检院张军检察长"讲政治、顾大局、谋发展、重自强"的新时代检察工作总要求及自治区检察院的部署安排，紧紧围绕人民群众对民主、法治、公平、正义、安全、环境等方面的新需求加强和改进公诉工作，通过六个"进一步强化"工作措施，不断提升办案质量，严守防范冤假错案底线，为社会提供更多更好的公诉产品。

（一）进一步强化理念更新

科学正确的司法理念是保障案件质量的前提和基础。一要坚持崇尚和维护法治。各级公诉部门要牢固树立符合公平正义要求的现代司法理念，更加注重保障人权和程序公正，克服有罪推定、重实体轻程序、重配合轻制约、重维稳轻维权的错误倾向，正确履行公诉职责，坚持平等保护，厘清权力边界，坚守法治底线。二要坚持以人民为中心。要更加关注社情民意，注重体察社会冷暖，办案不脱离实际、不脱离百姓，防止机械司法，努力实现法理情相统一，实现"三个效果"相统一，真正为社会输送公平正义。三要坚持司法民主。司法民主是实现法治的保障。要依法保障当事人的诉讼参与权、诉求表达权、诉讼程序与诉讼结果知情权等诉讼权利，审查起诉和出庭公诉中，全面审查对被告人有利不利的各种证据，重视和耐心听取辩护律师意见，依法接受特约检察员、人民监督员的监督，以公平公正的法治声音回应社会关切。四要坚持法律监督正确理念。一方面要敢于监督、善于监督，既要防止对程序违法和矛盾证据视而不见、过度迁就侦查机关的前置程序依赖，也要避免明知案件存在问题却寄希望于人民法院来"共同分担责任"的后置程序依赖；另一方面要认识到检察机关与被监督机关的职责和目标是共同的，树立双赢多赢共赢的监督理念，共同推进严格执法、公正执法。五要坚持正确看待无罪判决。公诉案件无罪判决，是人民法院审判权依法制约公诉权的重要手段，正如同检察机关通过不批捕、不起诉制约侦查一样，一定数量的无罪案件的存在符合司法规律，对此应该客观理性看待。既要高度重视无罪案件，首先从自身找差距，逐案分析无罪原因，有针对性地改进工作，最大限度地减少和避免有公诉责任的无罪案件，又要防止简单化地将无罪案件等同于错案，把有认识分歧案件无罪责任都归咎于公诉人，还要防止把"疑难案件"与"疑罪案件"划等号，对那些存在起诉风险的"疑难案件"不敢担当、不愿付出艰苦努力去指控犯罪。

（二）进一步强化公诉队伍能力素质建设

无罪判决案件与案件承办人办案能力水平不足密切相关。各级公诉部门要落实重自强的要求，把公诉队伍能力建设摆在更加突出的位置，紧密结合公诉特点和公诉队伍的思想、能力、作风等实际，切实采取有效措施，不断加强公诉队伍教育培训工作。一要完善公诉部门管理和权责运行机制。完善公诉办案组织，根据案件类型特点，健全专业化办案组织设置，将"专"与"通"相结合，加强办案组之间的交流，实现业务互通，既培养专才也培养通才。落实司法责任制，尊重承办人的主体地位，实行"谁办案，谁负责"，避免因受到检察机关内外部的不当干预而错误起诉、"带病"起诉。同时，完善与公诉部门司法办案责任相匹配的监督制约和考核评价机制，为考查工作量和员额遴选提供依据。二要加强对自治区检察院出台的工作制度等文件的学习力度。近年来，为切实加强全区公诉案件质量管控，自治区检察院公诉部门相继出台了《广西壮族自治区人民检察院公诉案件质量预警处置办法（试行）》《公诉案件诉讼质量风险防控工作办法》《关于严格执行案件质量管理制度 进一步提高公诉案件质量的通知》等案件质量管理制度并汇编下发。但屡屡发现部分基层院存在对工作制度不学习、不掌握的现象，相关制度规定被空置虚化，导致出现办案程序不规范进而案件质量出现问题。各级公诉部门要组织全体公诉人员对相关案件质量管理制度规定进行专题学习，避免此类现象再次发生。三要针对公诉队伍业务能力的薄弱环节，加强对刑法修正案、刑事诉讼规则等新法律、新法规和最新出台的司法解释的学习和培训工作，进一步提升公诉人员证据把握、指控犯罪的能力。四要进一步适应庭审实质化要求，以提升公诉人个人综合素质和独立作战能力为重点，深化观摩庭、评议庭、以案代训等岗位技能练兵活动，采取个案指导、专题培训、业务竞赛、跟班学习等多样化培训方式，全面提升公诉人员的业务能力和水平，持之以恒，久久为功，着力打造一支"五过硬"的高素质公诉队伍。

（三）进一步强化诉前主导作用

要充分发挥公诉在审前程序中的把关和过滤作用，强化诉前主导，从源头上保障案件质量。一要健全介入侦查引导取证工作机制。许多无罪案件之所以发生，根源在于侦查取证不到位。要加强介入侦查、引导取证工作，积极运用出席现场勘查、参加讯问和案件讨论等方式，按照审判的标准和要求，对收集、固定、保存证据和适用法律提出意见，监督侦查活动是否合法，有效防止关键性证据收集不到位等问题，力争在移送审查起诉前解决证据的确实充分和合法性问题。二要严格准确把握起诉标准，强化对证据的审查。重视客观性证据的审查。加强对物证、书证、鉴定意见、勘验检查笔录等客观性证据的审查。对物证、书证、视听资料、电子数据，要重点审查来源合法性和客观真实性；对鉴定意见，在做好文证审查的同时，必须结合案情全面审核检材的提取、移交、保管、保存等过程是否符合相关规定；对现场勘查检查笔录，必须审核侦查活动是否遵守相关程序规范。三要加强关键证据复核。要认真核实辨认笔录和涉及刑事责任年龄、刑事责任能力等刑事追责条件的关键证据；对主要靠言词证据、间接证据定罪的案件，必须核实关键证人证言、被害人陈述；仔细甄别同一案件的多份不同鉴定意见，必要时可以协同所在院或者上级院技术部门进行综合审查。对拟出庭的证人、被害人、鉴定人、侦查人员的证言或其他证据，应当重点核实。四要综合审查判断全案证据。切实转变证据审查方式，实现精细化审查。对每个在案证据的合法性、关联性和证明力要逐一进行审查判断，瑕疵证据依法及时补正或说明，非法证据依法予以排除。要对个证审查的证据进行全案综合审查判断，认真排查证据之间的矛盾，重点解决原则性、根本性矛盾。要更加突出客观性证据的审查运用，构建以客观性证据为核心的证据论证和案件事实认定体系，坚持从客观证据到主观证据的审查方式，准确运用收集在案的客观性证据推衍犯罪过程，准确认定案件事实。

（四）进一步强化指控主体地位

指控犯罪是公诉部门的核心职能之一，构建以证据为核心的刑事指控体系要求强化检察机关指控主体地位。一要强化证明责任。坚持起诉法定标准，严格按照"犯罪事实清楚，证据确实、充分"的要求，依法履行举证责任、说服责任，加强对公诉主张的说理，对事实不清、证据不足、法律适用错误的案件，不能碍于情面或担心舆论炒作、当事人上访等，作出违反法律规定的决定。对认罪认罚案件也要强化证明，对达不到证明标准的认罪认罚案件，要依法作出不起诉决定。二要完善补充侦查制度。一方面切实规范退回补充侦查工作，明确退回补充侦查跟踪指导制度，完善对补充侦查行为的监督机制，对补查不力、退而不查的，可以向调查或者侦查机关发出检察建议。另一方面要加大检察机关自行侦查力度，明确自行侦查条件，应用信息化手段推进数据互通互联，提高自行补查取证便捷性。三要完善不起诉制度。不起诉是检察机关审前把关和过滤的重要手段，要进一步明确不起诉的条件，扩大认罪认罚案件不起诉适用范围，完善相对不起诉标准；进一步简化不起诉案件内部程序，正确评价不起诉案件；进一步发挥不起诉对侦查的规制功能，建立存疑不起诉、绝对不起诉案件对公安机关定期通报制度；进一步发挥不起诉的惩防作用，对相对不起诉同时适用予以训诫、责令具结悔过、赔礼道歉、提出行政处罚或者没收违法所得的建议等非刑罚措施。

(五) 进一步强化处置诉讼质量风险案件措施

案件质量出现风险时，要善于综合运用各种措施及时妥善处置。一要将全面落实"三同步"工作与服务防范化解重大风险攻坚战结合起来。要切实增强防范风险意识，认真做好依法办理、舆论引导、社会面管控"三同步"和风险评估预警工作，尤其对危害国家安全犯罪、外国人犯罪、职务犯罪、涉众型犯罪等重大敏感案件的处理，要充分运用政治智慧和法律智慧，诉不诉、什么时候起诉、以什么罪名起诉，都要掌握好火候、拿捏好分寸，既要依法依程序办理，又要有策略、有艺术，不能简单地一诉了之、不诉了之、一放了之，防止造成负面影响，避免在办案过程中产生新的重大风险。二要严格执行请示报告制度。对于受行政、舆情压力而起诉的案件，各级公诉部门、公诉人员要严格按照中央和高检院有关防范干预过问案件的相关规定，将党政机关违规干预、插手具体案件处理情况如实记录，在起诉前必须层报至自治区检察院公诉办公室，对于起诉后发现风险的案件，随时发现随时报告。对于目前还在公诉部门审查的风险案件，办案单位在处理上存在不同意见的，应当及时向上一级公诉部门请示并严格按照上级检察院的批复意见执行。三要积极运用不起诉、撤诉等方式化解案件质量风险。在证据存疑、法律适用存疑的情况下，要坚持存疑利益归于犯罪嫌疑人、被告人的处理原则，符合不起诉、撤案条件的，应当作不起诉、撤案处理；对于一审法院虽作有罪判决，被告人上诉后二审法院拟判无罪但已裁定发回重审的案件，在证据补正、补强工作无重大进展、原有证据变化不大的情况下，该撤回起诉的要严格按照程序及时撤回起诉。对于一审已作无罪判决，目前仍在抗诉之中的案件，上级公诉部门要指定专人及时审查，符合支持抗诉条件的，依法支持抗诉；不符合支持抗诉条件的，及时协调二审法院发回重审，再以适当的处理方式化解风险。四要加强沟通协调。秉持双赢多赢共赢的理念，加强与侦查、审判机关的沟通协调，特别是要完善与法院的沟通协商机制，加强类案证据标准的梳理和疑难案件证明标准研究。要健全与法院的联席会议制度，定期对类案的事实认定、证据采信和法律适用等问题进行研讨交流，形成统一的执法司法尺度，减少因证据采信、法律适用分歧而引发的无罪案件，减少因认识分歧导致的诉判不一。对起诉后出现诉讼风险的案件，除按规定上报外，承办人要加强与法院承办人的联系，及时了解法院审判意向，需要补充、完善证据的要及时补充完善。法院有无罪判决意向的，应及时报告部门领导。

(六) 进一步强化领导责任和责任担当

要通过落实司法责任制，坚持一级抓一级、完善责任链条，层层传导压力，推动工作落实。一要进一步落实领导责任。各地分管检察长、公诉部门负责人既要带头办好案，又要切实加强对检察官办案质量的监督。要坚持放管结合，一方面要鼓励、支持员额检察官对承办的简单案件独立作出审查结论，另一方面又要切实肩负起领导职责，加强对检察官承办的重大疑难复杂案件的审查把关，加大对风险案件的指导力度，要组织办案人员对出现的诉讼质量风险进行全面分析、评估，提出处置意见，尤其是个别无罪判决发生频率较高的地市，分管检察长、公诉部门负责人要认真总结分析原因，找准病因，采取有效措施确保案件质量。二要切实承担起对本辖区案件质量把控的责任担当。市分院公诉部门对辖区内基层检察院上报的质量风险案件及处置意见要及时审查，积极指导帮助基层检察院处置、化解诉讼风险案件，及时将处置情况向上报告。自治区检察院公诉办公室对各市分院上报的质量风险案件要做好备案审查和处置风险工作，指导下级检察院及时化解案件质量风险。三要进一步贯彻落实《广西检察机关公诉部门不规范司法行为追究办法（试行）》和《广西检察机关办案质量终身负责制和错案责任倒查问责制实施办法（试行）》。动员千遍不如问责一次，制度的生命力在于执行，执行制度关键在人。对于因未执行相关工作制度等自身原因导致无罪判决的情况，要按照规定针对不同情形进行区分，该问责的要问责，该处理的要处理。要做好被问责人员的思想工作，既要使被问责人员认识到"严管就是厚爱"的道理，又要以责促行、以责问效，通过问责确保制度的有效性、可执行性。

广西检察机关办理非公经济实体人员犯罪案件情况的调研报告

◎黄思艳* 甘 霓**

> **内容摘要**：国家鼓励、支持和引导非公有制经济的发展，并对非公有制经济依法实行监督和管理。为促进非公经济行业的健康成长与发展，推动广西富民兴桂新战略和实现两个建成目标提供强有力的司法保障，对非公经济实体人员犯罪案件进行调查研究，总结该类案件的现状与存在的问题，分析存在问题的原因，提出相关的对策与建议。
>
> **关键词**：非公经济实体；犯罪；检察机关

非公经济是社会主义市场经济的重要组成部分，也是推动我国经济转型升级的重要依托，对支撑增长、促进创新、扩大就业、增加税收等发挥着重要作用。服务非公经济是检察机关坚持党的领导，积极贯彻落实党中央重要决策部署，服务大局的充分体现，也是新历史时期下检察机关理性拓展法律监督权介入社会综合治理的有益尝试。

一、非公经济实体人员犯罪案件的基本情况和特点

（一）基本情况

2016年1月至2018年3月，全区检察机关共审查起诉非公经济领域犯罪案件754件，占当年公诉案件数量的0.8%，提起公诉426件，不起诉184件，撤诉3件，抗诉9件，撤案7件，判决376件。罪名涉及刑法分则六大犯罪类型57个罪名，其中，既有拒不执行判决、裁定罪、非法占用农用地罪、掩饰、隐瞒犯罪所得罪等妨害社会管理秩序类犯罪，也有信用卡诈骗罪、合同诈骗罪、非法吸收公众存款罪、销售假冒注册商标的商品罪等破坏社会主义市场经

---

* 广西壮族自治区人民检察院公诉三处副处长。
** 广西壮族自治区人民检察院公诉三处四级检察官助理。

济秩序类犯罪。具体分布如下：危害公共安全罪21件，破坏社会主义市场经济秩序罪173件，侵犯公民人身权利罪2件，侵犯财产罪173件，妨害社会管理秩序罪75件，行贿方面犯罪289件。

（二）基本特点

1. 行贿方面犯罪和破坏社会主义市场经济秩序罪所占比重较大。犯罪数量排前十名的罪名有：行贿罪234件，占案件总数的31%；单位行贿罪55件，占案件总数的7.3%；职务侵占罪62件，占案件总数的8.2%；非法占用农用地罪47件，占案件总数的6.2%；诈骗罪45件，占案件总数的6%；非法吸收公众存款罪31件，占案件总数的4.1%；挪用资金罪30件，占案件总数的4%；合同诈骗罪29件，占案件总数的3.8%；拒不支付劳动报酬罪28件，占案件总数的3.7%；虚开增值税专用发票、用于骗取出口退税、抵扣税款发票罪21件，占案件总数的2.8%。

2. 犯罪主体主要集中于私营企业中的管理人员和个体经济的经营者。近两年来审查起诉的案件中，犯罪主体主要还是集中于私营企业的管理人员和个体经济的经营者。在破坏社会主义市场经济秩序犯罪中，私营企业的管理人员和个体经济的经营者犯罪比例高达90%以上，主要集中在虚开增值税专用发票、用于骗取出口退税、抵扣税款发票罪、非法占用农用地罪、行贿罪、职务侵占罪、挪用资金罪、拒不支付劳动报酬罪等。

3. 非公经济实体人员职务廉洁问题较突出。所办理的案件显示，行贿方面犯罪289件，非国家工作人员受贿罪5件，职务侵占罪62件，挪用资金罪30件，这四个罪名犯罪案件占案件总数的51.2%。例如，在贺某某涉嫌行贿案中，贺某某系广西某建筑公司法定代表人，为获得来宾市某城区土地整治项目，向时任中共兴宾区委员会书记贾某某行贿。再如，在陈某受贿案中，陈某在担任广西某集团公司副总经理及下属的南宁市某小额贷款公司董事长、总经理期间，利用贷款业务审核权，向十多家有业务联系的小微企业索取融资好处费300余万元。

4. 妨害社会管理秩序案件占比小但涉及面广。妨害社会管理秩序类案件时有发生，虽然案件不多，但案件类型涉及面较广。此类犯罪案件共75件，占案件总数的10%。其中，拒不执行判决、裁定罪2件，非法占用农用地罪47件，掩饰、隐瞒犯罪所得罪7件，寻衅滋事罪4件，开设赌场罪4件，非法行医罪、虚假诉讼罪、非法占用林地罪、容留卖淫罪、协助组织卖淫罪、贩卖毒品罪、侮辱尸体罪、伪造、买卖国家机关公文、印章罪、滥伐林木罪、利用迷信破坏法律实施罪、参加黑社会性质组织罪各1件。

二、办理案件取得的成效

两年来，全区检察机关公诉部门在办理涉及非公经济案件时，严格落实高检院、自治区检察院关于依法保障和促进非公有制经济健康发展的实施意见的相关规定，工作取得了良好的成效。

（一）积极履行公诉职能，准确把握法律政策界限

全区检察机关公诉部门在办理涉及非公经济案件时，注意严格区分经济纠纷与经济犯罪的界限，个人犯罪与企业违规的界限，企业正当融资与非法集资的界限，合法的经营收入与违法犯罪所得的界限，确保非公有制企业的正常运转。坚持民事法律能解决的就尽可能不要纳入刑事法律范畴的理念，对于法律政策界限不明、罪与非罪不清的，慎重妥善处理，确保办案的质量和效果。如武鸣县检察院在合同诈骗类案件的处理上，因证据不足而建议公安机关撤销的案件和决定不起诉的案件比例就达到了57.14%，严把罪与非罪、罪轻罪重的案件质量关。

（二）慎重选择办案时机和方式，优先考虑企业生存发展

全区检察机关从企业长远发展大局出发，对企业主要负责人涉嫌犯罪的案件，慎重对企业主要负责人采取强制措施，犯罪事实未查清的，一律不采取逮捕强制措施，办案中传唤企业负责人尽量不影响企业正常运行，注意把握时机和场所，办案后考虑如何最大限度地帮助企业挽回影响和损失，防止出现案件办结、企业办垮的现象。如武鸣县检察院在办理国家林业局督办的7件非法占用农用地案中，对涉案人员均采取取保候审措施，且未扣押任何企业财产，在依法办案的同时，保障了企业的正常运转。

（三）严格执行宽严相济的刑事政策，确保办案效果

司法实践中，检察机关注重宽与严的有机统一，做到宽严有度。对于犯罪社会危害不大、主观恶性小的案件，为了维护企业的正常运转，尽量作不起诉处理；反之，则作起诉处理。例如，在甘某行贿案中，甘某向时任贵港市建设工程招标投标管理站站长的唐某行贿5万元，鉴于甘某犯罪情节较轻，悔罪态度较好，办案人员全面考量行为人的主观恶性、客观行为以及行为人对非公有制经济发展所作贡献等多方面的情况，对其作出不起诉的决定。在陈某行贿案中，陈某向时任钦州市精神病院院长的张某行贿50万元，向中间介绍人卢某（时任钦州市建设有限公司董事长）行贿49万元，虽然陈某有自首情节，但

其为谋取不正当利益，给予国家工作人员以财物，且数额较大，依法对其作出起诉的决定。同类案件的不同处理结果既体现了检察机关依法公正办案，也得到了涉案企业和人员的理解和支持，实现了办案法律效果和社会效果的统一。

（四）严厉打击侵犯非公企业知识产权犯罪，营造诚信有序的市场环境

这方面工作，南宁市检察机关公诉部门积极探索，勇于实践，取得了较成功的经验，该市以接受国家知识产权试点城市考核验收为契机，加大打击侵犯知识产权犯罪力度，为非公经济企业提升自主创新能力提供有力司法保障。一是加强指导和上下联系。成立知识产权案件审查研究小组，准确研判办案中遇到的各类专业性问题，集中办案优势，将全市知识产权案件相对集中交由青秀区、兴宁区、西乡塘区等几个基层院办理，形成备案制度，及时掌握该类案件最新发展趋势，研究解决对策。二是深化内部协作。成立了办理知识产权案件领导小组，该领导小组以分管公诉的副检察长任组长，公诉、侦监等部门领导为组员。明确各部门的工作职责，侦监部门负责把好入口关，公诉部门负责把好质量关。三是加强外部联动。加强与公安、法院及工商部门等机关的沟通交流，对于非公企业知识产权犯罪的重大案件，公诉部门积极介入侦查，引导公安机关收集证据，提升办案质效。例如，在吴某某等5人销售假冒名酒案件中，公诉部门提前介入案件侦查，引导公安机关及时固定证据，为案件起诉奠定良好基础。

（五）加强与涉案企业等单位的沟通协调，保障非公经济健康平稳发展

在办理非公有制企业经营管理者和关键岗位工作人员的犯罪案件中，检察机关主动作为，加强与涉案企业或者当地政府有关部门、行业管理部门的沟通协调，合理掌控办案进度，对企业影响重大的案件开展回访调查，了解企业对司法机关办案的意见建议，帮助涉案企业做好生产经营衔接工作。例如，葛某某盗窃案，检察机关承办人了解到葛某某是某汽车销售服务有限公司的法定代表人后，多次与涉案企业联系，及时了解公司的经营状况，在综合考虑葛某某的犯罪情节以及企业经营的客观需求后，对葛某某作出相对不起诉处理。此后，办案人员还多次电话回访该公司，帮助该公司尽快恢复正常生产秩序。

（六）强化沟通与请示工作，形成办案合力

各地检察机关在办理案件时，对案件事实、证据、定性等存在争议的，及时与侦查部门沟通，同时向上级检察机关请示汇报，确保办案质量。例如，李某某涉嫌行贿案，承办人审查全部卷宗材料，经退查重报后，认为李某某的行为不构成犯罪，建议自侦部门作撤案处理。在自侦部门决定撤案前，承办人多

次与自侦部门反复沟通，就案情进行详细讨论，最终自侦部门撤销该案。再如沈某某挪用资金案，一审法院拟作无罪判决，建议检察机关撤回起诉，公诉机关得知后，及时与上级检察机关公诉部门联系沟通，后经请示汇报，最终决定撤回起诉，避免了无罪判决的发生。

（七）注重协调配合，形成打击犯罪的长效机制

办理涉及非公经济实体人员犯罪案件往往会遇到很多行业的专业知识，为确保办案质量，各地检察机关注重与侦查部门、工商部门、税务部门沟通联系，遇到重大复杂案件，召开多部门联席会议，聚集众智，并形成长效合作机制，为打击犯罪奠定良好基础。如贺州市人民检察院主动加强与市工商联的密切联系，联合签订了《贺州市人民检察院贺州市工商业联合会关于服务非公有制企业工作中加强联系配合的意见》。该意见从强化协作配合，共同开展调研、建立信息交流通报机制、建立联席会议制度、建立日常联络机制等四大渠道掌握非公有制企业的信息和动态，及时掌握企业在运转中遇到的问题和困难，通过联席会议解决双方存在的专业知识和法律问题，日常联络机制确保了双方的联系和沟通，有效开展协作，及时总结推广服务非公有制企业工作方面的有效做法和经验，增强服务实效。

（八）搭建服务平台，畅通服务非公有制经济绿色通道

钦州市人民检察院在搭建服务平台做好服务工作方面走在全区前列。该院在市工商联设立"钦州市人民检察院服务非公经济工作站"，定期安排公诉部门检察官值班，为企业提供针对性的"门诊式"法律服务。联合控申部门，积极参与远程视频接访，为非公有制企业和非公有制经济人士寻求法律咨询、司法救助等提供更加便捷高效的服务。对涉及非公有制企业、非公有制经济人士维护自身合法权益的案件，依法及时审查，快速办理。注重从非公有制经济界人士、工商联及商会工作人员中选聘特约检察员、人民监督员，在办理对社会影响大的案件以及职务犯罪案件不起诉的过程中，认真听取非公有制企业和非公有制经济人士的意见和建议，促使企业与政府构筑良好的新型政商关系。

（九）加强检察宣传，提升服务非公有制经济的水平

一是开展检企共建活动，加强沟通联系。公诉部门结合检察职能，为企业提供法律咨询和法律培训服务，帮助企业解决经营管理上的法治盲区和误区，降低经营风险。如钦州市检察机关共为12家企业员工开展危害税收征管、合同诈骗、危害公共安全类犯罪相关的法律知识讲座，深受企业和职工的广泛好评。二是开展经常性的法治宣传教育活动，促进企业守法经营。深入开展

"检察官下基层、进社区、访企业"活动,定期邀请非公经济企业代表参加检察开放日活动等,让企业深入了解检察机关公诉部门打击刑事犯罪、维护企业正常经营活动的职能和决心。通过微信、微博定期发布典型案例,对非公经济领域刑事案件犯罪的形式、特点与社会危害性进行解读宣传,企业员工的法治观念得到增强,有效地促进了企业守法经营、健康发展。

(十)延伸检察触角,为非公企业经济发展保驾护航

如南宁市检察院通过调研企业需求,会同民主党派、工商联成立预防职务犯罪宣讲团,组织相关单位开展"检察建议大家提"等活动形式,深入各类特色产业园区、重点工程建设项目、金融监管机构、非公企业等开展专题调研8次,深入查找制约非公经济发展壮大的问题9个,征集非公经济发展需求4大项12小点。通过为非公经济企业会诊把脉,找准检察机关服务重点,针对查找出的阻碍非公企业发展的问题,积极向党委、政府建言献策,从而提升检察机关服务非公经济发展的水平和效果。

三、存在的问题及原因分析

(一)非公经济实体人员犯罪的主要原因

1. 企业内部管理机制监管不力,管理漏洞导致易发犯罪。部分非公企业缺乏严格的财务管理制度和内部约束机制,财务管理存在漏洞,职工的法律意识淡薄,企业职工利用职务之便实施犯罪的案件比例较高。如刘某某挪用资金案,被告人刘某某在担任钦州某矿业有限责任公司及钦州市某进出口贸易有限公司出纳期间,利用职务便利,挪用上述公司53万余元用于日常支出及赌博活动。再如,莫某某挪用资金案,被告人莫某某利用其担任北海市某混凝土有限公司销售部经理的职务便利,挪用公司客户货款49万余元用于赌博。

2. 部分企业缺乏自律机制,守法经营观念不强。不少非公经济组织自身在生产经营过程中守法意识淡薄,往往片面追求利润、控制成本,进而采取逃税、制假售假等违法犯罪行为。如陈某某逃税案,陈某某系钦州某矿业公司直接负责的主管人员,该公司在向浦北县某有限责任公司销售铅锌矿时未向主管税务机关进行申报纳税,以少列收入的方式进行逃税,逃税285万余元。

3. 监管制度执行不到位,存在权力寻租空间。非公企业从事工程建设业务,工程建筑领域涉及行业多、专业性强、流程复杂,但行政审批、征地拆迁、规划设计、招投标、工程验收等环节存在信息公开不够、监督监管不力等情形,工程验收"走过场",工程监理和管理未能充分发挥作用,容易滋生

"暗箱操作"，给承揽企业、施工单位和主管部门相关公职人员权钱交易留下较大的权力寻租空间。

4. 市场诚信体系缺失，行贿犯罪成本低。一些非公企业为追逐经济利益，违背公平、诚信市场竞争原则，采取行贿等非法手段，获取竞争优势，击败竞争对手，取得工程项目或订单。即使在行贿等违法行为暴露后，受法律追究处罚的力度也远低于违法所得利益，犯罪成本过低是违法犯罪持续高发的重要原因之一。

（二）检察机关在履行职能、保障非公经济发展方面存在不足

1. 常态化沟通联络机制尚未建立。检察机关在对待非公经济发展的问题上存在着一定的思维定势，对依法维护和促进非公有制经济健康发展关注不够，缺乏常态化沟通联络机制。一是未建立常态化的信息收集机制；二是未建立定期召开联席会议机制。依法保障和促进非公经济健康发展，亟须建立检察机关与工商联、非公企业的信息收集机制以及联席会议制度，定期向工商联通报保障非公经济发展情况，加强与非公经济人士联络，以便及时了解、解决非公企业的难题和遭遇的困境。

2. 在风险预警防范方面对非公经济关注不够。部分检察机关在进行犯罪预防宣传活动时，重点放在机关事业单位、国有企业，对预防非公企业犯罪工作认识不足。随着经济的高速发展，非公企业数量越来越多，涉及的领域越来越广，企业间的竞争越来越大，导致很多非公企业为了自身的利益，各种投机取巧，如向相关国家机关工作人员行贿，为自己谋取非法利益。

3. 运用检察建议强化经营管理风险预警意识不强。检察机关在办案过程中可以及时发现非公企业经营管理中的典型性、普遍性问题，特别是制度漏洞和管理隐患，应积极提出检察建议，促进非公经济企业清理隐患，而发出的检察建议大部分是柔性有余而刚性不足，对推动企业整改针对性不强、力度不够。

（三）检察机关办理非公经济实体人员犯罪案件遇到的现实问题

1. 案件取证难度进一步加大。一是行贿案件的犯罪手段越来越隐蔽。部分涉案人员违法犯罪手段也不断创新，行贿方式越来越隐蔽，改变过去现金行贿方式，以赠送商铺、房产或提供房屋装修等方式行贿，增加了侦查工作调查取证难度。例如，原玉林市水利电力建筑工程处法人代表朱某某，为与时任贵港市水利局副局长覃某某搞好关系或通过其获取工程项目，先后向其赠送位于南宁青秀区金湖广场的商铺1间和商品房购置款30万元。有的将行贿对象扩

大到受贿人配偶、子女等亲属。例如,广西某工程管理(集团)有限公司监理梁某某,为感谢时任贵港市水利局局长的梁某某对其承揽工程监理业务提供的帮助,送给其儿子6万元。二是所涉及为大型非公企业,牵涉面广。例如杨某合同诈骗案中,被告人利用其身为南宁青秀万达茂客户经理的身份,以有门路低价买房为由与多人签订合同,骗取金额数十万元,但由于受害人众多,为排查线索、审查案情,侦查机关和公诉部门花费了大量精力、时间厘清各合同内容、牵涉金额。三是合同诈骗案件中涉案人员的犯罪手段愈发多样,加上流窜作案,给公安机关的侦查取证和检察机关的证据审查梳理等工作增添了无形的压力。

2. 检察技术人才短缺一定程度上制约了业务的正常开展。基层检察院信息技术人才严重短缺,导致在办理涉及非公企业的新类型案件过程中受信息技术制约,办案周期长,效率偏低。如隆林县检察院办理的一起集资诈骗案,需要技术人员运用大数据情报系统分析数据,但由于该院仅有一名专业技术人员,且忙于其他事务性工作,因此数据汇总、分析还是依靠人力解决,再加上检察技术人才不够专业,导致诉讼进度滞后。

3. 社会效果与法律效果难以完全兼顾统一。在办理非公有制经济犯罪案件时,发现许多非公有制经济规模较小,往往为3人以下有限责任公司,但犯罪嫌疑人往往为该公司的法人或总经理等重要职务,如依法处理会给企业带来严重的社会问题。如谢某某、李某某生产、销售假药案,两人为某中药饮片有限责任公司负责人,在生产药品时贪图利润,生产、销售假药,依法应当提起公诉,但由于其为公司负责人,且两人被抓后公司有可能经营不善,进入破产程序,员工下岗,经多方协调,在审查起诉期间内尽量让企业在短时间内重新选举企业负责人后,依法对谢某某、李某某提起公诉。

四、对策和措施

(一)转变司法理念,加强对非公有制经济的司法保护

一是深化服务意识,把为企业服务作为检察机关服务中心工作大局、服务优化经济发展环境的重点工作,紧紧围绕高检院的重大决策部署来研究、开展各项检察业务,制定工作路线,不断增强服务企业发展的紧迫感和责任感。二是牢固树立平等保护理念,检察机关要把平等保护各类市场主体合法权益作为服务改革发展稳定大局的重要着力点,坚持诉讼地位和诉讼权利平等、法律适用和法律责任平等、法律保护和法律服务平等,以服务经济建设、优化发展环

境、维护社会稳定为中心，努力在依法保障和促进非公有制经济发展中发挥建设性作用。

（二）完善守法准入，严惩非法经营、制假售假、行贿等犯罪

一是参与整顿和规范市场经济秩序，依法打击非法经营、制假售假等破坏市场经济秩序犯罪，强化对涉及市场准入、不正当竞争等问题的法律监督。发现涉嫌诈骗、非法集资、涉税等其他违法犯罪的线索，应向公安机关移送，实现行政处罚和刑事处罚无缝对接。二是严格执行"两高"《关于办理贪污贿赂刑事案件适用法律若干问题的解释》，加大对行贿犯罪危害性和打击重要性的认识，适时调整办案重心，继续保持打击行贿和受贿犯罪并重的高压态势。规范行贿犯罪的量刑标准，增强法律对行贿行为的威慑力。

（三）积极履行公诉职能，依法保障非公有制企业合法权益

强化对涉及非公有制企业和非公有制经济人士诉讼活动的法律监督，维护非公有制企业合法权益和司法公正。同时在办案过程中，要准确把握法律政策界限，注重改进办案方式和规范司法行为，坚决防止办案对非公企业正常生产经营活动造成负面影响，避免"办一个案件、垮一个企业、失业一批、影响一片"的情况发生。要慎重发布涉及非公企业案件的新闻信息，对涉及知名的非公企业或者上市公司的案件一般不要对外报道，在法律允许的范围内要充分考虑对非公企业的关切，最大限度地维护非公企业的声誉，促进非公企业长远健康发展。加强工作宣传和舆情引导工作，对于查办非公企业及从业人员案件引发的舆情，各级检察机关公诉部门一定要高度重视，要加强舆情收集、分析、研判，及时快速应对，认真做好处置、引导工作。

（四）强化沟通协调，形成全方位协作工作格局

1. 对内要形成协同作战工作局面。一是加强与侦监部门的协作配合，在审查逮捕阶段注重提前介入了解案情，建议侦查监督部门慎重使用逮捕指施，帮助涉案非公有制企业做好生产经营衔接工作。二是强化与控申部门的联系，做好案件的释法说理。充分利用打造广西版"枫桥经验"的契机，把因为办理案件导致企业内部产生的矛盾解决在基层、解决在萌芽状态，避免群体性事件的发生，力争案结事了。对涉及非公企业、非公有制经济人士维护自身合法权益的控告、申诉和举报，依法及时进行审查，严格依照法律规定的相关程序办理，认真听取非公企业的意见和建议，努力服务、保障和促进非公有制经济健康发展。三是推进与民行部门的协作，建立案件线索移送和协作工作机制，既通过公益诉讼措施维护国家和社会公共利益，又通过公诉部门的审查起诉工

作为非公有制经济健康发展提供有力保障。

2. 对下要做好指导统筹协调工作。下级检察机关在办理疑难复杂或者有争议的案件时，应及时主动向上级检察机关汇报，上级检察机关应听取汇报，加强指导，确保案件质量。对于一些跨区域或影响重大的案件，上级检察机关应协调各基层院的办案进度，统一步骤，提高办案效率。

3. 对外要做好监督工作。一是与侦查机关信息渠道畅通。检察机关应加强与侦查机关密切配合，做到信息互通交流，及时了解案情。对于一些具有重大社会影响或者存在重大舆情隐患的案件，检察机关应当与公安机关及时联系，提前介入，指导公安机关收集证据，夯实证据基础。二是与同级法院充分交换案件意见，将对企业的风险降到最低。案件起诉后，积极与法院沟通联系，尽量缩短审理期限，有必要时建议召开庭前会议，就案件分歧问题进行庭前交换意见，尽量降低对涉案企业的影响。三是严格履行法律监督职能。对涉案企业相关人员严重侵犯企业合法权益而法院的判决却明显罪责不相适应的，检察机关应当严格履行法律监督职责，该提出抗诉的要坚决提出，确保法律的公平正义。

（五）构建常态化沟通联络机制，找准服务的结合点和切入点

一是构建检察机关、工商联和非公经济人士常态化联络沟通机制。检察机关与工商联应确定各自的定向联系部门和联络员，负责收集、转送非公企业及非公有制经济人士对检察工作的意见和建议，并定期召开联席会议，及时听取、了解、解决非公企业法律诉求、遭遇的困境、经营管理难题。二是拓展联络方式。及时向工商联通报保障非公经济发展情况，积极邀请非公经济界人士、工商联和商会工作人员参与"走近检察"系列活动，参与旁听涉及非公企业的重大案件庭审、公开听证等活动。另外，工商联应及时通报非公经济最新发展情况及法律服务需求，邀请知名企业家、专家为检察机关介绍非公经济发展趋势和相关专业知识。

（六）增强检察建议的刚性效应，为企业完善管理机制提供有力保障

检察机关依法保障和促进非公经济健康发展，应积极构建风险预警防范机制，及时收集分析非公有制经济运行中的各种有效信息，对可能影响非公有制经济健康发展，存在犯罪风险隐患的苗头性、倾向性问题及时开展预防调查和预警预测，提出对策建议，不断增强预防工作的预见性和针对性。

检察官应充分利用深厚的专业知识和丰富的办案经验，敏锐发现非公企业经营管理中的典型性、普遍性问题，特别是制度漏洞和管理隐患，及时向同级

工商联通报，并积极提出检察建议，促进非公企业建章立制，堵塞漏洞，健全机制。

（七）进一步延伸检察职能，做好法律服务和化解社会矛盾工作

一是主动深入非公有制企业，积极开展普法教育，加强法制宣传，提供法律服务，开展警示教育。结合司法办案，采取普法讲座、以案释法等方式进行法制宣传，帮助和促进非公有制企业、非公有制经济人士强化依法经营意识和依法维权意识，明确法律底线和法律风险，促进非公经济企业及人员做到既依法办事、守法经营，又提高自我保护意识，有效防控重大法律风险。二是帮助非公有制企业完善内部监督制约机制，增强非公有制企业在经济发展新常态下规范经营、预防犯罪的能力，增强非公有制企业在经济发展新常态下的竞争力和发展后劲。同时，检察机关对涉案企业的案件既要严格依法办案，又要积极延伸公诉职能，积极参与社会综合治理，依法充分运用不起诉等手段，落实好宽严相济刑事政策，在非公有制企业与当地群众间构建良好的群企关系。

广西各市分院2017年度案件管理工作考评活动的调研与思考

◎刘元见*

> **内容摘要**：以检察机关一个业务部门开展年度考评活动为切入点，对案件管理工作开展实况进行全景式、多层面、多角度的剖析调查，总结成效和收获，指出短板和不足，并着重明确加强和改进案件管理职能工作的策略与措施。
>
> **关键词**：案件；管理；年度；考评

为加强上级对下级的管理与指导，推动最高人民检察院和自治区检察院关于案件管理工作部署的贯彻执行，推动全区检察机关案件管理工作提档升级，广西案件监督管理处于2018年5月至8月对全区各市分院案件管理工作开展了考核评价活动，以检验各市分院案件管理部门在2017年度队伍建设、基础建设、管理制度、职能发挥、对下指导、争先创优等方面的工作成效。

一、考评基本情况

本次考评是根据《人民检察院刑事诉讼规则（试行）》《检察机关执法工作基本规范》以及最高人民检察院、自治区检察院确定的案件管理部门职能范围和工作要求，结合全区各地案件管理工作发展实际状况综合示范岗职能范围、重点内容、岗位要求而设定。由三大部分构成：第一部分为基本标准（最高分90分），分别为全面、规范、深入开展案件管理工作所必需的人员、硬件、机制等保障内容以及检验岗位成效的业务指标，按照职能影响和工作成效的大小或高低以一定构成比例分配分数，包括"队伍建设（10分）""设施配置（15分）""制度建设（5分）""履职情况（60分）"，其中"履职情况"的13项具体项目内容也是按照职能的重要程度和工作量的多少赋予一定的分

---

* 广西壮族自治区人民检察院案件监督管理处检察官助理。

值；第二部分为对下指导标准（最高分 10 分），分为"对基层检察院的工作部署及要求（4 分）"和"对基层检察院的工作指导及督查（6 分）"两方面内容；第三部分为争先创优标准（最高分 10 分），为鼓励争创意识强烈并取得卓有成效的单位而设置，也便于部分单位在职能履行相差不大的情形下拉开一定的分数距离，包括"工作成效（5 分）""队伍建设（4 分）"和"信息化研发应用（1 分）"方面的加分。

本次考评活动全区 15 个市分院全部参加，历经自评、核验、评审、通报、反馈五个阶段和步骤，采取量化计分排名的方式进行考评定档。经复核评审，15 个市分院按得分高低顺序为：防城港市检察院、百色市检察院、南宁市检察院、宁铁分院、崇左市检察院、来宾市检察院、钦州市检察院、梧州市检察院、贵港市检察院、桂林市检察院、北海市检察院、河池市检察院、玉林市检察院、贺州市检察院、柳州市检察院。考核评价结果按得分次序分为一等等次（5 个单位）、二等等次（7 个单位）、三等等次（3 个单位）。

二、主要考评情况及分析

（一）队伍建设方面

大部分单位有 1 名及以上入额检察官从事案件管理工作，从事案件管理工作的人员中至少 1 人在办案部门从事 2 年以上检察业务工作经历，从事案件管理工作的人员中有 1 人及以上具有法学本科以上学历，表明各市分院通过努力，案管部门人员结构、业务经历、学历水平、入额情况基本适应开展案件管理工作的需要。今后，要继续在人员结构优化、岗位素能提升上下功夫，特别要在配强案件管理部门检察官、落实符合条件的案件管理部门主要负责人提请任命为检委会委员或安排列席检察委员会会议方面加强推进。

（二）设施配置方面

全区各市分院基本配备有保证案件管理职能正常履行的办公专门用房和综合检务服务大厅案件管理工作专门场所，配置有电脑、复印机、彩色打印机、高速扫描仪、防盗铁柜、检务公开触摸屏等设备，设置有律师接待、阅卷的专门用房或功能区域。同时，在实地核查中也发现部分设施因没有安装、安装不当、没有经过使用培训、设备故障等原因造成一些设施无法正常使用的情况；一些工作专门场所面积偏小、不整洁、使用不规范等情况。以上情况表明各市分院硬件设施配备基本满足案件管理业务正常开展需要，基本符合上级机关的要求，特别是在现代信息化设备购置上各单位领导均给予高度重视，在资金筹备、采购、应用上均全力落实。同时，也发现部分单位安全防范意识不强、办公场所形象设计重视不足等问题。今后，要根据自治区检察院的部署要求，以大力推进案件管理"一平台两中心"建设为契机，掌握要领、细化方案，及早谋划，进一步推进案件管理工作的基础设施建设和信息化建设。

（三）制度建设方面

各市分院案件管理工作制度建设情况总体向好，都在努力探索案件管理工作规律，进一步健全完善案件管理的具体标准和操作规程，使各项案件管理活动有章可循，不断提升案件管理工作规范化、科学化水平。同时也发现，虽然出台了各项案件管理工作办法或实施细则，但经本院党组会议或检委会会议审议通过的不多，一些单位对业务信息化、案件信息公开、电子卷宗制作使用等重要职能工作没有作出细则规定。今后，要克服等靠上级机关部署的依赖思想，注重结合本地案件管理工作实际制定实施细则，注重将原则转化为规则，将经验转化为制度，增强制度规则的本地化和操作性。

（四）履职情况方面

履职情况主要考核开展统一受案、结案审查、流程监管、办案风险评估预警、涉案财物监管、辩护人和诉讼代理人接待、案件质量评查、检察业务考评、检察统计、案件信息公开、电子卷宗制作、信息化应用情况、重要工作部署完成情况等13项案件管理职能工作，要求做到服务规范、管理规范、监督规范、参谋规范。

1. 统一受案。一些单位受理案件类型不全，案件管理业务仍需在台账登记、受理手续上进一步规范、统一。

2. 结案审查。一些单位报审的佐证材料不全或没有完全使用送案审核章，仍需在台账登记、结案手续上进一步规范、统一。

3. 流程监管。一些单位未提供流程监控日志台账，未在系统上开展流程监控，监控日志与系统开展的不一致；制作监管报告少，监管报告质量欠佳，如内容不全面、无纠正反馈意见等，个别单位出现内容雷同、抄袭复制等不良情形；系统未及时处理申请事项，对下无实地检查活动材料。以上情况表明该项职能履行不全面、不深入、不规范的问题较为突出。流程监管工作是案件管理业务的一项核心职能，流程监管报告则是反映流程监控工作的主要载体和集中反映，下一步各市分院要进一步掌握司法办案的主要流程、基本要求和办案标准，借助统一业务应用系统和广西检察机关案件管理综合平台，加强对办案期限、文书内容、风险评估、涉案财物管理、案件信息公开等程序性问题的日常监督管理，及时发现、督促纠正业务部门在办案中的不规范问题和违法违规办案情形，并制作流程监管报告，保证对司法办案活动的监督管理不流于形式。

4. 办案风险评估预警。一些单位缺乏具体工作措施，如无相关工作细则或方案、无反映案管部门履行督促检查工作文书、反映案管部门履职材料不全面等，个别单位对该职能要求一无所知，出现履职空白。今后，要在该项职能的履行意识、履行程序、履行标准、督促检查和指导方向上下大力气。

5. 涉案财物监管。一些单位未提供涉案财物出入库手续材料、涉案财物台账不全面、未编写涉案财物监管报告、涉案财物监管报告无纠正意见，离规范监管和深入监管尚有距离。案件管理部门是检察机关涉案财物的监督管理部门，承担着对查封、扣押、冻结、处理涉案财物工作进行监督管理的职责。下一步，要进一步转变和更新司法理念，摒弃以往"重人轻物，重案轻物"的传统执法观念，加强学习和培训，做到"四熟悉"（熟悉操作流程、熟悉保管常识、熟悉器材使用、熟悉应急处置），切实保证涉案财物管理有序良性运行。要及时研究制定涉案财物保管场所建设指导意见，推进涉案财物保管场所规范化、标准化建设，积极配合政法委等部门推动涉案财物跨部门集中管理场所和平台建设。

6. 辩护人和诉讼代理人接待。一些单位台账未记载申请会见及会见答复记录情况，系统申请未及时处理，系统有部分显示未处理，无相关内容在监管报告反映等。下一步，要进一步提升规范接待和操作意识，充分全面运用统一业务应用系统提升服务工作效率和效果，养成"过程留痕，监管认真"的业务习惯。

7. 案件质量评查。一些单位没有开展此项活动或评查材料不全，没有组织对所辖基层检察院案件质量评查。同时在核查中还发现质量评查缺乏专业评查人才、常态化规范化工作机制未形成、评查质量不高、权威性公信力不足、结果运用不理想、反馈机制不完善等问题。今后要进一步完善案件质量评查工作机制，制定符合本地实际的案件质量评查规则、标准和程序，建立案件质量评查人才库，探索完善各类案件质量评查报告工作文书格式，确保案件质量评查工作全面、规范、深入开展。同时还要强化案件质量评查结果运用，积极探索质量评查与业务考评、司法档案、检察官绩效评价相结合的途径和方式，研究制定员额检察官办案情况评价办法及其绩效应用机制。

8. 检察业务考评。虽然近年来由于自治区检察院对各市分院检察工作考核评价从量化计分考评调整为通报考评模式，但各地对此项工作的推进情况总体不错。今后还要继续在全区各级院和全体检察人员调整考评理念，适应通报模式新常态，明确要在上、下半年各开展一次督查活动，切实做到考核指标有设置、有通报、有检查、有分析、有改进，发挥上级检察院对下级检察院管理指导的主体责任，促进考核机制同司法办案责任制、司法规范化建设、检察业务指导等工作有机结合，形成分工合理、互相配合、齐抓共管的工作格局，形成推动检察工作健康发展的有效合力。

9. 检察统计。一些单位年度统计分析期数不够、分析报告内容过于简单、无统计核查活动反映材料等，对统计工作重视不够、人员调动频繁、岗位技能欠缺、服务参谋作用发挥不力等问题普遍存在。今后，要顺应统计职能转型需要，进一步加强统计分析工作，努力从以事务性工作为主向以业务深度分析为主转变，着力在服务领导决策、服务业务工作、服务改革发展上下功夫。围绕检察工作大局、社会关注热点、重大工作谋划选题，组织和安排人员力量发挥大数据比对分析作用，对检察机关履行检察职能、服务经济社会发展、保障社会稳定、促进民生民利、参与扫黑除恶专项斗争、保护生态环境、保障精准扶贫等专门领域进行专题分析，形成一批有价值、有分量、有影响的分析精品，主动服务党委、政府中心工作。同时，要努力搭建检察业务分析研判成果转化平台（如建立通报制、点评制、专栏制等），积极拓展检察业务分析研判成果应用渠道，建立检察业务分析工作激励机制，实现了检察业务数据分析工作的制度化、常态化、长效化。

10. 案件信息公开。一些单位法律文书公开比例不达标、部分不规范、无监管报告、对下指导缺乏等。表明自案件信息公开系统上线运行以来，全区案件信息公开工作虽然取得了一定成绩，多项指标在全国靠前，但规范化建设还需加强。在现场核查中发现，一些单位仍存在对案件信息公开认识不够到位、开展工作不够全面规范、系统软件运行不够顺畅、分工协作机制未健全、人员结构配备存在不足等问题。今后，要继续坚持落实日常巡查和定期通报制度，不定期召开案件信息公开工作联席会，研究扩大案件信息公开范围、拓展法律文书公开类型、优化公开方式方法，着力在案件信息公开的广度、时效、规范上下功夫、见成效。

11. 电子卷宗制作。电子卷宗管理系统全面上线运行以来，各地高度重视，积极推动该项工作开展，系统运行平稳安全，在提升检察机关案件办理和流转效率、加强办案监督管理、保障律师合法权益等方面发挥着重要作用。但在现场核查中发现部分单位仍然存在电子卷宗制作不规范（未按规定的范围制作电子卷宗，特别是审查起诉案件退查后补充形成的卷宗材料未按规定制作）、电子卷宗阅卷使用率不高、侦查机关移送的纸质卷宗装订不规范导致制作电子卷宗难度增加等问题。今后，要加强督促检查和培训指导，切实提高电子卷宗系统应用水平和升级完善。

12. 信息化应用情况。一些单位电子用印和签名未达100%、未使用案管系统开展流程监控、协调会无相关文字材料或图片等。表明案管信息化应用程度和规范尚待提高，促进与各业务部门信息化交流尚待加强。信息化时代发展要求案件管理人员掌握统一业务应用系统、案件信息公开系统、电子卷宗系统以及广西检察机关案件管理综合平台等业务信息化系统的主要功能、操作规程，并应用于各项案件管理工作，确保应用系统规范、高效、安全、稳定。但实地核查中发现，统一业务应用系统上线运行以来，特别是在司法责任制改革升级完善统一业务应用系统部署应用工作中，仍有少数检察人员未充分认识系统升级配置工作的重要性、紧迫性，个别单位和部门负责人没有带头应用系统，由部门的内勤或工作人员甚至辅助文员代为操作，有的甚至把账号密码、系统密钥交给他人保管或操作。个别承办人认为应用系统操作要学习的内容太多，操作程序复杂、烦琐，不愿意实际运用。今后，要在转变观念、强化培训、规范操作、加强协作、健全机制上狠下功夫，切实发挥好信息化在推进司法改革和司法办案工作中的作用。要大力推进"智慧案管"建设，打造"人工智能+案件管理"的检察业务智慧管理体系，加强统一业务应用系统、案件信息公开系统、电子卷宗系统的深度应用，优化完善广西检察机关案件管理综合平台，统筹研发检察人员司法业绩档案管理系统和案件质量评查系统，加快实现案件信息智能采集、监管问题智能识别、分析成果智能加工、办案质量智能研判、办案效果智能评价。

13. 重要工作部署完成情况。一些单位提供推进主要职能工作部署以及重要专项工作情况的佐证材料不足，无分片联系工作安排。重点职能工作的推进是履行案管职能的主要方式和抓手，今后各市分院要紧密结合本地实际，对每一项重点职能推进工作均应制定周全、严密、可行的实施方案和项目推进进度表（包括项目名称、分解内容、责任部门和责任人、工作措施、完成时限），进一步明确责任，倒排工期，以高度的担当精神和创新意识圆满完成重点职能工作任务。

（五）对下指导方面

一些单位提供的对基层检察院工作指导、督查的材料内容单薄、质量不高。今后，要进一步强化对基层检察院的动态管理和实时指导，不断优化自治区检察院主导、市级检察院主抓、基层检察院主责的对下指导工作格局，健全完善案件管理一体化机制建设，推动广西检察机关案件管理工作全面协调开展。

（六）争先创优方面

1. 工作成效。本项目是对业务成效显著和亮点突出的单位给予的转化推广奖励加分。下一步，要着力解决经验总结推广意识不强、措施方法不多、平台搭建不顺、转化成效不显著等问题。

2. 队伍建设。各市分院加分总体较少。今后，要进一步健全完善案管条线先进典型的培育、挖掘、塑造、宣传机制，深入培养一批优秀人才、业务标兵、先进模范，营造学习先进、争当模范的良好氛围，引导全区各地案管人员向先进岗位学习，向标兵人物学习，促进案管人员素质能力的全面提升。

3. 信息化研发应用。本项目各市分院均没有得到加分，反映全区各地普遍停留在完成上级信息化部署应用上，自主研发应用或者升级完善本地研发案管业务信息化方面的工作仍显薄弱。今后，各地要充分发挥智慧案管建设领导小组的统筹组织作用，研究制定智慧案管建设规划及项目，支持和鼓励具备条件的市、县级检察院案件管理部门创新研发符合本地实际、实用性强的案件管理软件，不断提升案件管理可视化、智能化水平。

三、年度考评活动的主要成效及意义

（一）较全面地掌握了全区各市分院案件管理工作的整体发展态势

由于年度考评活动涉及单位范围全面（全区 15 个市分院全部参与）、时间较长（从下文动员到通报结束历经 4 个月）、参与人员层次较多（上报单位的主管领导、案管部门负责人、一般工作人员、聘用人员及其他部门人员参与材料的收集整理或现场核查谈话，总共人数达 200 人以上）、评选内容较全面（涉及最高人民检察院、自治区检察院确定的案件管理部门各职能范围和工作要求 100 多项规范性文件），特别是对案管工作六大类内容的 63 个得分点的全面细致深入量化要求和评分情况统计，大体掌握了全区各市分院案件管理部门在队伍建设、设施配置、制度建设、履职情况、对下指导、争先创优等方面的翔实情况，是对 2017 年度全区案管工作开展情况大摸底、大排查、大检阅、大亮相。同时，也集中反映了全区案管各项职能履行和各个岗位业务开展的优势与忧虑、长处与短板、亮点与不足，为下一步制定和完善全区案管工作的指导思想、基本任务、实施原则、工作措施、方式方法，为全区案管业务的瓶颈疏通和提级升档提供了必需的履职依据和正确的整改方向。

（二）较准确地为全区各市分院案管工作分级定档提供了科学、充分、完整的依据

年度考评经过自评自报、打分评审、实地核验、谈话了解、公示监督等诸多程序环节，严格把关而作出综合评定，特别是一等次单位，整体表现为有思路、有部署、有措施、有成效，具有较强的客观性、代表性和权威性。它们在2017年案管工作中顺应司法改革新形势，紧紧围绕检察监督工作全局，紧紧围绕"管理、监督、服务、参谋"的职能定位，全面履行案件管理职能，以高度的责任感和使命感，完善业务监督管理机制，深化业务信息化应用，提升案件管理科学化、精细化、专业化水平，为促进规范司法、提高司法公信力提供有力保障，是学习的标杆和追赶的榜样、努力的方向。对于后位档次的单位，明显存在履职不完整、不充分、不深入、不规范等情形，值得认真吸取教训，查找不足和短板，以期来年不断提高迈进。通过本次年度考评活动，加大先进院的示范引领、辐射带动作用，查找薄弱环节，促进经验交流，开展分类指导，加强工作联系，从而在全区实现年度考评工作的常态化、规范化和制度化。

（三）较规范地促进全区各市分院案管职能全面、科学、深入履行

各市分院全面收集汇总平时业务开展的各类卷宗、台账、报表、计划、总结、汇报及相关图片、视频等专题或综合材料，在进一步梳理、归类、提炼、总结的基础上，全面掌握各单位一年来主要业务发展情况的同时，对照上级机关业务部署的具体标准和详细要求，做到岗位有标尺、手中有标尺、心中有标尺，来衡量自身水平、办案业务和日常工作，即是审视检阅工作的需要，是规范今后工作科学履职的需要，是贯彻落实《广西检察机关案件管理部门推进司法规范化建设的实施意见》的具体步骤，也是进一步巩固和深化规范司法行为专项整治成果的重要抓手。通过年度考评活动，进一步管住司法流程、管严关键环节、管好岗位细节，全面加强和规范案件管理职能履行，聚焦人民群众反映强烈的问题以及规范司法行为专项整治中尚未整改落实到位、可能产生反弹的问题，并不断进行自查自纠，找准存在的突出问题和不足，研究制定下一步工作措施，健全完善规范司法制度体系，加强对司法活动的管理和监督，

推动全区检察机关司法规范化建设在更高的层次和水平上运行。

四、从年度考评活动看全区各市分院案管工作短板及不足

（一）人员结构尚需调整优化

在司法改革和大部制机构调整下，案管人员调动频繁、调整密集，本来业务繁杂多样，由于职能固化不足又提倡创新探索，新增业务常设常有，从而不堪重负。在案管职能拓展和任务不断增加的情况下，部分单位人员不增甚至减少业务骨干，严重影响业务活动顺利开展。由于调整频繁新手多，许多案管人员缺乏多岗位的实际业务锻炼和自我从严要求，造成岗位知识储备匮乏和业务技能低，加之全区案管人员有业务部门一线工作经历的不多、聘用人员较多（缺乏业务经验和提升机会）、培训效果不显著等因素影响，人员结构亟待优化，人员素能亟待提高。精通办案的案管人员不多，既熟悉检察业务又擅长综合管理，还掌握信息技术的复合型人才更少，专家型、领军型案管人才极度短缺，案管人员的素质要求与案管工作发展需求之间的矛盾日益凸显。

（二）制度更新和落实尚需强化

要"将权力关进制度的牢笼里"，首先"牢笼"应该扎实牢固。核查中发现部分单位的制度建设流于形式，不注重及时结合上级工作业务开展部署和本地实际更新完善修订，针对性、操作性和实用性不强。同时，部分单位的制度出台、运行、监督、完善等环节上也存在衔接不上、融合不足、运转不畅、成效不显等问题，"高压线不带电""只是挂在墙上没有印在心里""两张皮"等情况还在一定程度上存在。

（三）案管履职尚需全面科学规范平衡

全区案管部门成立至今六年多了，履职方面也取得了长足的发展，但离最高人民检察院的部署要求，离全国其他先进省市履职业绩尚有不小的差距，全区部分市分院开展案件管理职能履行不全面、不规范、不深入、不到位、不平衡的现象还不同程度存在。如部分单位存在"选择性履职"倾向，厚此薄彼，出现履职空白；如案件管理工作开展尚存在不够规范，口头发出办案预警的范围、对象、内容、程序、效果等尚未形成稳定长效机制；工作的主动性和积极性不强，工作重点仍以收发录入案件等事务性工作为主，专题性和综合性业务分析不够，发挥参谋指导作用有限；对应用系统的操作规程不够熟练，如在录入时尚存在不够完整、缺项漏项和其他不够规范情形，影响办案流程的顺畅和有关报表材料的真实规范；部分单位工作落实不到位，对重点工作把握不准，

对难点估计不足，创新实践不力，导致业务开展疲软化、过场化、形式化。全区整体工作开展不太平衡，15个单位中，90分以上7个，80—90分6个，70—80分1个，60—70分1个，最高分97.2分，最低分只有61.75分。

（四）对下指导尚需讲究策略力度

上级机关业务指导力度不够、方法不多，也是造成各地案管业务发展瓶颈、障碍及不平衡的重要原因，特别是部分市级院案管部门未能充分发挥承上启下的关键作用，工作部署决策措施"中梗阻"现象时有发生。上级机关决策既要"接地气"更要"执行力"，指导重点不突出、方式不规范、服务不到位、形式大于内容、重部署轻落实等不良现象不同程度存在。

（五）年度考评方式尚需改进提高

如在下发的评分标准中部分内容显得过于简略，导致上报材料内容不够充分齐全；因业务繁忙考评周期过长，评审效率有待提高；各地上报材料内容、顺序、繁简等不太统一规整，一定程度上影响评分的准确度和公正性。

五、以年度考评活动为契机强化各市分院案管职能履行的措施及途径

（一）大力推进问题整改和经验推广以促进各市分院年度考评的良性影响

只有全方位"把脉"，掌握案管工作实情，客观真实"揭短"，围绕病症"开方"，强化案管业务分类指导，才能督促整改"除病"，提升全区案管工作水平。一要抓部署。各市分院要系统学习传达自治区检察院反馈给本院的具体意见建议，明确专项整改的范围、重点及环节。二要抓查摆。全面查摆、逐项分解问题，实行问题台账管理和解决问题挂销号制度，并实行专人负责督办，对逐项工作、逐类岗位、逐个环节进行自查自纠。三要抓实效。成立整改活动督导组，分管副检察长按分工进行督导检查，负责整改活动的落实督察和跟踪问效。同时，对年度创造性地开展工作且取得初步成效的，上级案件管理部门应及时帮助分析提高，认真总结和宣传好做法、好经验，及时把点上的做法上升为面上的经验，并推荐至上级检察院或相关媒介刊发，为推动案件管理工作创新持续发展营造良好氛围。自治区检察院案件监督管理处和各市分院案件管理部门应及时将工作进展情况向本院领导报告，不定期向全区或本地区通报，切实加强动态指导和共同促进。同时应积极推动横向联系与交流，邀请工作积极、成效突出单位案管人员参加自治区检察院案件监督管理处组织的培训、座谈、研讨、观摩等活动。先进单位要加大对案件管理发展滞后单位的帮扶力

度，充分发挥先进典型的表率引领作用。

（二）大力推进队伍岗位素能建设以促进案管专业化水平大幅提升

一是强化岗位素能意识。在检察改革和机构重组的背景下，更应强调岗位素能忧患意识。要针对性地做好思想政治工作，凝聚改革正能量，确保案管队伍思想不乱、工作不断、队伍不散，营造干事创业、风清气正的良好氛围。牢固树立"四个意识"，落实"一岗双责"，加强自身建设，完善素能内控机制。二是强化岗位分类实训。及时对照素能标准具体要求，分析研究案管人员素质能力现状和不足，确定培训需求、制定培训计划、分层分类开展培训，其中要重点关注培训计划流程（确定培训重点、确定培训对象、确定培训内容、确定培训时长、选择课程师资）。要盯紧核心业务岗位需求，找准案管人员素能短板，提高培训的针对性和实效性。课程内容要紧密结合业务实际、针对业务难题、解答业务疑惑、引导正确业务思维、培育良好岗位习惯。同时，组织岗位练兵、单项素能或综合业务竞赛等活动，完善全区检察机关案管业务人才库，加大人才培养、挖掘和使用力度，锻造学习型、创新型案件管理队伍，充分发挥人才的示范引领作用，营造学业务、钻业务、精业务的良好氛围。

（三）大力推进岗位工作标准以促进规范化建设

完善制度规范是规范司法行为的治本之举。检察机关深入推进司法规范化建设，就要建立完善程序严密、标准统一、责任明确的司法规范体系。在规章制度建设中，要坚持制度建设的改革性与稳定性相结合、坚持制度建设的全面性与重点性相结合、坚持制度建设的务实性与创新性相结合、坚持制度建设的贯彻性与主动性相结合、坚持制度建设的专门性与队伍建设相结合的原则。一要自觉统筹以促进规范司法。紧紧围绕检察监督工作全局、紧紧围绕司法体制改革、紧紧围绕司法公信力、紧紧围绕司法办案工作需求，从严、从紧、从实履行案件管理职责，构建新型司法监管体系，进一步加大统筹司法规范化建设力度。二要开展规章制度建设活动。以本次年度考评活动和"五查五整顿"专项行动、"规范化建设年"活动为契机，积极开展为期两年的"强监管促规范提质效"专项活动，积极办好一份工作信息，准确填录两类数据报表，定期编发三类文书报告，精细制作四种工作台账，规范建设五个功能专区，建立健全六项规章制度，部署全区案管部门规章制度的"废、改、立"清理整顿工作，着力解决制度规范不适应、不衔接、不协调等问题，推动构建法律规定、办案规范、办案纪律和检察官职业道德规范有机衔接的司法规范化制度体系，特别是对于存在的管理漏洞要抓紧建立健全相关制度，坚决防止在制度建设中敷衍应付和搞形式主义。自治区检察院案件监督管理处要严格履行业务管理、业务指导的主体责任，组织编写和修订完善受案审查、送案审核、流程监控、质量评查、信息填录、数据使用、业绩考评等工作指引，形成具有广西特色的标准化管理体系向全区推开应用。三要加大制度监督检查力度。注重结合本地司法不规范突出问题和案管工作实际，加强对司法规范化制度出台、执行、修订和完善的督促检查，确保司法规范化建设不断取得新的成效，并将适时组织开展检察机关执法规范化建设考核评估活动，切实防止制度执行失之过宽、失之过软的现象，促进司法规范从"软要求"向"硬制约"转变，推动养成思想自觉和行为习惯。建立规范化制度建设工作交流评议制度，研究深挖问题不足，总结交流督查工作经验，表彰先进，激励后进，提高制度督查工作水平。

（四）大力推进案管全面工作与重点工作以促进科学健康发展和整体平衡

一要进一步提高案件管理工作的主动性。对案件管理薄弱环节和不尽如人意的地方要认真按照上级院的部署要求不断深化和完善履职，以攻坚克难的劲头做到消除空白点、强化薄弱点，直面本地开展案件管理工作的滞后现状，树立争创意识，多层次多渠道向全国案件管理先进地方学习取经。二要进一步提高案件管理部门与各业务部门的沟通协调力度，案件管理部门的工作职能（服务、管理、监督、参谋）决定了与各部门联系的密切性和相互依赖性。案件管理工作开展的顺利与否和成效成绩，直接取决于相关部门的配合支持。要积极主动向分管领导请示汇报，制定长期有效的沟通联系机制。三要进一步深入开展案件管理重点职能工作推进活动。结合年度考评核验情况，各市分院案件管理部门要结合本地区履职情况及创新条件申报案件管理重点职能工作加以深入推进，逐步形成本地区亮点特色。重点项目要有情况总结、有经验提升、有示范意义、有创新价值，不得偏离所赋予案件管理部门的职能定位。要明确实施申报重点职能工作的详细措施，提出具体进度、期限、效果。四要进一步提高案件管理的信息、调研、宣传力度。在信息上努力形成上传下达的信息交流机制，在调研上要不断深化案件管理调研成果及提高理论指导实践水平，在宣传上要进一步扩大案件管理影响力和美誉度。

（五）大力提倡创新精神以促进改革各项部署任务落实

以本次年度考评活动为契机，各市分院要充分认识案件管理部门在推进检察改革创新发展中的职责使命，找准工作切入点和着力点，不断更新管理理念，创新管理方法，推动检察业务管理标准化、智能化、可视化、一体化水平。特别是要及时掌握和研究检察改革对案件管理职能、内容、人员、方式等带来的新问题、新变化,在机构职能整合、案管人员分类定岗、检察官责权设置和统筹司法管理等大局中深度参与融合,切实保障和促进改革部署和措施的有效落实。主动适应司法责任制改革的新形势新要求,全力保障和落实司法责任制,检查落实案件承办确定工作机制,积极探索案件管理业务"案件化"办理工作模式,加强对检察官权力清单落实、检察官办案和入额领导干部直接办案等新的检察权运行机制的监督检查,积极做好检察人员司法档案管理工作,协同政工部门研究细化司法业绩考核评价实施细则,配合做好检察人员司法业绩考核评价工作。

(六)大力整合对下指导举措以促进年度考评一体化机制建设

加强各市分院案件管理工作年度考评活动,是检察机关案件管理工作一体化机制建设的一次深度有效探索。自治区检察院案件监督管理处和各市分院案件管理部门应强化动态管理和实时指导,树立"一盘棋"意识,健全一体化资源整合机制,构建案件管理"大监管"工作格局。坚持业务指导的全面性与重点性、监管性与服务性、务实性与创新性相结合的原则,健全上下级沟通联络、分片联系指导、督察调研、重要文件材料报送、重大事项请示报告、案件管理工作推进季度通报、案件管理工作评议评估等工作制度,确保各项工作部署和措施落到实处,以确保定档评级与工作实绩相一致。坚持和完善下级检察院案件管理部门向上级检察院案件管理部门请示报告工作制度,分片负责人应不定期到各市分院走访考察和实地调研,密切关注、及时掌握、正确引导分管单位深入发展,协调解决工作中遇到的困难和问题,不断推动本地区案件管理工作整体化、规范化、协调化发展。

(七)大力总结年度考评经验以促进完善考评机制

一是在指导思想上注意总结经验和发现问题并重。案管年度考评活动既要注重总结检察院案管工作的成绩亮点、经验和创新,加以宣传和推广,尤其是具有普遍意义的可以复制的创新经验,同时也要汇集分析存在的薄弱环节、突出问题和工作"短板",并及时做好反馈整改工作。二是在评估内容上注意案管业务情况和队伍建设、检察管理、检务保障情况兼顾掌握,以综合反映案管工作全面情况。特别是一些有重大影响的工作部署和措施贯彻落实也要适当地融入评选项目和指标当中。三是在评选方法上注意抓住细节与把握趋势结合。在年度考评过程中,应不断拓宽视野、延伸范围、调整方法,既关注细节,又把握趋势,促进考评工作不断深入。四是在工作重心上注意现场核查与事后工作衔接。现场核查与事后工作是考评活动前后相连、不可或缺的两个环节。前期重心应在现场核查评审上以获取大量第一手的数据和业务开展资料,后期则应重点做好数据综合分析、问题梳理研判、形成评审报告等深度分析和综合利用。五是处理科学考评和考评负担问题。考评材料过简,则无法全面深入掌握工作开展实情,看不到工作的深度性、层次性和差距性;申报材料过繁,则会增加考评单位负担,违反评选简便性和效率性原则。故要求考评材料真实性、关联性、完整性、逻辑性的同时,应考虑重点性和适当性,对于上级已经掌握、日常琐碎性重复性强、没有必要检测验证价值的文字材料就不用整理汇集上报了。

试论打破控申检察队伍"倒金字塔"困境
——以百色市 12 个基层院为研究对象

◎汤 萍*

> **内容摘要**：随着我国全面依法治国不断向纵深推进，控告申诉检察工作也随之进入转型升级期，对控申队伍从规范化、便民化、智能化、专业化等方面提出了更高的要求。本文试图探索从理念转变、作风建设、业务能力建设、构建检察官、检察官助理、控申科干警组建"1+1+1"值班模式等综合举措着力打破该市控申队伍"倒金字塔"困境，为全市控申工作稳步推进提供人才保障。
>
> **关键词**：倒金字塔；老龄化；"1+1+1"轮岗值班

随着全面依法治国进入新时代，人民群众及历史环境对控告申诉检察工作提出了更高要求。新时代要有新气象、新作为。面对控申业务的新形势，应当全面审视与之相关的制度建设、队伍建设等相关工作的优势与劣势、长处和短板，顺势而为、敢于创新，打破旧思维、重塑新理念，才能又好又快地推动控告申诉检察工作迈上新台阶。同时，在制约控申工作发展的众多因素中，"人"的因素又居于关键地位。为此，本文以加强控申队伍建设为切入点，通过对百色市 12 个基层院控申队伍建设存在"倒金字塔"困境的现状进行分析、解剖，形成"1+1+1"全院轮岗制等建议，以期补齐控申队伍建设的短板，为推进控申业务发展、打造"智慧控申"提供有力队伍保障。

一、当前百色市检察机关控申部门队伍现状

随着司法改革的深入推进，控告申诉检察各项工作处于快速转型升级期，全面深化律师参与化解和代理涉法涉诉信访案件工作、12309 举报热线电话到 12309 检务服务中心升级、远程视频接访工作深入推进等各项"智慧控申"工

---

* 广西壮族自治区百色市人民检察院控告申诉检察科副科长。

作的推进对百色市检察机关控申队伍从规范化、便民化、智能化、专业化等方面提出了新的挑战。然而百色市检察机关控申队伍从年龄、学历、从事相关工作年限、人数等各方面来看存在"倒金字塔"困境，严重制约了该市控告申诉检察工作的发展。所谓"倒金字塔"困境，是指百色市检察机关控申队伍从年龄、学历、从事控申工作年限、编制情况等方面综合分析，首先，从横向来分析：年龄较大、准备退休、学历相对较低、学习新知识能力相对欠缺的干警大多数身居要职、占据控申队伍顶端、比例最大；占据"倒金字塔"中间的部分，大都是中青年干部，这部分干部往往是入职控申部门不久，经验不够丰富，同时主要负责案件办理，综合管理能力相对欠缺；位于底部的大多是聘用人员或新入职干警，这部分人员学习能力强、但工作经验欠缺，特别是从事控告申诉工作经验几乎为零，此部分人员主要负责内勤等各项工作，熟练掌握各项办公系统或业务系统的应用，但因大部分无编制流动性也最大。其次，从纵向来看，"倒金字塔"体现在全区三级检察院负责控申工作的人数对比，如自治区检察院控申处有27人，市检察院控申科有6人，各基层检察院负责控申工作人员一般只有1—2人。这一"倒金字塔"模式的队伍配置造成了占比最大的年龄偏大、经验丰富但新知识新技术掌握能力较差，特别是新办公系统的应用能力相对较低的干警占据"倒金字塔"的顶端，该部分干警往往身居控申队伍要职，负责整个控申工作的谋划和指导，但因新理念、新知识、新技术更新能力不足，一定程度上影响了控申队伍的发展活力及工作创新的积极性；相反，掌握最新业务知识、技术能力较强的干警占比相对较少，再加之整个控申队伍流动性频繁，致使工作容易出现断层及业务空转。本文将从以下三个方面具体分析百色市12个县（市、区）检察院控申队伍的构成情况：

（一）从事控申工作人员的能力、业务素质参差不齐

一是从人员学历水平分析。司改前共有30人，其中大专以下（含大专）14人，占总人数的46.67%；本科16人，占总人数的53.33%。司改后共有42人，其中大专以下（含大专）20人，占总人数的47.62%；本科21人，占总人数的50%；研究生学历1人，占总人数的2.38%。从以上数据可以看出，百色市基层检察院人才队伍中，大专及本科学历所占比重较大，司改前，无研究生学历人才，司改后只有一名研究生学历人才，队伍总体学历水平与发达地区相比仍存在较大差距（见图1）。

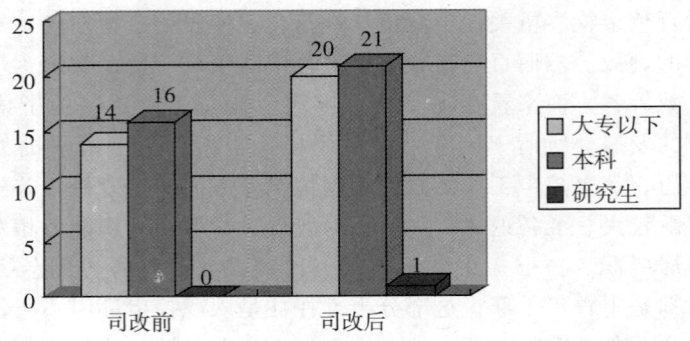

图1：改前后人员学历对比

二是从分类管理配置来分析。司改前，百色全市基层检察院控申队伍共有30人，其中检察官19人，占总人数的63.33%；检察官助理4人，占总人数的13.33%；书记员7人，占总人数的23.33%；司改后，全市基层检察院控申队伍共有42人，其中检察官11人，占总人数的26.19%；检察官助理15人，占总人数的35.71%；书记员16人，占总人数的38.09%。从以上数据可以看出，司改前，控申部门检察官配置比重较大，司改后，检察官配置比重显著下降。出现这一问题的原因主要是，司改后员额检察官数量有限，考虑到控告申诉部门案件量相较其他部门少，因而员额检察官配置较少。但百色市个别基层检察院，未配置员额检察官，如靖西、凌云、田林未配备任何检察官，这一现状极大地影响了案件的办理质量及效果（见图2）。

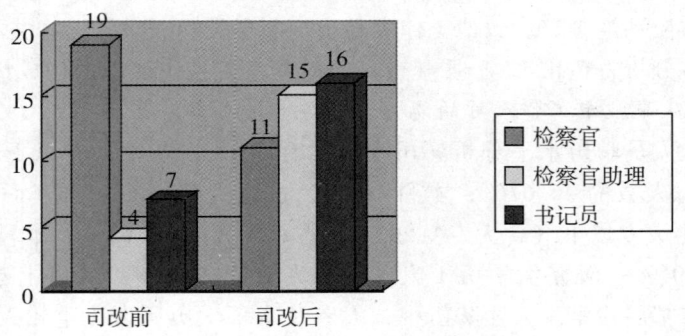

图2：司改前后分类管理配置对比

（二）控申队伍年龄结构偏大，新理念、新知识、新技术更新能力较低

从百色市12个基层检察院人员年龄构成来分析，司改前控申队伍共有30

人，其中35岁以下（含35）人员有7人，占总人数的23.33%；35岁以上40岁（含40岁）以下人员有1人，占总人数的3.33%；40岁以上50岁（含50岁）以下8人，占总人数的26.67%；50岁以上14人，占总人数的46.67%。司改后控申队伍共有42人，其中35岁以下（含35）人员有17人，占总人数的40.47%；35岁以上40岁（含40岁）以下人员有1人，占总人数的2.38%；40岁以上50岁（含50岁）以下6人，占总人数的14.29%；50岁以上18人，占总人数的42.86%。

阶段 \ 年龄 人数	总人数	X≤35		35＜X≤40		40＜X≤50		X＞50	
		人数	比例	人数	比例	人数	比例	人数	比例
司改前	30	7	23.33%	1	3.33%	8	26.67%	14	46.67%
司改后	42	17	40.47%	1	2.38%	6	14.29%	18	42.86%

从以上数据可以看出，司改前和司改后，全市基层检察院控申队伍配置年龄都偏大、老龄化严重。50岁以上的干警人数占队伍总数比例接近一半。老同志业务经验丰富这一事实毋庸置疑，但同时也应该看到，因老同志较多，队伍活力相对较差，如学习新的知识和理论或是新的业务系统操作等"智慧控申"推进事项相对难度较大。此外，很多干警都面临退休，如不及时配置及培养年轻干警，将会出现严重人才断层现象。如田阳县检察院配置的在编人员年龄均为50岁以上，其中1名干警将于今年10月退休。

（三）从事控申工作人员流动频繁，业务水平难以提升

因从事控申工作的人员流动频繁，致使大部分精力用于新人熟悉常规业务操作，而无暇对业务进行深入调查研究，致使业务水平难以进一步提升。如田阳县检察院2016年至2018年负责控申工作的人员均一年一调整，配备人员老龄化且极不稳定。

一是从控申工作年限来分析。百色市12个基层检察院司改前共有控申工作人员30人，其中从事控申工作两年（含两年）以下的有10人，占总人数的33.33%；两年以上五年以下的有8人，占总人数的26.66%；五年以上的有12人，占总人数的40%。司改后共有控申工作人员42人，其中从事控申工作两年以下（含两年）的有21人，占总人数的50%；两年以上五年以下（含五年）9人，占总人数的21.42%；五年以上12人，占总人数的28.57%。

从以上数据可以看出，百色市 12 个基层检察院的队伍结构，司改后工作经验为两年以下的人员所占比重最大，这体现了控申队伍经验丰富的人员相对缺乏。

	总人数	X≤2		2＜X≤5		X＞5	
		人数	比例	人数	比例	人数	比例
司改前	30	10	33.33%	8	26.66%	12	40%
司改后	42	21	50%	9	21.42%	12	28.57%

二是从编制方面来分析。司改前控申队伍 30 人中，在职在编的共有 26 人，占总人数的 86.67%；外聘人员 4 人，占总人数的 13.33%。司改后控申队伍 42 人中，在职在编 28 人，占总人数的 66.67%；外聘人员 14 人，占总人数的 33.33%。从以上数据可以看出，外聘人员所占比例较司改前有所提高，这一现象得益于上级检察院倡导提高社会服务购买力度提升检察工作效率的政策，但外聘人员比重升高，同时也增加了队伍的不稳定因素，因目前聘用人员流动性较大，如一年一度的公务员及事业单位考试，每年都有人员离职，这也在一定程度上影响了控申队伍的总体发展。

此外，全市基层检察院控申队伍虽较司改前人数有所增加，但不容忽视的是，其人数增加的原因得益于右江、隆林将几个业务部门整合组建诉讼监督部，但因诉讼监督部是几个部门合署办公，且一些基层检察院职责分工尚不明确，因而增加的人数并非是从事控申工作的真正力量，相反，数量本就较少的控申人员仍需兼职办理其他部门的案件，这也在一定程度上影响了控告申诉工作的稳步提高。

二、当前控申业务对控申队伍提出的新要求及当前存在的困境与原因分析

（一）控告申诉检察工作规范化对控申队伍的要求

虽然控告申诉部门案件量相较于公诉等其他业务部门少，但其涉及的业务面非常广泛，如依法及时受理和正确导入诉求、深入推进联合息访息诉、加强信访终结工作、全面深化律师参与化解和代理涉法涉诉信访案件工作、贯彻落实司法办案责任制和规范办理刑事申诉案件、依法办理好国家赔偿和赔偿监督案件、加强国家司法救助工作、加大对冤假错案的法律监督、提升反向审视工作常态化制度化等，都是司法改革、党的十九大以来对控申队伍提出的新要

求。然而目前控申队伍年龄结构偏大、学历普遍偏低的情况一定程度上制约了以上各项工作的深入开展。如大部分基层检察院都安排年纪较大的干警在一楼大厅值班,当有群众反映诉求时,因老同志综合业务相对欠缺,在依法及时受理、导入群众诉求、答疑解惑时存在不专业的现象,致使一些群众来回跑,未能得到最及时、最专业的诉讼引导。同时因值班老同志业务水平有限也无法准确高效地进行案件审查受理分流,无法提高初信初访的办结率。又如,一些基层检察院尚未配备检察官,致使相关案件办理存在被动局面,一定程度上也影响了案件办理的质量和效率。再如,当前百色市检察机关控申队伍存在人员更换频繁,不是相关工作年限非常长且大部分准备退休,就是相关工作年限非常短或无任何控申工作经验,这在一定程度上制约了控申队伍规范化建设。如一些工作年限较长的干警接近退休,由于身体等各方面原因,不愿管太多事物,年轻干警因缺乏控申工作经验,干什么都处于起步阶段,大多数只能机械办案,无法树立问题意识,致使反向审视工作无法常态化、制度化。

(二)控告申诉检察工作便民化对控申队伍的要求

党的十九大以来,切实维护正常的信访秩序、坚持和发展"枫桥经验",积极探索多元化解矛盾纠纷新机制,拓宽司法为民渠道、丰富检务公开形式,大力深化"互联网+社会治理"探索,推动"智慧控申"在矛盾中的化解、风险预警方面的结合运用,积极推动12309网络举报电话向12309检察服务中心转型升级,深入推进远程视频系统深度应用,继续深入加大公开审查工作力度等,各项便民化工作也对控申队伍提出了新挑战。因控申队伍年龄结构偏大,致使其掌握新技术、新知识的能力相对欠缺,创新工作方式方法主动性、积极性也相对欠缺,如因工作积极性不高,百色市在推动12309网络举报电话向12309检察服务中心转型升级方面相对滞后。按最高人民检察院关于12309检察服务中心建设指导意见,"12309检察服务中心的主要功能是公开重要案件信息、法律文书,受理人民群众控告、申诉事项,受理案件程序性信息查询、辩护与代理预约、国家赔偿、国家司法救助等事项,收集、反馈人民群众意见和建议,提供法律咨询服务等。"[①]经调研,很多基层检察院都按要求设置有业务咨询工作区、控告申诉工作区、国家赔偿与国家司法救助工作区、案件管理工作区等,但几个分区只安排一名同志值班,同时有些老同志对电脑操

---

① 引自2018年2月23日最高人民检察院下发的《最高人民检察院关于12309检察服务中心建设的指导意见》(高检办发〔2018〕9号)。

作也不熟练，所以当前的队伍现状很难满足12309检察服务中心建设等各项"智慧控申"工作开展的要求。

(三) 控告申诉检察工作智能化对控申队伍的要求

为确保向大数据时代要效率，在推进"智慧检务"大背景下，扎实推进网上信访信息系统的部署应用，协同推进检察机关信访应急指挥平台建设，依托网上信访信息系统，完成接访场所影响四级联结，使上下级院能够实时掌握信访动态情况，通过多地联动，快速响应，扁平化指挥，实现"访情可知、风险可控、指挥可视、推动控告申诉检察信息化由'电子检务'向'智慧检务'阶段转型升级等各项工作也对控申队伍的业务素质提出了新挑战、新要求。当前百色市检察机关的视频接访系统使用率相对较低，一方面是案件相对较少，另一方面仍然存在一些基层检察院使用视频接访系统的主动性、积极性不高现象，一有矛盾更愿意将矛盾往上级引导，致使群众出现多个地方跑，大大增加了群众的负担；另外，由于部门基层检察院未配备检察官，尚未组建办案团队，因而在案件定性、程序把控及案件系统录入方面都存在一定的问题，这极大影响了"智慧控申"工作的推进。

(四) 控告申诉检察工作专业化对控申队伍的要求

党的十九大以来，进一步加强纪律作风建设、加强党支部党建和党风廉洁建设及业务能力建设对控申队伍也提出了新的要求和挑战。百色市检察机关控申队伍在纪律作风建设方面虽未有大的问题，但由于控申部门在检察院相对没有公诉、民行等大的业务部门受到领导重视，一些领导考虑到控申部门业务量不大，经常喜欢安排一些老同志在控申部门工作，这些老同志很多都已准备退休，因而有时工作态度存在一定的敷衍塞责现象，一些刚入职控申部门的检察官助理，考虑到控申工作的烦琐及单位给控申科入额的名额较少，感觉入额无望，有时也存在消极应付的工作态度。这一定程度上影响了控申工作的正常运转。

三、原因分析

(一) 少数领导观念相对滞后，未能深刻把握"智慧控申"工作理念的真正内涵

少数领导仍然停留在控告申诉业务简单、案件量少这一理念，未能与时俱进，认识领会到当前控申业务发展属于转型升级期，片面认为要实现"智慧控申"，只需搞好硬件基础设施建设即可，未能意识到，再好的技术也得需要

懂用的人才来操作，忽视了专业人才的调配和培养。如大部分基层检察院在人事调整过程中，潜意识将控申部门作为一个"养老"部门，倾向于将年纪偏大的干警往控申部门调整，一定程度上影响了控申部门队伍活力。

（二）控申部门给年轻人职业发展空间相对较小，一定程度上影响了年轻干警的积极性

控申工作涉及方方面面，每天都要应对各种当事人的来信来访，每天都要面对各类负面情绪的冲击和考验，每天忙忙碌碌处理各类琐事，但收获的成就感较少，致使一些刚入职控申科的年轻干警难以适应。再加之控申科历来与公诉、侦查监督科等部门相比受领导重视程度相对较低，分配的入额名额也相对较少，这也在一定程度上挫伤了该部门干警的积极性。

（三）基层院的员额配置相对较少，因而影响了办案团队的组建

百色市基层检察院分配的入额比例相对较低，因而员额检察官相对较少，在案多人少的大背景下，特别是在司法改革后，一些原本有办案资格的检察官未能入额，在完善的办案团队尚未组建的情况下，一定程度上加剧了案多人少的矛盾，这不得不让领导将稀有的检察官向公诉科、民行科等业务量大的部门倾斜，从而导致控申队伍配置相对落后，甚至出现一些基层检察院控申部门未配置检察官的情况，这样一来，组建优秀的办案团队更加无从谈起。从分类管理配置来看，司改后，负责控申工作的员额检察官有 11 人，占控申总人数的 26.19%。司改前 12 个基层检察院控申科长只有 4 人获任员额检察官，意味着司改后有 2/3 的基层检察院负责控申工作的员额检察官无任何控告申诉检察工作经验，这不同程度地影响到了各项控申工作的连续性，案件办理质量和效果难以得到有效保障

（四）人员流动频繁，业务培训脱节，整体业务水平难以得到有效提升

因控申部门人员流动频繁，再加之很多老同志因精力有限没办法学会新系统使用，很多技术或业务培训都交由聘用人员或年轻干警学习，一旦聘用干警考走或年轻干警调离，很多工作就会因新入职干警未经过培训出现空转状态。各基层检察院从事控申工作人员基本上每年都有调整，如 2018 年春节过后，12 个基层检察院就有 8 个院调整更换了控申部门工作人员。田阳县检察院 2016—2018 年负责控申工作的人员都是每年调整。由于人员变动过于频繁，市检察院控申科用于指导和培训新手常规业务操作的精力过多，这一定程度上挤压了市院控申部门用于开展工作调研和推动工作创新的精力和时间。随着自治区检察院部署的"智慧控申"进度逐步加快，各类系统及业务知识更新较

快，更加剧了控申工作的被动局面。

四、推进控申队伍建设的对策思考

（一）切实转变理念，树立全局思维，配足配齐控申队伍力量，着力提升新时代社会主义信访工作法治化水平

全市检察院领导干部，特别是分管控申工作的领导干部，要切实转变理念，牢固树立以人民为中心、以法治为方向、以改革为动力、以科技为引领的新时代控告申诉检察工作新理念，积极顺应新时代新要求，树立全局思维，高度重视控申工作，配足配齐人员给控申部门，尽快改变百色市检察机关控申队伍年龄结构偏大、学历水平不高、人员流动频繁的局面，为下一步百色市迎接12309检察服务中心升级、视频接访系统全面应用等"智慧控申"升级转型提供可靠的人才支撑。

（二）作风建设与业务建设同研究、同部署、同推进，努力实现全市控告申诉工作全面提升

把作风建设和业务建设同研究、同部署、同推进，形成党建、队建、业务系统共同发展格局，努力建设一支信念坚定、司法为民、敢于担当、清正廉洁的规范化、职业化、专业化控告申诉检察队伍。一是多措并举抓好党建工作，以党建促队建。深刻领会新时代党的建设总要求，始终把党建和党风廉政建设摆在首位，深入推进"不忘初心，牢记使命"主题教育活动，抓好党支部"三会一课"制度落实，按照"五个过硬"要求，着力提升队伍的凝聚力和战斗力，解决好司法规范化问题，同时提升干警干事的主动性和积极性。二是不断提高业务培训的针对性和常态化，不断强化业务能力建设。针对百色市检察机关控申队伍断层严重的问题，及时收集基层检察院在工作中遇到的各类问题，并及时组织培训，不断推动业务培训的定期化和常态化，通过灵活运用观摩学习、以案代训、案件评比、技能实训等多种形式，不断提高队伍人员岗位素能和司法能力。为下一步选拔专业人才参加全区业务知识竞赛做好谋划和准备。三是着力培养业务尖子，发挥业务尖子示范带动作用。选拔各基层院业务能力扎实、踏实肯干、勤奋好学的年轻干警专门重点培养，从而带动各院控申队伍再上新台阶。

（三）探索实施检察官、检察官助理、控申部门干警"1＋1＋1"全院轮岗制，切实盘活现有办案资源提升办案队伍素质

在充分发挥好检察长值班制度的情况下，探索实施检察官、检察官助理、

控申部门干警"1+1+1"值班团队全院轮岗制,即根据全院检察官、检察官助理数量,统筹安排1名检察官和1名检察官助理及1名控申部门干警组建值班团队,前往控申大厅轮流值班,值班团队分别负责业务咨询工作区、控告申诉工作区、国家赔偿与国家司法救助区等区域值班,负责对前来大厅的群众解疑答惑、释法说理。这样一来,可以实现以下几方面的共赢:一是优化控申队伍水平,提升案件受理分流处理的质量和效率。通过组建"1+1+1"值班团队可以盘活现有检察官、检察官助理等业务知识精通的业务骨干充实到一线给百姓提供更为优质的司法服务,提高案件处理的质量和效果。例如,公诉科检察官和检察官助理在值班的过程中如遇到不服不起诉等案件时,就可以及时与公诉部门进行沟通联系,快速高效地给当事人解释,同时因接访过程中掌握了第一手群众诉求也可以为后续案件流转处理提供明确思路和方向。二是倒逼值班团队更为广泛深入学习业务知识,提高全院干警业务知识的综合性和系统性。因从事控申工作,需掌握民事、行政、刑事等更为丰富的法律知识,这在一定程度上也会改变一些检察官、检察官助理单一掌握所在岗位方面的法律知识的"孤岛"现状,倒逼值班团队更认真学习业务知识,提高自身业务知识的系统性,为更好地办理案件提供源源不断的知识储备。三是有助于促进反向审视工作的常态化、制度化。因很多案件在大厅受理后都会根据职能分工流转到相关业务部门,通过将业务部门干警轮流值班方式,值班干警可在值班接访或提供法律咨询中,第一时间从群众口中了解到本条线工作存在的问题,从而为下次工作的改进提供更为明确的思路和方向,更有助于司法的规范化和专业化。如在接到刑事申诉案件过程中,专业值班团队能够更加细致地审查原办案程序合法性,及时发现、纠正和补救各类程序违法、程序瑕疵问题,维护司法公信和权威。四是为检察官助理提供更多学习锻炼的契机,为其争取入额提供更为丰富的经验积累。控告申诉工作要求接访者具备良好的综合业务素质及口头表达能力,检察官助理通过轮流值班制度,可以提升自身实战经验。根据《最高人民检察院机关司法责任制改革实施意见(试行)》,反映人民检察院违法行使职权案件、阻碍律师依法行使诉讼权利案件、控告申诉审查受理案件、交办案件、息访息诉化解案件、普通信访案件、信访评查案件、信访督查案件、下级院请示和对下指导等九类案件列为检察官办案范畴,录入统一业务应用系统,纳入检察官绩效考核范围。因此,通过值班轮岗,检察官助理可以提高自己的业务量,为入额做好更为充足的准备。

"我们不仅仅满足于做一名司法办案的'工匠',更应努力做一名践行社会主义法治的'大师'"①，通过切实转变理念，树立全局思维，配足配齐控申队伍力量，作风建设与业务建设同研究、同部署、同推进，探索实施检察官、检察官助理、控申部门干警"1+1+1"全院轮岗制等多措并举，盘活现有办案资源，一定程度上可破解百色市检察机关控申队伍存在的"倒金字塔"困境，定能为百色市检察机关控告申诉检察工作队伍建设注入新活力，为百色市检察机关控告申诉检察工作实现全面提升提供可靠人才队伍保障。

---

① 尹伊君：《立足办案，推进刑事申诉检察工作创新发展》，载《检察日报》2018年7月4日，第3版。

司法责任制下检察委员会信息化建设研究

——以 W 市检察委员会信息化建设情况为切入点

◎梁云燕*

> **内容摘要**：现代科技的发展，使检察机关实施科技强检战略成为必然。检委会作为检察机关的业务决策机构，进行检委会信息化建设对其作用的发挥有着重要意义。在司法责任制日臻完善的背景下，需要依托信息技术，进一步转变思想、注重实用，保障人才，加强网上监督，才能使检委会制度更好地适应司法改革发展要求并服务于司法责任制改革。
>
> **关键词**：司法责任制；检委会；信息化建设

　　科学技术的日新月异，使信息化成为经济和社会发展的大趋势，检察机关作为国家法律监督机关，坚定不移地实施科技强检战略，以科学技术服务检察工作，不断完善检察机关信息化建设，更好地打击犯罪，维护司法统一和公正，已是势在必行，刻不容缓。检委会信息化建设是检察工作的一项重要内容，在一定程度上影响着检委会对重大疑难复杂案件和重大问题的决策水平和工作效率。在司法责任制日臻完善的背景下，如何依托信息技术使检委会制度更好地适应司法改革发展要求并服务于司法责任制改革，是当前检委会信息化建设需要探究解决的问题之一。本文以 W 市检察机关检委会信息化建设情况为切入点，梳理当前检委会信息化建设存在的问题，并结合司法责任制背景下检委会信息化建设的现实意义，探析当前检察机关检委会信息化建设的可行路径。

---

* 广西壮族自治区蒙山县人民检察院法律政策研究室副主任。

一、W市检察机关检委会基本情况及信息化建设现状

表一：W市检察机关检委会委员配备情况表（单位：人）

院名	委员人数	身份情况			年龄结构			学历	
		院领导	部门负责人	其他	35岁以下	35-50岁	50岁以上	大学本科以上	大学本科以下
市院	12	7	5	0	0	3	9	12	0
A院	9	5	3	1	0	4	5	9	0
B院	11	6	5	0	0	7	4	11	0
C院	9	5	4	0	1	4	4	9	0
D院	9	4	3	2	1	5	3	8	1
E院	11	7	4	0	0	8	3	11	0
F院	10	6	3	1	1	6	3	9	1
G院	11	6	5	0	0	5	6	11	0
合计	82	46	32	4	3	42	37	80	2

目前，W市8个检察院共有检委会委员82人。从身份情况来看，院领导46人，占委员总人数的56%，部门负责人32人，占委员总人数的39%，其他未担任领导职务的委员为4人，占委员总人数的5%。在年龄结构上，该市检委会委员年龄在35岁以下的有3人，占委员总人数的3.7%；35—50岁的有42人，占委员总人数的51.2%；50岁以上的委员有37人，占委员总人数的45.1%。学历构成上，大学本科以上学历占绝大多数，为80人，占委员总人数的97.6%，大学本科以下学历2人，占委员总人数的2.4%。

表二：W 市检察机关检委会办事机构设置情况表

院名	是否设置检委办（检委会秘书处）	机构隶属部门	人员配备情况（单位：人）					
			人数	年龄结构			学历	
				35岁以下	35-50岁	50岁以上	大学本科以上	大学本科以下
市院	是	研究室	4	3	1	0	4	0
A 院	是	人监办	2	0	0	2	2	0
B 院	是	业务管理部	1	1	0	0	1	0
C 院	是	案管	1	0	0	1	1	0
D 院	是	案管办	2	2	0	0	2	0
E 院	是	研究室	1	0	1	0	1	0
F 院	是	不明确	1	0	0	1	1	0
G 院	是	研究室	1	1	0	0	1	0
合计	8		13	7	2	4	13	0

从该市检委会办事机构（以下简称检委办）设置情况来看，该市 8 个检察院均设置了检委办。从隶属部门看，凡是设有研究室的，检委办均隶属于研究室，除 1 个检察院未明确隶属部门外，其他院则分别设在人民监督员办公室、业务管理部或案件管理办公室。全市检察机关共配备检委办工作人员 13 人，其中 35 岁以下 7 人，占总人数的 53.8%，35—50 岁的有 2 人，占总人数的 15.4%，50 岁以上的有 4 人，占总人数的 30.8%，所有工作人员都是大学本科以上学历。

表三：2014-2016 年 W 市检察机关检委会会议情况表

年份	会议次数（次）	审议议题（单位：件）			使用统一业务系统数（件）
		事项	案件	合计	
2014	83	13	142	155	155
2015	86	15	144	159	156
2016	82	16	126	142	142

2014 年，W 市检察机关检委会共召开检委会会议 83 次，审议议题 155

件,其中事项议题13件,案件议题142件,使用检察机关统一业务应用系统录入操作155件。

2015年,W市检察机关检委会共召开检委会会议86次,审议议题159件,其中事项议题15件,案件议题144件,使用检察机关统一业务应用系统录入操作156件。

2016年,W市检察机关检委会共召开检委会会议82次,审议议题142件,其中事项议题16件,案件议题126件,使用检察机关统一业务应用系统录入操作142件。

表四:W市检察机关检委会设备配备情况调查表

院名	是否有专门的检委会会议室	会议是否同步录音	会议是否同步录像	会议是否使用多媒体辅助	是否给委员配备专用电脑
市院	是	是	是	是	是
A院	是	是	否	是	是
B院	是	否	否	是	是
C院	是	否	否	否	否
D院	是	是	否	否	否
E院	否	否	否	否	否
F院	否	是	否	否	否
G院	是	否	否	否	否
合计(是/否)	6/2	4/4	1/7	3/5	3/5

W市8个检察院中,有6个检察院配备了专门的检委会会议室,4个检察院在召开检委会会议时进行了同步录音,只有1个检察院进行同步录像,有3个检察院在检委会会议上使用多媒体辅助,3个检察院为检委会委员配备了专门的电脑。

分析以上数据,W市检察机关检委会基本情况及信息化建设具有以下特点:

1. 检委会委员中院领导和部门负责人占了大多数,年龄集中在35岁以上,学历较高,具有丰富的社会阅历和工作经验。

2. 检委办大多隶属于研究室等其他部门,检委办工作人员呈现年轻化、高学历的特点,但是除市检察院配备4名工作人员外,其他检察院均只配备

1—2名检委办工作人员，配员稍显不足。

3. 检委会以审议案件议题为主，近三年来该市检委会会议次数及审议议题数均较为稳定，检委会对重大疑难复杂案件的决策作用得到一定程度的发挥。

4. 检委会对信息技术的应用程度不高，虽然会议审议的议题均能使用统一业务应用系统进行录入和流程操作，但除此之外，大多数检察院在检委会会议中并没有配备专用电脑、使用同步录音录像及多媒体辅助等基本的信息化技术。

二、司法责任制下检委会信息化建设面临的主要问题

（一）对检委会信息化建设存在认识偏差

检委会虽然是检察机关的业务决策机构，但是由于其组成人员仅占检察人员的少数，而且其办事机构多靠挂于其他科室，工作人员多为兼职，所以相比公诉科等业务部门，检委会并未非常引人注意。基于此，一些检察院在进行信息化建设时，并未过多地考虑检委会。此外，部分检察人员并未真正认识到信息化建设给检委会工作带来的高效、便利和透明。一些检委会甚至委员认为，传统的会议方式即委员口头发言、手写记录、会后整理等已经能满足检委会的业务需要，无须花大量经费进行信息化建设。在会前准备时，有些承办人不愿意花时间制作更直接明了的PPT等多媒体示证资料，仅在会上通过汇报的方式介绍案情。部分检委办工作人员认为，没有必要对检委会会议进行同步录音录像等。这些认识上的偏差增加了检委会信息化建设的障碍。

（二）检委会技术设备配置不全

信息化建设有高技术、高投入、高效能的特点，检委会信息化建设程度与技术设备的配置息息相关。然而，很多检察院并不能保障检委会的技术设备配置齐全，究其原因：一是资金不足，各级检察机关只能通过工作汇报、申请办公经费等方式筹措资金，信息化建设只能等米下锅，得不到有效保障；二是相对于检委会信息化建设，很多检察院更倾向于将经费用于保障和改善办案部门的技术设施设备，在僧多粥少的情况下，检委会信息化建设开展得并不顺利。

（三）人员技术支撑不足

检委会委员和检委办工作人员是检委会信息化建设中必不可少的主体，检委会信息技术设备的维护和操作、信息技术的运用等都与他们密切相关。但在实践中，检委会委员和检委办工作人员的电脑技术尚不能与信息化建设的要求

相匹配。一方面，检委会委员大多为年龄偏大的老检察人员，社会阅历和工作经验丰富，看问题更全面是他们的优势，但是由于年龄较大，知识更新较慢，对于发展较快的现代信息技术的接受能力和运用能力较弱，对检委会信息技术操作有一定的局限性。另一方面，检委办工作人员日常中常用的是Word、Excel等办公软件，对专业性更强的信息技术少有涉猎，难以适应和匹配信息化建设对电脑技术的高要求。

三、司法责任制背景下检委会信息化建设的现实意义

司法责任制是司法体制改革的核心，司法责任制的完善和落实，有利于将司法办案的责任落到实处，增强检察官司法办案的责任心，提高司法办案质量和效率，减少司法办案的不当干预，解决司法活动中的突出问题，推荐检察队伍正规化、专业化、职业化发展。检委会信息化建设对落实司法责任制有一定的现实意义。

（一）有利于弥补检委会委员缺乏办案亲历性的不足

司法责任制要求检察官对案件质量终身负责，落实"谁办案谁负责，谁决定谁负责"原则，这就要求检察官要参与到案件中，更深层次、更全面地了解分析案件情况，从而依法对案件做出准确认定。传统的检委会讨论案件，委员主要通过翻阅议题审查报告、听取承办人口头汇报、参与案件讨论的方式审议案件，在缺乏对办案过程直接参与的情况下，更不能全面准确地把握案情，不可避免地导致一些委员在会议讨论时发表不出深层次的见解，这种案件亲历性的缺乏，可能会影响检委会对案件的准确认定，是与司法责任制的要求相违背的。通过检委会信息化建设，可以将提请检委会讨论的案件议题材料通过扫描、多媒体示证等方式，在电脑、多媒体等设备上呈现在检委会委员面前，委员可以根据自己的需要调取相关案件材料，深入案件中对疑点难点进一步研判分析，从而对案件作出准确判断。

（二）有利于强化检委会委员责任意识

司法责任制的落实离不开"责任"二字，既要明确责任，也要担起责任。检委会是集体决策机制，如何明确检委会及各委员的责任，是司法责任制改革中亟须解决的问题。检委会信息化建设对明确委员责任、强化委员责任意识具有重要作用。通过运行检委会会议系统，对各检委会委员进行公开的网上会签、投票表决等，以公开、透明强化检委会委员的责任；此外，可对检委会讨论过程进行全程同步录音录像，直观准确地落实委员责任，为检委会各委员的

责任倒查、责任追究提供有力而准确的保证，从而促使检委会委员在会议中以高度的责任感审议案件。

（三）提高检委会工作效率

工欲善其事，必先利其器。司法公正的有效实现，离不开司法效率的提升；司法效率的提升，离不开科技的支持，以科学技术推动检察工作的发展是必然趋势。以往检委会工作，均通过检委办工作人员会前逐一通知委员、打印会议材料，会上委员口头发言、手写记录，会后整理会议记录，并请委员逐一会签，完成所有程序需要耗费不少时间，如果检委会委员人数较多，则需要投入更多的时间和精力。检委会信息化建设，可以实现检委会会前准备、会中讨论、会后整理的程序简化，通过网上程序流转，节约工作成本，提高工作效率。同时，可以通过网络资源共享，将检委会审议过的案件进行电子整合归档，为今后办理类似案件提供参考，进一步节约办案资源，提高办案效率。以信息技术为检察工作提速，更好地打击犯罪。

四、司法责任制下检委会信息化建设的路径探究

（一）转变思想，实现科技强检常态化

利用现代信息技术，提高检察机关办公、办案效率和处理应对突发事件的快速反应能力，已经成为检察工作发展的客观趋势，这也是科技强检的重要途径。各级检察机关应牢固树立科技强检意识，高度重视检委会信息化建设，自觉从思想观念、管理方式等方面适应信息技术发展的要求，把检委会信息化建设作为重要工作常抓不懈。积极组织检委会委员及检委办工作人员到市级检察院或检委会信息化建设成效突出的兄弟院交流学习，通过更直观的感受，体验信息技术带来的快速、准确和透明，从而改变对检委会信息化建设的错误认识。

（二）注重实用，实现硬件配置专业化

检委会信息化建设的基础就是配备相应的技术设备设施。检察机关应积极主动地向当地党委、政府汇报检察机关信息化建设情况，积极如实反映建设经费紧缺的实际困难，积极争取建设经费，加大对检委会信息化的资金投入，强化检委会信息化硬件设施。建设功能完备的检委会会议室，研发并启用检委会会议系统，配备高清投影仪、高清扫描机及检委会委员专用电脑，案件承办人汇报案情时，可以结合多媒体示证手段，使委员在自己的电脑上就能看到案件卷宗内的讯问笔录、询问笔录、现场勘验照片等证据，让与会委员更全面、直

观地了解案件信息，为委员们准确、客观地把握案情奠定基础。在检委会会议系统的设计上，可以现有的检察机关统一业务应用系统为基础，增加短信群发会议通知功能，安装高清视频录像、实时语音影像跟踪等程序，委员发言时，只需打开话筒开关，影音追踪器便可立即将该委员的发言进行数字化整理，系统屏幕也会实时显示该委员影像，实时同步录音录像。

（三）保障人才，实现人员技能职业化

人才保障方面，可从两方面入手：一方面，要积极引进技术人才，把精通检察技术、热爱检察事业的信息技术人才充实到检察机关中来，并创造条件为他们营造和提供良好的发展空间，争取进得来、用得好、留得住，为检委会信息化建设提供坚实的技术后盾。另一方面，对不同水平的检委会委员及工作人员进行差别化的信息技术培训，对较为年轻的人员，可邀请精通检委会信息技术的业务尖子为他们进行实战操作培训，并组织他们前往信息化建设成效较好的兄弟院学习交流，进一步提高检委办工作人员的信息技术水平；对一些老同志，则采取"年轻同志帮老同志，熟手带生手"的思路，通过集体培训、模拟操作、个人学习等形式，相互学习提高，力争实现人员技术的职业化，为检委会信息化建设提供人才保障。

（四）健全制度，实现设备管理规范化

建立完善内部管理机制。加强对检委会信息化设施的保管维护力度，实行专人管理、专人维护。对设备的管理、更新、回收建立分类台账，实行一机一档，明确记载设备的投入使用、维护状况、淘汰回收情况，确保设备的申请、调换、报废等手续齐全；建立定期巡检和运维管理制度，对于检委会多功能会议室实行每周巡检，并做好巡检记录；设备耗材实行集中管理、定点维修，保障设备正常运行；建立网络安全保密管理制度，落实相关安全措施和责任，确保相关设备安全运行。

（五）资源共享，实现成果运用信息化

建立检委会审议案件数据库，对录入检委会会议系统的案件进行整合归档，形成一案一档的电子档案，纳入案件数据库统一管理。通过将数据库链接到检察内网，供全体干警共同学习、总结积累办案经验。通过对电子档案的数据分析，实现对检委会审议案件的分类整理，为检察干警提炼各类案件规律提供便利。可对典型案例进行集体学习，深入剖析案件的疑点难点，结合相关法律条文及法规进行以案释法，使办案人员在办案过程得以参考借鉴，进一步发挥检委会对办案的指导作用。

（六）网上监督，实现责任追究具体化

通过检委会信息化建设，检委会各项工作流程均直观明了地在系统上公开，检委会委员可对检委办的工作程序是否正确、文书是否符合规范等问题进行监督指正，并能将责任具体落实到人，在一定程度上形成对检委办的工作监督，有利于减少检委办的工作失误，提高工作效率。同时，通过对各阶段设置委员会签，监督各委员履行检委会委员职责，减少查阅议题材料不及时、会前准备匆忙、消极应付等问题。同步录音录像、发言内容的公开化，也能对检委会会议进行实时监督，若出现责任追究事由，可以通过查看会议录音录像及会议电子资料的方式，明确各委员发言内容，从而倒查各委员责任，对司法责任制改革下完善检委会责任追究机制具有重要意义。

随着司法责任制改革的不断深入，检委会信息化建设对促进检委会工作科学发展，促进检委会议案规范化、队伍专业化、管理科学化具有重要意义，检察机关应在实践中不断探索检委会信息化建设的合理路径，使检委会在信息化的带动下，快速、准确、透明运行，真正实现司法效率的提升，更好地维护司法公正。

[案例研究]

同种漏罪处罚规则构建探析
——以两起贪污案为例

◎何 丹*

> **内容摘要**：司法实务中存在同种漏罪处罚失衡的问题，引发理论与实务界的质疑。问题症结在于，现行法律对同种漏罪处罚规则的缺位。构建同种漏罪处罚规则，需从刑法目的及原则、犯罪分子人权保障以及契合我国刑法分则体例出发，综合考虑实务操作性，构建以并罚为原则、不并罚为例外的同种漏罪实体处罚规则。在此基础上，进一步细化同种漏罪并罚情形下的处罚规则，不并罚情形下的程序规则和溯及力规则，以构建同种漏罪处罚规则。
>
> **关键词**：同种漏罪；处罚规则；规则构建

党的十九大报告指出，以良法促进发展、保障善治……努力让人民群众在每一个司法案件中感受到公平正义。良法之治是善治和司法公正的前提。在司法实务中，存在漏罪处罚失衡，主要集中体现在同种漏罪的处罚问题上。现行法律对同种漏罪处罚规则的缺位正是大量漏罪处罚失衡的肇事之源。为厘清同种漏罪适用的处罚规则，本文从贪污犯罪的案例切入，回归刑法目的及刑法基本原则，立足于维护司法公正、维护司法权威和保障犯罪分子合法权利，构建同种漏罪处罚规则，以期对完善同种漏罪处罚体系提供修正思路。

一、两起贪污案引发的思考

2013年11月13日，H县法院对赵某某等4人贪污、受贿案作出一审判决，认定赵某某犯贪污罪，判处有期徒刑12年6个月；犯受贿罪，判处有期

---

* 广西壮族自治区横县人民检察院业务管理部副主任。

徒刑1年；总和刑期13年6个月，决定执行有期徒刑13年。① 赵某某不服，向A市中级法院提出上诉。2014年4月24日，A市中级法院裁定维持原判决。② 在赵某某贪污、受贿案一审判决前，H县检察院在办案中发现赵某某另外一起贪污事实，但直至赵某某贪污、受贿案二审判决生效后，才对这起贪污事实补充立案侦查，2016年12月19日侦查终结，移送审查起诉。③

对上述案例，公诉检察官有三种意见：第一种意见认为，赵某某贪污罪行属于漏罪，应适用数罪并罚处理；第二种意见认为，赵某某贪污罪行虽然属于漏罪，但因检察机关自身原因导致两起贪污案件不能合并审理，适用数罪并罚对赵某某的处罚畸重，应当起诉，但建议不适用数罪并罚；第三种意见认为，《刑法修正案（九）》实施后，对贪污、受贿的犯罪数额作了较大调整，按照从旧兼从轻原则，适用现行法律会导致追诉后的判决比原判轻很多，追诉意义不大，应作不起诉处理。上述争议焦点，在于同种数罪如何处理。

争议的肇因主要有两方面：一是法律规定不完善。我国刑法没有区分同种漏罪与异种漏罪，对漏罪的处罚采用并罚；1993年最高人民法院《关于判决宣告后又发现被判刑的犯罪分子的同种漏罪是否实行数罪并罚问题的批复》（以下简称《批复》）虽有同种漏罪处罚的规定，但也没有区分同异漏罪的差异性。二是同种漏罪处罚的理论仍存在争议。当前理论界对同种漏罪处罚主要有三种观点：主张对同种数罪应无例外地适用数罪并罚一概的"并罚说"④；主张对同种数罪不需要进行并罚，只需以一罪从重或者加重处罚的"一罚说"⑤；主张以并罚为原则，同时分别说明必须并罚、不应并罚与需要灵活处理的具体情形⑥的"折中说"。三种观点从不同的角度出发，总结出不同的同种漏罪处罚规则。显然，根据不同的规则处罚，刑罚结果是不一样的。

---

① 引自广西壮族自治区某县人民法院（2013）X刑初字第107号刑事判决书。判决日期：2013年11月13日。
② 引自广西壮族自治区某市中级人民法院（2014）X市刑二终字第16号刑事裁定书。判决日期：2014年4月24日。
③ 引自广西壮族自治区某县人民检察院2017年第10次检察委员会案件汇报材料。
④ 熊立荣：《同种数罪处罚原则新说》，载《广西政法管理干部学院学报》2003年第4期。
⑤ 张小虎：《同种数罪不应实行数罪并罚》，载《上海市政法管理干部学院学报》1999年第2期。
⑥ 张明楷：《论同种数罪的并罚》，载《法学》2011年第1期。

二、同种漏罪处罚的实践观察

透过实践看本质,从现行法律对同种漏罪处罚规则的规定以及现行司法对同种漏罪处罚两个方面观察现行同种漏罪处罚规则对司法公正、犯罪分子刑罚产生的影响。

(一) 现行同种漏罪处罚规则存在纰漏

同种数罪是行为人实施数个独立的犯罪行为,符合数个犯罪构成,但这些犯罪构成性质完全相同、罪名一致的数罪类型。①《刑法》第70条②规定了漏罪的构成要件及并罚规则,但没有对漏罪的犯罪构成性质作进一步区分。面对司法实务中大量的同种漏罪刑罚问题,最高人民法院的《批复》规定了对已经发生法律效力刑罚还没执行完毕前发现犯罪分子在宣判前还有其他未判决的罪,无论新发现的罪是否属于同种罪,都应适用数罪并罚。但如果在判决尚未发生法律效力前发现犯罪分子在一审判决宣判前还有其他同种漏罪未判刑的,不适用数罪并罚的规定。③ 由此,司法解释对同种漏罪处罚规则以发现漏罪的时间在前罪判决生效为界点,在前罪判决生效前发现同种漏罪的不适用并罚规则,在判决生效后发现的则适用。

从法律逻辑来看,漏罪处罚规则是以构成犯罪为前提,据以法律规定,判决犯罪分子应承担相应法律后果的规则。而《批复》以漏罪的构成要件之一作为规则适用的前提,混淆了漏罪构成与处罚规则的关系。

---

① 刘选:《数罪并罚研究》,武汉大学2000年博士学位论文。
② 《刑法》第70条规定:"判决宣告以后,刑罚执行完毕以前,发现被判刑的犯罪分子在判决宣告以前还有其他罪没有判决的,应当对新发现的罪作出判决,把前后两个判决所判处的刑罚,依照本法第六十九条的规定,决定执行的刑罚。已经执行的刑期,应当计算在新判决决定的刑期以内。"
③ 1993年4月16日颁布的最高人民法院《关于判决宣告后又发现被判刑的犯罪分子的同种漏罪是否实行数罪并罚问题的批复》:"人民法院的判决宣告并已发生法律效力以后,刑罚还没有执行完毕之前,发现被判刑的犯罪分子在判决宣告以前还有其他罪没有判决的,不论新发现的罪与原判决的罪是否属于同种罪,都应当依照刑法第六十五条的规定实行数罪并罚。但如果在第一审人民法院的判决宣告以后,被告人提出上诉或者人民检察院提出抗诉,判决尚未发生法律效力的,第二审人民法院在审理期间,发现原审被告人在第一审判决宣告以前还有同种漏罪没有判决的,第二审人民法院应当依照刑事诉讼法第一百三十六条第(三)项的规定,裁定撤销原判,发回原审人民法院重新审判,第一审人民法院重新审判时,不适用刑法关于数罪并罚的规定。"

从责任承担主体上看，发现犯罪、侦破案件是宪法赋予司法机关的法定职责。何时发现犯罪、发现后能否顺利侦破、起诉，不仅受到侦查条件的限制，还受到司法机关是否积极履行职责等主观因素影响。科以犯罪分子必须如实供述其全部犯罪事实且配合收集证据予以证实，否则要承担加重处罚的后果，这违背人的本性、法的公平本意及刑事举证责任规则。《批复》以司法机关的职责及其是否及时履行职责为界点区分对待同种漏罪的处罚，确有加重犯罪分子刑罚之嫌。

（二）同种漏罪处罚的司法实践存在处罚失衡

2015年全国检察机关追加逮捕、追加起诉41918人[①]，2016年追加逮捕、追加起诉增至43960人[②]，遗漏罪行在司法实践中大量存在。在A市检察院法律综合信息资源系统中，查询追加遗漏罪行的裁判文书2303篇中遗漏罪行无论是同种漏罪还是异种漏罪全部适用《刑法》第69条、第70条的规定，即对漏罪适用数罪并罚规则进行审判。当然，适用法律本身并无错误，而是法律对同种漏罪处罚规则的错位规定，引发理论界的声讨[③]、实务界的质疑[④]。

以开篇案例为例，检察机关在二审法院审理赵某某前案期间已发现赵某某另一起贪污事实，但没有立案侦查也没有向法院申请中止审理，而是待其前案判决生效后才补充立案。赵某某第一起贪污金额为100万元，遗漏的贪污金额为5万元。依据《刑法》（1997年修订）以及《批复》规定，同种漏罪在前罪判决生效后发现的，适用数罪并罚，赵某某可能判处13年以上18年以下有期徒刑；如果认定赵某某同种漏罪在其前罪二审生效前发现，其刑罚在10年以上，量刑基准比数罪并罚要低。显然，司法解释将司法机关发现犯罪的职责转嫁给犯罪分子，并要求犯罪分子承担发现不能的不利后果，严重损害了犯罪分子的合法权益，导致司法不公，还为司法机关不作为提供了合法土壤，有损司法权威。

---

① 数据来源于最高人民检察院工作报告（2016年3月13日），载http://www.npc.gov.cn.

② 数据来源于最高人民检察院工作报告（2017年3月12日），载http://lianghui.people.com.cn.

③ 程云龙：《受贿案件中漏罪问题研究》，载《法制与社会》2012年第8期。

④ 陈树斌：《数罪并罚判决宣告后又发现漏罪如何处罚》，载《检察日报》2010年1月20日，第3版。

三、同种漏罪处罚规则的法理思考

"尽管科学能够线性地不断向前发展，但法律却做不到线性发展。在法律这里，同样的洞见与错误总是一再地发生。"① 法律的魅力在于不断修正和完善。面对同种漏罪处罚规则的法律错位以及由此产生的司法处罚不公实例，应当构建合法合理的同种漏罪处罚规则，使刑法趋于完善。

（一）构建同种漏罪处罚规则的理论价值

刑法的任何规则都是建立在刑法目的基础之上，都要符合刑法的立法精神、刑法基本原则。

1. 构建同种漏罪处罚规则是刑法目的的客观需要。"目的是全部法律的创造者。每条法律规则的产生都源于一种目的，即一种实际的动机"。② 刑法任何一种制度和内容的设计都源于刑法目的，也体现刑法目的。我国刑法目的是保护法益，是运用刑罚抑制犯罪行为，达到惩防兼备、保护法益的目的。从法益侵害角度看，同种漏罪与异种漏罪对法益的侵害程度是有区别的，同种漏罪侵犯一种法益，而异种漏罪侵犯两种以上不同的法益，对有些犯罪而言，异种漏罪的社会危害性比同种漏罪大。从预防犯罪角度看，对犯罪分子的刑罚要与其可预防、可改造相适宜。同种漏罪的犯罪分子虽然多次起犯意，但其主观故意只有一种，而这种主观故意往往具有延续性，而异种漏罪是犯罪分子在不同时期产生不同犯意的后果，从某种程度上讲，其危险性更大。因此，从抑制犯罪行为和预防犯罪出发，应当构建同种漏罪处罚规则。

2. 构建同种漏罪处罚规则是罪刑相适应原则的客观要求。刑罚的轻重，应当与犯罪分子所犯罪行和承担的刑事责任相适应。犯罪分子违反刑法规定而承担相应法律后果的轻重需要与刑法保护利益相对应的不同主观罪过形态、犯罪行为客观危害以及人的社会危害性等相适应。同异漏罪的行为危害及主观形态的差异性，在犯罪分子所承担的刑事责任上应当有所体现。

3. 构建同种漏罪处罚规则是保障人权的基本需要。保障犯罪分子的人权是一个国家法治文明和司法文明的重要体现。随着全面依法治国的推进，我国刑事司法理念也在发生转变，由保护被害人优先向被害人和犯罪分子权益保障

---

① 张明楷：《刑法学（上）》，法律出版社 2016 年版，前言。
② ［美］博登海默：《法理学：法律哲学与法律方法》，邓正来译，中国政法大学出版社 1999 年版，第 109 页。

并重转变。对犯罪分子的权利保护，不仅体现在非法证据排除规则、律师会见制度等程序司法上，也要体现在实体法中，尤其是犯罪分子刑罚处罚的规则中。刑罚处罚应当充分考虑犯罪差异，体现宽严相济的刑事政策和理念。对于犯罪性质相同的漏罪，既然有一部分通过加重型加以处罚，就应当一视同仁，才能体现我国犯罪分子人权保障的基本要求。

4. 构建同种漏罪处罚规则是刑法体例的内在逻辑。我国刑法采用"总则+分则"的立法体例，总则是对我国刑法任务、原则、刑罚及其运用等进行总括性的规定，分则则对犯罪构成及其刑罚适用等作具体规定。我国刑法分则的条文将一些同种数罪作为法定刑升格情节或加重法定刑情节，在法律适用上，直接适用分则规定进行刑罚。漏罪与其他数罪的差别在于司法机关对犯罪分子罪行发现的时间在判决生效前后的问题。如果按照现行逻辑，如果司法机关发现得早就直接适用分则规定，作一罪处罚；发现得晚就要数罪并罚。显然，这样的处罚规则使刑法分则条文的逻辑陷入不统一。为体现刑法体例的统一性，维护司法统一性、权威性，应构建同种漏罪处罚规则。

(二) 构建同种漏罪处罚规则的法理基础

上文阐述的同种漏罪处罚的三种观点，都有其合理性，也有各自的缺陷。"并罚说"注重数罪量刑的原则，忽略了我国刑法分则条文规定的特殊性。"一罚说"过分强调分则条文的特殊性，违背了数罪量刑的基本原则。"折中说"遵循了数罪量刑的基本原则，考虑了我国刑法分则条文中的特殊性以及想象竞合犯、牵连犯、吸收犯等犯罪形态的同种数罪原则并罚，有时不应当或没有必要并罚的情形，但灵活处理的情形对司法实务而言操作难度太大，司法实务实用性会大打折扣。不过，该观点提出的"原则上并罚，例外地不并罚"给同种漏罪处罚规则的设立提供了思考方向。

同种漏罪是漏罪的一种，处罚规则原则上应遵从漏罪的处罚规则，即数罪并罚，但也要体现同种漏罪的特殊性。笔者认为，可综合考虑司法实务的操作性，以第三种观点为基础展开延伸，构建同种漏罪处罚规则，其法理依据在于：

1. 刑法"一罪一罚"原则决定同种漏罪的处罚原则上并罚。这是数罪处罚的基本规则，是大前提。犯罪分子实施一个犯罪行为，应科以其一个处罚；实施多个犯罪行为，应科以与其犯罪行为相适应的处罚，不能因为实施同种类型的犯罪行为而例外。因此，同种漏罪原则上应当并罚。

2. 适用刑法人人平等原则要求同种漏罪的处罚实行原则并罚、例外不并罚。同种数罪与异种数罪的差别是犯罪分子主观犯意的延续性和侵犯客体的单一性。我国刑法分则出现了"数额犯""数量犯""多次犯"等情节或结果加重犯情形，这些"数额犯""数量犯""多次犯"就是同种数罪。基于法益保护和法律面前人人平等，不应当因犯罪发现时间先后作出不同的裁决。因此，应当在并罚的大原则下，对分则中一些特殊规定加以不并罚的区分。

3. 刑法的"责任主义"要求同种漏罪的处罚实行原则并罚、例外不并罚。"没有责任就没有刑罚"，犯罪分子对侵害法益的行为或后果具有责任时，才能认定为犯罪，而且量刑幅度不应超出其责任的范围与程度。同种漏罪的本质仍是数罪。犯罪分子虽只侵犯一种或一类法益，但造成了多种侵害的后果，承担的责任应与其侵害法益的后果相一致。并罚原则无疑是惩罚的最佳选择。但当刑法已经科以犯罪分子加重处罚时，犯罪分子承担的责任已与其侵害行为相适应，不需要对加重处罚的犯罪适用并罚。

四、同种漏罪处罚规则的具体构建

同种漏罪处罚规则要体现合法性、合理性、实务性和操作性的特点，在构建总体规则基础上，需明确同种漏罪并罚或不并罚情形下的处罚规则，解决由处罚规则改变引起的程序问题和法律溯及力问题，完善同种漏罪处罚规则体系。

（一）同种漏罪处罚规则总纲

同种漏罪应遵循并罚为原则、不并罚为例外的处罚规则。正如前文所述，同种漏罪适用并罚原则导致案件刑罚失衡的主因是刑法分则对一些同类型犯罪通过法定刑升格和加重刑加以处罚。因此，对于同种漏罪并罚与不并罚规则的界定应在于厘清刑法分则对哪些类型犯罪规定了法定升格刑和加重刑。

基于实务操性和实用性考虑，同种漏罪不并罚情形主要包括两种：一种是刑法分则条文将数额（数量）较大作为犯罪起点，并对数额（数量）巨大、数额（数量）特别巨大的情形规定加重法定刑时，不并罚。例如，多次走私、多次逃税、多次诈骗、多次贪污、多次受贿等情形，不管刑法分则条文是否明文规定"累计"犯罪数额，都应以累计犯罪数额一罪论处。另一种是刑法分则条文中将"多次"犯罪作为法定升格情形的，不并罚。例如，《刑法》第236条强奸罪中"强奸妇女、奸淫幼女多人"，第263条抢劫罪中"多次抢劫"作为法定升格情形的犯罪。

（二）同种漏罪不并罚情形下的处罚规则

根据并罚为原则、不并罚为例外的同种漏罪处罚规则，对开篇案例的具体适用：赵某某在第一起案件中贪污金额为 100 万元，第二起贪污金额为 5 万元，属于《刑法》第 383 条第 2 款中"累计"贪污数额，适用一罚处理。于此产生了两个问题：一是对两起贪污案件的审理适用普通程序还是再审程序；二是对两起贪污案件的一罚适用《刑法》（1997 年修订）还是适用《刑法修正案（九）》的规定。因此，需要进一步构建同种漏罪的具体处罚规则。

1. 同种漏罪不并罚情形下的程序规则。对漏罪的处罚一般不需要启动再审程序，只需要对漏罪案件进行审判，确定漏罪刑罚后，把前后两个判决刑罚在总和刑期以下、数刑中最高刑期以上酌情确定执行刑期后扣除已经执行的刑期即可。同种漏罪不并罚情形下，能否也适用普通程序进行审理？同种漏罪不并罚的类型都是多次犯罪的法定升格刑、加重刑以及累计数额的犯罪，这些漏罪需要在前罪的基础上进行审理。从尊重审判和保护犯罪分子诉讼权利出发，对漏罪之案单独审判实为不妥。不并罚的同种漏罪都是需要对前后两个犯罪作出一罪处罚的，因此应启动审判监督程序是审理不并罚同种漏罪的最佳选择。审判监督程序是法院、检察院对已经发生法律效力的判决和裁定，发现在认定事实或适用法律上确有错误，对案件进行重新审判的程序。同种漏罪属于适用法律的错误，符合再审程序的条件要求。

一般来说，审判监督的启动有三类：当事人及其法定代理人、近亲属申诉、法院以及检察院启动（具体程序如下图）。

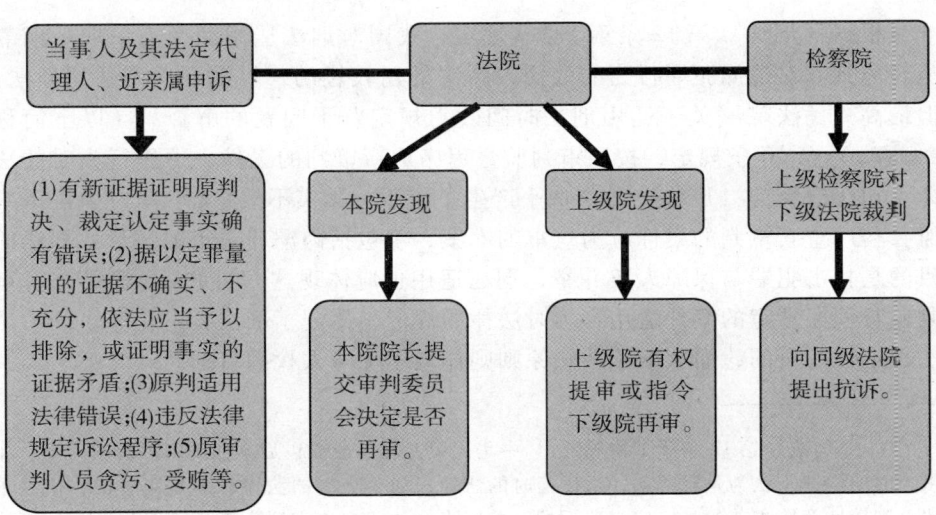

由于漏罪的发现主体是检察机关和审判机关，对同种漏罪审判监督程序的启动主体也相应为检察院和法院。综合考虑漏罪发现一般为下级检察机关以及《刑事诉讼法》对检察机关提起审判监督程序的程序要求，下级检察机关发现漏罪的程序是：向上一级检察机关提出抗诉，由上一级检察机关审查后认为确属于同种漏罪，向同级法院提出抗诉。具体程序如下图：

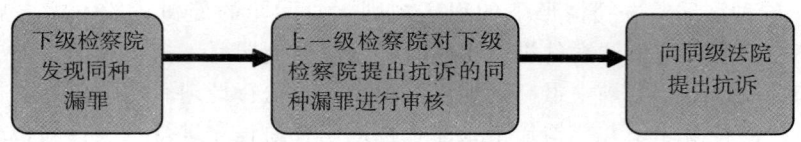

2. 同种漏罪不并罚情形下的溯及力规则。《刑法修正案（九）》对犯罪刑罚轻重重新架构，修正案修改了贪污罪和受贿罪的定罪量刑标准，在量刑上，趋向轻刑化。以开篇案例为例，不考虑自首、坦白、积极退赃等量刑情节，对赵某某遗漏的贪污5万元的罪行进行处罚，依据《刑法》（1997年修订），判处5年以上有期徒刑，可并处没收财产；依据《刑法修正案（九）》及《最高人民法院、最高人民检察院关于办理贪污贿赂刑事案件适用法律若干问题的解释》，判处3年以下有期徒刑或者拘役，并处罚金。由此，在犯罪分子情节不变，贪污、受贿数额相同情形下，适用现行刑法还是1997年刑法，判决结果大相径庭。

根据《刑法》第12条第1款①规定，我国对刑法适用溯及力采取从旧兼从轻原则。对遗漏犯罪行为的处罚，新法处罚较轻的，对漏罪应当适用新法。但最高人民法院《关于适用刑法时间效力规定若干问题的解释》（以下简称《解释》）第10条规定，按照审判监督程序重新审判的案件，适用行为时的法律。司法解释与《刑法》条文似乎产生了矛盾，其实不然。《解释》中按审判监督程序重新审判的案件应为重审的本案，不包括因漏罪重审的情形。刑法的目的是打击犯罪与保障人权并举，刑法适用也应体现这一目的。《解释》对审判监督程序重审的案件适用行为时法律的规定，体现了刑法打击犯罪、维护司法稳定性的目的，而从旧兼从轻原则则体现了保障人权的目的。

---

① 《刑法》第12条第1款规定："中华人民共和国成立以后本法施行以前的行为，如果当时的法律不认为是犯罪的，适用当时的法律；如果当时的法律认为是犯罪的，依照本法总则第四章第八节的规定应当追诉的，按照当时的法律追究刑事责任，但如果本法不认为是犯罪或者处刑较轻的，适用本法。"

因此，平衡打击犯罪与保障人权，同时遵循罪刑法定原则，应综合考虑犯罪数额和量刑情节，采用"犯罪数额＋量刑情节"的分层法确定同种漏罪不并罚的再审量刑方法。具体如下：（1）如果原判认定的法定升格条件或者犯罪数额和原判认定的量刑情节均比漏罪认定的犯罪数额和情节重，审判时则适用行为时的法律；（2）如果原判认定的法定升格条件或者犯罪数额和原判认定的情节均比漏罪认定的犯罪数额和量刑情节轻，则适用现行法律；（3）如果原判认定的法定升格条件或者犯罪数额和量刑情节与漏罪认定的犯罪数额和量刑情节相当，出于人权保护的法益也适用现行法律进行审判；（4）如果原判认定的法定升格条件或者犯罪数额比漏罪认定的犯罪数额大很多，但原判认定的量刑减轻情节比漏罪认定的小，仍以数额认定为主，适用行为时的法律判决，但量刑时要充分考虑漏罪的减、轻、免情节；（5）如果原判认定的法定升格条件或者犯罪数额比漏罪认定的犯罪数额小很多，但漏罪认定的量刑减轻情节比原判认定的大，且新法对减、轻、免的量刑情节规定有利于犯罪分子，则以情节认定为主，适用现行法律。

（三）同种漏罪并罚情形下的处罚规则

因想象竞合犯、牵连犯和吸收犯在实务中难以区分，为便于实务中对同种漏罪不并罚情形的理解和操作，对这些需要灵活处理的情形，采用并罚进行处罚。例如，乙某两次盗窃公用电信设施，盗窃行为同时破坏了公用电信设施，对乙某的第一起行为判决生效后，发现其第二起犯罪事实。本案是以盗窃罪一罪处罚，还是盗窃罪和破坏公用电信设施罪并罚论处，或是盗窃罪和破坏公用电信设施罪并罚论处，需要视乙某的情节而定。但无论属同种漏罪还是异种漏罪，适用何种规则刑罚都要做到量刑与罪刑相适应，否则会出现刑罚失衡问题。因此，在实务中不能忽视这些同种漏罪的量刑幅度。

任何量刑都存在量刑基准，并罚或不并罚首先是量刑基准的不同，然后是刑罚正当性差异问题。因此，对于同种漏罪应重视并罚与不并罚的量刑基准和刑罚正当性。可充分利用审判刑罚大数据中的类案推送功能，分析类案的量刑幅度，并结合案件量刑情节，分析同种漏罪并罚与不并罚在量刑幅度的差异，缩短因并罚而造成案件量刑的偏重或偏轻，以维护司法权威。

凡法皆有漏洞，有漏皆需补正。笔者以开篇案例折射出现行法律对同种漏罪处罚的缺位，重新构建同种漏罪的实体规则、程序规则以及溯及力规则，为完善同种漏罪处罚体系提供启发性思路。

审判中心视角下网络犯罪侦查的法律监督
——以广西全链条网络诈骗第一案为切入点

◎何延坚* 吴家文**

> **内容摘要：** 全媒体时代，网络是把"双刃剑"，为人们带来生活便利的同时，也为新型犯罪提供了"温床"。近年来，网络犯罪居高不下，由于网络犯罪具有隐蔽性、智能性、跨区域性、证据易毁性等特点，网络犯罪侦查也存在发现难、取证难、采信难三种困境，网络犯罪侦查不得不借助监视、IP锁定乃至外界技术协助来完成侦查过程，导致侦查中存在侦查权滥用，抑或侵害个人隐私或商业秘密等违法行为。加强检察机关对网络侦查行为的全程监督，完善技术协助的法律规制，才能够确保打击网络犯罪法律效果和社会效果的统一。
>
> **关键词：** 全媒体；网络犯罪；侦查；法律监督

在全媒体时代，网络给人们的日常生活带来诸多便利的同时，也成为新型犯罪场所或工具。网络犯罪的隐蔽性、高智能性等特点，使得网络犯罪侦查在用好传统侦查手段的基础上，不得不利用监控、IP锁定等高技术手段来完成。而由于网络犯罪电子证据取证困难且容易销毁，又可能涉及个人隐私或商业秘密，因此，在网络犯罪侦查中，要充分发挥法律监督作用，确保侦查程序合法，确保所收集证据合法充分有效，且能够被采用。在全媒体时代，网络技术日新月异，网络犯罪也层出不穷，且犯罪手段、方式花样百出，如何在全媒体时代严厉打击网络犯罪，并对打击网络犯罪加强法律监督，确保执法规范和司法权威，是一个兼具理论和实践意义的研究课题。

---

* 广西壮族自治区桂平市人民检察院副检察长。
** 广西壮族自治区桂平市人民检察院办公室干部。

一、问题引出：全链条网络诈骗第一案[①]

（一）案情回顾

2015年7月15日至17日，被告人陈某鹏（1993年出生）盗用被害人姚某、杨某、李某的个人信息，假冒他人身份通过网络购物的方式购买了14部手机、8台平板电脑，共盗刷三名被害人银行卡计计94274元。

2015年12月至2016年1月，被告人罗某阳、罗某庆通过QQ先后四次共花费6000元向被告人刘某江购买手机木马病毒程序工具。购得手机木马病毒程序后，被告人罗某阳、罗某庆以发短信的方式非法窃取公民个人信息。此外，被告人罗某阳、罗某庆还以有偿方式向被告人邱某阳、陈某土分别多次购买公民个人信息和银行账户，先后共盗刷被害人黄某、梁某、黎某银行卡共计17451.12元。案发后，办案民警对被抓获的罗某庆、罗某阳的笔记本电脑，依法收缴，并进行电子证据提取，发现非法获取的公民个人信息达544组。

2016年1月，被告人罗某阳、罗某庆通过QQ向陈某鹏提供非法获取的公民个人信息，再由陈某鹏利用该信息冒充被害人身份，通过网络购物的方式购买商品后出售牟利。后三人以此方式盗刷被害人张某银行账户21022元，购买14部手机出售后分赃。

2016年2月26日，宾阳县公安局民警在海南省海口市将陈某鹏抓获。抓捕过程中，陈某鹏的女友即另一被告人梁某红明知陈某鹏使用的手机系作案工具而将该手机拿走。为阻挠公安机关调查取证，梁某红将该手机内的软件程序及存储内容删除，帮助陈某鹏毁灭证据，后其被公安人员在海口市某民房内抓获。

为将所得赃款套现，被告人罗某阳、罗某庆通过QQ与被告人罗某发联系，以有偿的方式让罗某发帮助其充值手机话费套取赃款。为此，罗某阳、罗某庆向罗某发提供了27个外省区域号段的移动公司手机卡充值22000元，罗某发套现后转汇了15560元到两人指定的账户中。2016年3月1日，被告人罗某发在湖南省花垣县城被公安机关抓获，民警在其住宅查获2部手机、5227招商银行卡、4080工商银行卡、2678邮政储蓄卡和1台黑色联想牌电脑等物。

[①] 马艳、陈冬玲、黄集德：《广西3年审结电信网络诈骗案524件"全链条网络诈骗第一案"等均在其列》，载《法制日报》2017年1月26日，第8版。

2017年1月24日，宾阳县法院对这起"全链条网络诈骗第一案"① 以信用卡诈骗罪、侵犯公民个人信息罪等罪名分别判处涉案被告人有期徒刑1年至7年不等的刑罚。其中，被告人陈某鹏犯信用卡诈骗罪，判处有期徒刑7年，并处罚金20万元。被告人罗某庆犯信用卡诈骗罪，判处有期徒刑5年6个月，并处罚金15万元；犯侵犯公民个人信息罪，判处有期徒刑1年，并处罚金1万元。决定执行有期徒刑6年，并处罚金16万元。被告人刘某江犯信用卡诈骗罪，判处有期徒刑3年，并处罚金10万元。被告人罗某波信用卡诈骗罪，判处有期徒刑2年，并处罚金9万元。其余五名被告人也分别以信用卡诈骗罪、帮助毁灭证据罪被判处3年至1年不等有期徒刑。

（二）案件延伸

在全媒体时代，网络无处不在，网络联系着社会生活的方方面面，在人们的学习、社交、娱乐、商务等活动中，发挥着不可替代的作用。据统计，截至2016年12月，中国网民规模达7.31亿，相当于欧洲人口总量，互联网普及率达到53.2%。其中，手机网民规模达6.95亿，占网民总数的95.1%。② 网络为人们日常工作和生活提供了诸多便利的同时，也成为了一些违法犯罪分子从事违法犯罪的工具或者场所。近年来，网络犯罪现象有愈演愈烈趋势，网络犯罪的类型和形式也趋于多样化、隐蔽性、复杂化、跨区域等特点。如前述广西宾阳"全链条网络诈骗第一案"就是利用网络进行犯罪的一个典型案例。该案具有全链条、多层级、跨区域犯罪的特点，涉案人员分别来自海南、湖南、福建、河南和广西，他们均通过网络沟通作案，以有偿方式合作，窃取公民个人信息，通过网络购物或给手机卡充值的方式套现。也就是说，从上游的提供木马病毒、非法盗取公民个人信息，到中游的个人信息买卖和冒用公民个人信息实施诈骗，再到下游的通过网络购物的赃款套现，已形成了一整套利用网络进行"盗刷"产业链。而对网络犯罪的侦查具有立案难、取证难、采信难等"三难"问题。为严厉打击网络犯罪，在司法实践中侦查机关会利用一些技术手段，促进侦查的推进和案件的突破。而作为法律监督机关，检察院加强网络犯罪侦查监督是打击网络犯罪、促进执法公正的有效途径。

---

① 马艳、陈冬玲、黄集德：《广西3年审结电信网络诈骗案524件 "全链条网络诈骗第一案"等均在其列》，载《法制日报》2017年1月26日，第8版。
② 中国互联网信息中心第39次《中国互联网络发展状况统计报告》，2017年1月22日发布。

二、现状分析：网络犯罪内涵、特点及发展趋势

（一）内涵

就网络犯罪的定义目前尚没有统一而权威的阐述。有些学者将网络犯罪叫作电脑犯罪，台湾学者认为"凡犯罪行为与电子资料处理有关的就是电脑犯罪"。① 有些学者将网络犯罪叫作计算机犯罪，如美籍华人学者刘红彬认为"所谓计算机犯罪是指以计算机为工具，采用非法手段使自己获利或使他人遭受损失的犯罪行为。"② 他还指出"计算机犯罪最基本的要件必须与计算机有关，以它为工具应包括那种既以计算机作为犯罪工具和以它作为犯罪对象的情形。"③ 有学者将网络犯罪称为信息犯罪，即运用信息技术故意实施的严重危害社会，并应负刑事责任的行为。④ 也有学者将网络犯罪直接定义为"网络犯罪"，即运用计算机技术借助于网络实施的具有严重社会危害性的行为。⑤

其实，网络犯罪并不是某种具体的犯罪，也不是某一类型的犯罪，相较于传统犯罪而言，其犯罪手段更为优化，是随着科学技术的发展而不断更新的一种高智能犯罪。就广义上来讲，网络犯罪是指行为人利用网络专门知识，以计算机为工具对存在于网络空间里的信息或系统本身进行攻击或破坏，或利用网络进行其他犯罪的总称。⑥ 这里作为工具的计算机是指广义上的计算机，包括所有能够连接网络的手机、平板、网络电视等。

（二）特点

近年来，网络技术日新月异，移动网络迅速占领人们的日常生活。从手提电脑、平板电脑的使用，到现在智能手机的普及，移动网络的使用达到了一个高峰，使得犯罪行为人只要通过网络技术手段破解相关手机软件就能轻易获得用户的一些私密信息。支付宝、微信支付等App支付软件的出现，使得用手机买票、购物、订酒店等事宜变得更加便捷，加之当前各大电商支付口令一般与手机号码绑定，犯罪行为人只要拦截相关手机验证码即可冒用他人号码为自

---

① 黄丁全：《台湾地区电脑犯罪立法评析》，载《中外法学》1998年第2期。
② 刘红彬：《计算机法律概论》，北京大学出版社1992年版，第153页。
③ 刘红彬：《计算机法律概论》，北京大学出版社1992年版，第153页。
④ 文军、艾湘涛：《略论信息犯罪及其安全对策》，载《刑事法学》1998年第6期。
⑤ 刘广三、杨厚瑞：《计算机网络犯罪》，载《刑事法学》2000年第7期。
⑥ 李双其：《网络犯罪防控对策》，群众出版社2011年版，第2页。

已埋单。手机病毒、恶意扣费软件、手机支付、隐私泄露等与手机密切相关的犯罪行为持续上升。此外，网络传销、网络色情等犯罪通过新的技术手段更加猖獗，且网络犯罪更倾向于团体作战，如对公民个人信息的侵犯已形成了一条产业链，并呈现出低龄化、集团化趋势，犯罪形式和类型也趋于复杂多样化。从网络犯罪发展的强劲势头来看，概而言之，网络犯罪具有以下几个明显的特点：

1. 隐蔽性。网络犯罪的隐蔽性是因为网络特有的技术特点所决定的。首先表现为犯罪主体的隐蔽性。网络用户在互联网中常用多种手段和对策来隐藏自己的真实身份。如提交虚假身份信息进行网络注册、盗取他人用户名和密码冒用他人身份潜入网络等。其次表现为犯罪行为的隐蔽性。网络犯罪是通过一些虚拟化的数据和程序操作，其作案时间短，表面上没有实体行为，也没有特定犯罪现场。网络的虚拟性使得网络犯罪基本不留作案痕迹，即使有也可轻易销毁、伪造，隐蔽性极强。最后表现为犯罪对象的隐蔽性。由于近年来计算机程序的复杂化及数据量的增加等发展新动向，进一步加深了网络犯罪对象隐蔽性的特点。从计算机外观上无法发现使用中的计算机处理程序和数据等数据的变化，对于非法删除和修改很难予以认定。如前述"全链条网络诈骗第一案"犯罪对象遍布全国各地，没有被害人的报案，很难找到犯罪对象。

2. 智能性。实施网络犯罪的行为多要求计算机网络知识和技术突出，作案前往往精心策划。如前述"全链条网络诈骗第一案"中，被告人陈某鹏、罗某阳、罗某庆、刘某江就是通过手机木马程序非法获取公民个人信息，然后冒用他们个人信息，盗刷他人信用卡、银行卡。在实施犯罪过程中，被告人冒用他人名义，对案件侦查增设了很大障碍。

3. 跨区域性。网络打破了现实世界的时空界限，为跨时空的信息交流提供了便利，也带来了网络犯罪跨区域问题。不仅表现为犯罪主体的跨区域合作，也表现为犯罪主体的跨区域作案，给侦查取证造成了很大困难和阻碍。如前述"全链条网络诈骗第一案"，涉案人员来自全国各地，通过网络沟通，实现跨区域作案。又如网络赌博案件中，犯罪分子常将赌博账户设在境外银行，将赌博网站开设在赌博合法化之国家。

4. 证据易毁性。电子数据证据是网络犯罪案件中的主要证据，其极易被懂技术的犯罪分子修改、篡改和销毁，且不易恢复。

三、侦查困境：网络犯罪侦查行为及存在问题分析

（一）侦查线索

侦查人员将案件纳入侦查范围多是通过自己侦查获得线索或有关人士提供线索，发现确有可疑后，才进一步侦查。当前，网络犯罪侦查线索主要有以下几个：

1. 通过举报、报案获取。即在日常生活中发现网络诈骗、网络盗窃、网络传销等行为时，或者在日常生活中合法权益遭受网络犯罪侵害时，可向公安机关举报或报案。如 2015 年 8 月 17 日，上海警方经市民举报破获一起通过网络蒙骗入会的大型传销案。

2. 通过技术监控手段获取。即通过设立"网络警察 110""网上雷达"，抑或"诏安"一批网络黑客，编写强大防火墙软件等技术手段，拦截有关色情、暴力、邪教等信息，然后经过筛选与调查，锁定犯罪线索。我国自 2001 年 2 月 26 日就建立了自己的"网络警察 110"，美国斯坦福研究所旗下的 Atom Tangerine 公司研发了"网上雷达"程序来监视网上活动，韩国警方则建立"网络犯罪对应中心"实时跟踪监控网络信息。

3. 通过网络欺诈投诉获取。日常生活中，很多人对于遭受的小数额多次网络诈骗或者小数额多人数网络诈骗，源于钱少嫌麻烦或破财免灾的心态而不去报案，使得犯罪分子更加猖獗。因此，针对千奇百怪的网络欺诈，建立专门的网络投诉网站，侦查人员可根据消费者及相关人员的投诉信息，编成相应数据库，然后根据举报数量和一些规律来获取案件线索，可以有效打击网络诈骗犯罪。

4. 通过开展专项打击活动获取。即在一个特定时间内，执法人员和消费者团体一起在网上开展的一个特定种类的专项犯罪活动。发动消费者加入专项打击活动，并不是让其去侦查，只是让其通过网络来协助侦查人员开展进一步调查。当前网络诈骗宣传模式尽管多样，但大同小异。诸如"零成本每月收益过万""虚拟商场一年净赚百万"等有悖于市场规律的宣传，都很可疑，值得引起注意。

5. 通过已有犯罪案件获取。在对一些网络犯罪嫌疑人的审讯中，犯罪嫌疑人为立功或争取宽大处理，常常会供述一些侦查人员尚未掌握的网络犯罪案件信息。

（二）侦查方法

全媒体时代，网络犯罪侦查与普通犯罪侦查既有相同之处，也有自己的特点。因为网络犯罪是基于网络的犯罪，其侦查措施也具有显著的技术性特点。网络犯罪侦查主要通过电子取证、虚拟侦查和技术侦查来完成证据收集。

1. 电子取证。电子取证是利用计算机软硬件修复重现技术，通过对计算机系统和网络端口的扫描和破解，对入侵、欺诈、攻击、破坏计算机网络的行为进行获取、保存、分析和出示的过程。而完成电子取证的过程，主要有三种方法：（1）搜查和扣押。即侦查人员对涉案的计算机、电子存储设备（包括移动硬盘、网络云盘等）及有关场所进行搜查，也可对计算机、移动硬盘、光盘等电子存储设备进行扣押。在搜查和扣押过程中，鉴于电子证据容易被破坏、删除且难以恢复，侦查人员可以邀请计算机程序员、计算机工程师等专业人员辅助侦查，避免电子证据遭受二次损害。（2）截留电子信息。即由侦查人员对可疑人员的电子信息进行截留。电子信息截留可以分为两种：一种是经过当事人同意后的截留；另一种是不经过当事人同意的直接截留。因为很多电子信息涉及个人隐私，因此截留电子信息一般要经过相关人员同意，以彰显保障人权，即使不经过犯罪嫌疑人同意，也要基于比例原则，出于维护公共利益之考虑，并经过层层审批方可实施。（3）要求有关单位或个人提供电子信息。在网络犯罪侦查过程中，侦查机关因侦查需要，有权要求从事互联网业务的机关单位、个人和商业机构等提供有关犯罪嫌疑的电子信息、数据和资料。

2. 虚拟侦查。侦查机关利用网络监控、IP锁定等网络技术手段来收集信息。而IP锁定技术，只要掌握了犯罪嫌疑人QQ、微信、微博、Email地址等通信工具的信息，就可以利用监控软件监控其账号活动，从而锁定IP，定位其活动范围。网络犯罪痕迹不明显，对网络痕迹的勘查必须结合网络专门技术，秉承小心谨慎原则，才能最大限度地还原案件事实真相。

（三）侦查问题

如前所述，网络犯罪具有隐蔽性、智能性和跨区域性，使得网络犯罪侦查与传统犯罪案件侦查相比更加困难。概而言之，网络犯罪案件侦查存在以下"三难"：

1. 发现难。具体包括：（1）案件线索发现难。由于网络犯罪是在虚拟的网络空间里完成的，基本没有特定的现场，犯罪行为也不容易暴露。行为人只要篡改一个数据，就完成了网上盗窃、截取信息等犯罪活动，且不会造成物质性的损坏。大多数网络犯罪行为人在进行网络犯罪时都会进行伪装，且很多是利用网络的远程服务功能来完成犯罪过程的。这就使得网络犯罪更加隐蔽，如果没有专业的检测设备和网络跟踪技术，就无法发现犯罪线索。（2）犯罪现场发现难。与传统犯罪现场不同，网络犯罪现场包括有形现场与无形现场。有形现场即物理现场，比如机房、附属工作间、终端室、计算机通信线路等，一般容易确定。而无形现场即数字现场如电磁辐射区等，比较抽象，且是在虚拟网络空间上，很难被发现。

2. 取证难。具体包括：（1）由于电子证据的特性所带来的取证难。其一，电子证据有限。网络犯罪行为对象是存储在物理介质中的数据信息，当作案人员对其窃取或修改时，是在毫秒间完成的，转瞬即逝，很少会留下痕迹，取证相当困难。其二，电子证据易损。电子证据只能存储在软件资料库和输出的资料中。网络犯罪行为人可以通过预先设置好的破坏性程序或使用格式化命令，将遗留在软件中的证据痕迹瞬即销毁。比如，犯罪嫌疑人将可能成为证据的硬盘上的文件永久性删除，那么，侦查人员如果没有专业的文件恢复软件，就很难从硬盘中获取有价值证据。（2）由于技术与经验的缺乏所带来的取证难。其一，侦查机关的侦查技术跟不上计算机网络技术发展的需求。其二，侦查人员网络侦查经验还不够丰富。比如，侦查取证过程中，因为技术设备不够先进、侦查人员经验匮乏，导致无法获取电子证据，甚至在侦查取证中，由于自己不小心销毁了宝贵证据。

3. 采信难。电子证据的搜集涉及对系统内部或外部系统数据交换进行截获或监测，而侦查机关是否有此法律权限。比如，在依法搜查网络系统和计算机系统获取电子信息时，必须准确定位搜查的范围，否则不仅可能构成非法侵入他人计算机网络系统，而且也导致取证程序违法。此外，取证时，对他人非开放的存储空间如电子邮件信箱进行监测搜查时，如果没有严格依照法律程序进行，不仅会导致所收集证据不被采用，还可能构成侵害当事人隐私、商业秘密等合法权益。电子证据的扣押涉及电磁记录的存储媒介，而电磁记录要借助电子设备阅读，在涉案电子记录庞杂，为保全证据，如果未阅读记录就进行扣押，就可能涉及未涉案信息的扣押。

四、路径抉择：完善网络犯罪侦查法律监督

无论是从举报报案，还是侦查机关通过监视手段、专项打击来获得案件线索，开展网络犯罪侦查，无不用到电子侦查技术，甚至用到虚拟侦查策略。而由于网络犯罪案件侦查"三难"特点，在侦查中，稍有不慎就可能造成侦查

权力滥用,陷于侦查程序违法的泥潭。因此,加强网络犯罪侦查监督极为必要。

（一）扩大申诉控告途径,发挥检察机关法律监督职能

检察机关对于具体的侦查活动不可能做到每个案件都身临其境,也就无法对每个案件都有详尽的了解。在网络犯罪侦查中,当事人合法权益受到侦查人员经意或不经意的侵害时,应当有途径进行救济。检察机关深入开展进机关、进企业、进街道、进农村、进社区、进学校的"六进"活动,广泛宣传检察机关申诉控告职能,以及申诉控告的途径和方法。要充分利用门户网站、"两微一端"等媒体,设置申诉控告专栏,公布申诉控告的联系电话、电子邮件、申诉控告地址,让大家能及时了解到维权方式,方便大家对于网络犯罪侦查违法行为的维权。与此同时,检察机关要充分发挥侦查监督职能,发现侦查人员在网络犯罪侦查中有违法行为时,不仅可以作出口头的意见或建议,也可以做成书面的意见或建议。当口头作出纠正违法侦查行为时,要由案件承办检察官督促侦查人员纠正违法行为,并将口头意见或建议记录在案且附卷备查。而书面意见则由作出书面意见的检察机关督促侦查人员纠正违法行为,并入卷备查。

（二）建立事前审查机制,加强事前监督

在英美法系国家,侦查机关对人或物采取强制措施等侦查行为前都要得到法官的令状才能进行,没有司法令状就进行侦查取证,所获取证据就不能作为呈堂证供,就失去了证据效力。借鉴司法令状主义来建立事前的预防机制,就是建立以检察机关介入引导侦查为主的事前审查机制。侦查机关要对犯罪嫌疑人进行羁押,对相关物品进行查封、扣押与案件相关的物品,或者采取监听等技术侦查手段时,应当报请同级检察机关,并附必要性报告,以发挥检察机关侦查监督作用,防止侦查权滥用。

（三）严格程序监督,加强事中监督

只有程序的正义,才能确保结果的正义。而在侦查过程中,只有加强侦查监督,才能确保程序正义,维护法律权威。加强程序监督,首先要设定纠正期限。侦查人员在收到检察机关督促纠正意见书后,应当明确在24小时或者至少3个工作日内对其行为按照督促纠正意见书进行纠正,并将纠正结果以书面形式反馈检察机关侦查监督部门。其次要赋予检察机关对侦查人员建议更换权。在收到检察机关的督促纠正意见书后,侦查人员仍我行我素,按照原有的侦查模式进行侦查,或者虽然纠正了侦查行为,但是未按照要求复函检察机关

的，检察机关有权建议侦查机关对侦查人员进行通报批评等处罚，或者建议侦查机关更换侦查人员。而对于违反法定程序、情节严重、涉嫌渎职犯罪的，应当依法移送相关部门立案侦查。最后要赋予检察机关对违法侦查行为的撤销权。在经过纠正期限、行使了建议更换或者建议处罚后，侦查机关仍一意孤行，自行其是，检察机关可对违法侦查行为行使撤销权。

（四）加强具体侦查行为监督

首先，加强对电子取证过程中侦查行为的监督。侦查人员在侦查活动中，对搜查到的电子信息，有可能涉及个人隐私或者商业机密的，要绝对保密。对于有意或无意泄露案件信息，造成当事人经济损失的，检察机关接到申诉控告后，应当建议上级侦查机关调查，查证属实的，应对承办案件侦查人员进行处罚，同时建议侦查机关更换侦查人员，还要对当事人的经济损失进行合理补偿。其次，加强对取证主体的法律监督。侦查人员应该具有一定的计算机网络知识技能，检察机关可对侦查人员计算机网络知识技能进行核查，如果侦查机关的侦查人员或者聘请的技术专家没有相应的资质，如授权证书、计算机网络知识技能证书，检察机关有权要求侦查机关更换侦查人员或技术专家。最后，加强对取证程序的法律监督。对于网络犯罪而言，搜查和扣押与普通犯罪案件侦查相比，有其特殊性。对于公司、企业，特别是对于涉及互联网的公司、企业而言，对其计算机机房、网络云端进行搜查，或者扣押机房内的电子设备、移动终端、电子存储介质，都可能导致其经营活动中止，造成难以挽回的经济损失。因此，侦查人员对于这些企业电子信息的搜查、扣押要特别慎重，不能仅因为存在合理怀疑就采取侦查措施，而必须达到有证据确实充分，才能采取侦查措施。而按照比例原则，切实需要采取搜查、扣押措施时，必须出具搜查证、扣押证，在特别紧急情况下，没有搜查证、扣押证时，也必须出具工作证，并于搜查、扣押后24小时内向同级检察机关补办搜查证、扣押证，并在案卷中记录说明。被搜查、扣押企业，对侦查机关的违法搜查、扣押行为，有权向检察机关申诉控告，检察机关审查属实，应当建议侦查机关更换侦查人员，并对严重违法违纪的侦查人员给予处罚，且依法撤销侦查行为。

（五）完善技术协助的法律规制

由于网络犯罪的高技术性，在网络犯罪侦查中，往往会借助技术协助。比如借助网络服务提供商的技术协助，如"诏安"黑客的技术协助。然而，对技术协助要进行严格要求，加强法律规制。其一，技术协助人员要依法获得授权。只要是对网络犯罪侦查提供协助的技术人员、专家人员都要有侦查机关提供的授权委托书，否则就有可能涉及侵害个人隐私或者商业秘密，甚至可能构成非法侵入计算机系统罪。有侦查机关的授权委托书，技术人员、网络服务商等在侦查活动中的行为也是侦查行为的一部分，其间所获得证据可以作为控方证据。其二，技术协助人员的保密义务。获得授权的协助人员，应该与侦查机关签订保密协议，在侦查机关的侦查活动中，对所搜查、扣押的电子信息，或者无意间发现的有关个人隐私、商业秘密履行保密义务。由于协助人员的泄密，给当事人造成严重损失的，由侦查机关承担赔偿责任，协助人员承担对侦查机关的违约责任。其三，技术协助人员不得单独取证。在网络犯罪侦查中，授权技术协助人员要在侦查人员的带领下开展侦查活动，这样既可以提高侦查效率，也可以确保收集的证据符合程序要求，可以形成证据链。

在全媒体时代，网络犯罪居高不下，并呈现出隐蔽性、智能性、跨区域性、证据易毁性等特点，网络犯罪的侦查也面临着发现难、取证难、采信难，以致在网络犯罪侦查过程中，不得不借助监视、IP锁定乃至外界技术的协助来完成侦查过程，从而在传统的"侦查中心"主义的侦查模式下，难免存在侦查权的滥用、侵害个人隐私或商业秘密的行为。因此，在审判中心的司法改革进程中，充分发挥检察机关的法律监督职能，加强对网络犯罪侦查行为的全程监督，完善技术协助的法律规制，才能确保在打击网络犯罪的过程中，既实现打击犯罪的目的，又能保证社会公平正义，实现法律效果和社会效果的统一。

村干部擅自处分集体土地行为罪与非罪的认定
——兼论对农村集体土地经营管理的法律规制

◎何 松* 潘美香**

> **内容摘要**：村民委员会和村干部擅自发包集体土地并侵吞对价款的行为时有发生，严重侵犯了农村集体及村民的合法权益，对农村社会稳定和经济发展造成了不小的破坏。对该类行为如何进行法律规制，是一般侵权行为，还是职务侵占犯罪行为，抑或是非法转让土地使用权犯罪行为，实践中存在重大争议。本文以黄某良等人职务侵占案为例，以村民自治制度为出发，力图准确定性，并对农村集体土地经营管理行为的法律规制进行探讨分析。
>
> **关键词**：村民委员会；村干部；村民自治；犯罪；法律规制

村民委员会是我国《宪法》《村民委员会组织法》规定的"基层群众性自治组织"，是我国推进基层民主的基本手段，在新形势下对化解农村社会矛盾、促进农村经济社会发展发挥着重要的作用。但是，对村民委员会及村干部在村庄治理过程中侵犯集体和村民利益的情形，现行法律并没有赋予村民有效的诉讼救济措施。司法是现代社会维护社会公平正义的最后一道防线，也是解决社会冲突中具有终局效力的权威机制。当村民委员会异化为侵犯集体和村民利益的团体时，村民的合法权益难以通过司法活动得到合理救济，从而引发农村群体性事件和村民上访案件增多，严重破坏了农村社会稳定，干扰了新时代乡村振兴战略的落实。

一、村干部擅自处分集体土地行为引发的定性争议

（一）案情简介

2007年，某村民委员会前主任罗某光与该村某屯时任组长黄某良、黄某

---

* 广西壮族自治区西林县人民检察院公诉科科长。
** 广西壮族自治区西林县监察委员会预防宣教室主任。

丰等三人在未经村民会议讨论决定且未经乡政府审批的情况下，瞒着该屯群众，以村民小组名义跟集体成员以外的外来商人舒某某、幸某某分别签订《承包土地造林合同书》《购买二代杉木合同书》等协议，还利用工作便利在前述协议上加盖村民委员会公章，将该屯两片较大面积的集体土地分别低价发包给舒某某、幸某某，并将地上生长的杉木一并转让，舒某某交给该屯集体土地承包及杉木转让费共80000元，幸某某交给该屯集体土地承包费及杉木转让共30800元，黄某丰、黄某良、罗某光三人一直没有将前述合同及价款向该屯群众公示，反而私分了110800元占为己有，没有交给该屯集体分配。

（二）由法律适用引发的争议

该案中村集体的重大财产被擅自处分，村集体及村民却未获益，且承包费或价款均远低于市场价值，村集体遭受重大损失。该案经公安机关侦查查明了合同签订经过、合同价款数额及去向等基本案件事实，但对适用什么样的救济措施发生了分歧，公、检、法三机关经多次讨论，仍观点纷呈，莫衷一是。第一种意见认为，应以职务侵占罪追究村干部的刑事责任。村民委员会及村干部既然由村民选举产生，自然有权代表集体，其以集体名义对外签订合同并依此收取的价款，即便不属村组集体所有，也是村组集体管理的财产，依照《刑法》第91条第2款关于"在国家机关、国有公司、企业、集体企业和人民团体管理、使用或者运输中的私人财产，以公共财产论"的规定，自然也属于单位的财物。根据《刑法》第271条第1款的规定，职务侵占罪是指公司、企业或者其他单位中除了国家工作人员以外的人员，利用职务上的便利，将本单位财物非法占为己有，数额较大的行为。村干部侵吞前述价款，数额较大的，构成职务侵占罪，应予打击，以震慑同类行为。第二种意见认为，村干部无罪，村民集体的损失应通过民事诉讼挽回。根据《村民委员会组织法》《土地管理法》等法律有关民主议定程序的规定，未经村民大会（或村民代表会议）明确授权，村民委员会及村干部即无相应职权，其擅自以村民集体名义处分集体财产，不能认定为村民集体行为，对村民集体不发生法律效力，因此所接收的对价也不应认定为村民集体所得或占有，也就不能认定村干部侵吞这些对价的行为构成职务侵占罪。村民集体的损失，应通过合同无效之诉和侵权行为之诉挽回。该观点认为落实和完善村民自治制度，最有利于防范同类侵害行为的再次发生。第三种意见认为，村民委员会及村干部处置集体土地的行为，实质上是转让土地使用权，因违反《村民委员会组织法》《土地管理法》等法律有关民主议定程序的规定，构成非法转让、倒卖土地使用权罪，且村民委员会（村民小组）为犯罪主体，作决策和参与实施的村干部应被追究刑事责任。该案发生后，部分村民多次到有关部门上访，引起了有关部门的重视，当地政法机关多次召开会议研讨该案，但各方分歧较大。为息诉息访，该地基层检察院检察委员会经过多次讨论后形成一致意见，采纳了第一种观点，以职务侵占罪对有关村干部提起公诉。两级法院均支持检察机关的意见，认定黄某丰、黄某良、罗某光犯职务侵占罪，最终均判处拘役6个月。

虽然得到了法院判决的支持，但是该案法律适用仍然存在重大争议，围绕犯罪客体与对象，在罪与非罪的认定上发生分歧：村干部未经民主议定程序，擅自将集体土地发包给集体成员以外的个人，或者处理集体其他重大财产，是否有效？其擅自收取的对价，是否属于集体财产？

二、村干部擅自处分集体土地行为罪与非罪的认定

司法办案中应考虑法律适用的统一性，在不同案件中对同类法律事实应作同类处理，在不同法律程序上对同一法律事实也应作同一定性。刑法的谦抑性和最后手段性，要求刑罚规制不应渗透到生活领域的每一个角落，只应控制在维持社会秩序所必须的最小限度之内。① 在民事责任、行政责任可及的地方，毋需使用刑罚，而在同样的行为甚至无须承担行政责任时，更没有理由发动刑罚。② 对于村干部擅自处分集体重大财产并侵吞对价的行为，是否适用刑法规制，则应从犯罪构成要件中的主体能力、法益等要素进行分析判断；若刑法无明确规定的，再根据行政、民事等法律法规进行分析研判；最后才诉诸一般人的认识，以免就同一事实在民事程序和刑事程序中得出相反的结论，损害法制的统一性。目前，针对村干部经过民主议定程序讨论决定，利用职务上的便利侵吞、窃取、骗取村集体财产归自己所有的行为，以职务侵占罪追究刑事责任，无法律争议。但是，对于村干部未经民主议定程序讨论决定，擅自处分集体重大财产并侵吞对价的行为，如何追究法律责任，法律尚无明确的规定。司法实践中，一些地方为了维护地方的稳定，以刑事的手段进行打击，究竟适合与否，首先有必要根据刑事犯罪的构成要素对争议焦点进行分析。

---

① ［日］大谷实：《刑法总论》，黎宏译，法律出版社2003年版，第4页。
② 黄国盛、林莉莉：《论非法转让土地使用权的构成要件》，载《福建法学》2015年第2期。

（一）犯罪主体的认定

刑法对于村民委员会能否成为单位犯罪的主体没有明确的规定。有司法解释规定，村民委员会的基层组织人员协助乡政府工作的七种行为属于"其他依照法律规定从事公务的活动"。① 不过该解释针对的是村民委员会的相关工作人员，不能据此认定为村民委员会的刑事主体地位。

对于村民委员会能否成为犯罪的主体，第一种观点认为，村民委员会具有单位犯罪主体特征，是刑法意义上的"单位"，可以单位犯罪论处，依法追究村民委员会及直接责任人员的刑事责任。第二种观点认为，村民委员会是村民自我管理、自我教育、自我服务的基本群众性自治组织，显然不属于《刑法》第30条规定的"公司、企业、事业单位、机关、团体"中的任何一种，根据罪刑法定原则，不能将村民委员会作为单位犯罪主体。

笔者同意第二种观点，因为根据罪刑法定原则，既然《刑法》第30条对单位犯罪主体作出了明确规定，就不得任意扩大或缩小其范围，没有法律明文规定，不得定罪量刑。2007年，公安部在《关于村民委员会可否构成单位犯罪主体问题的批复》中也明确指出，村民委员会不属于《刑法》第30条列举的范围，因此，对以村民委员会名义实施犯罪的，不应以单位犯罪论，可以依法追究直接负责的主管人员和其他直接责任人员的刑事责任。② 这是公安机关对罪刑法定原则的坚守，值得赞赏。

可见，以非法转让、倒卖土地使用权罪追究村民委员会的刑事责任，有悖法理。那能否单独以非法转让、倒卖土体使用权罪直接追究村干部的刑事责任呢？集体土地发包是将土地使用权从土地所有权中剥离出来交给他人，转让、倒卖土地使用权是将已获得的土地使用权转让、倒卖给他人，二者在字义上不属同一范畴，刑法学的文义解释也不允许将二者混为一谈，否则属于类推解释，违反罪刑法定原则。集体土地发包、国有土地划拨与土地使用权转让、倒卖显然不属同一范畴，非法转让、倒卖土地使用权罪排除对土地交易一级市场

---

① 该七种行为包括：（1）救灾、抢险、防讯、优抚、移民、救济款物的管理和发放；（2）社会捐助公益事业款物的管理和发放；（3）土地的经营、管理和宅基地的管理；（4）土地征用补偿费用的管理和发放；（5）代征、代缴税款；（6）有关计划生育、户籍、征兵工作；（7）协助人民政府从事的其他行政管理工作。

② 公安部《关于村民委员会可否构成单位犯罪主体问题的批复》（公复字〔2007〕1号）。

（包括集体土地发包和国有土地划拨）的适用。

（二）利用职务上的便利的认定

利用职务上的便利，是指利用职务上主管、管理、经营、经手公共财物的权力，在认定过程中要看行为人是否有职务、职权以及是否利用该职务、职权获取利益。《村民委员会组织法》明确规定，集体重大事项，包括集体土地承包经营分配方案、处置集体重大财产等，要召开村民会议讨论决定。《农村土地承包法》也明确规定，发包方将集体土地发包给本集体经济组织以外的单位或者个人承包，应当事先经本集体经济组织成员的村民会议2/3以上成员或者2/3以上村民代表的同意。根据前述法律规定，"村里的重大事项（土地承包经营权），如果不经过村民会议的最终决定，村民委员会则不能做任何决定，更没有执行的权力。"① 由村民组成的村民大会或村民代表会议属于自治组织的决策机构，村民委员会没有决策权，只是负责执行决策事项，是一个执行机构，它更多地是作为一种农村集体内部的政治安排，而非对外搞生产经营的经济机构，是不同于行政主体和民事主体的特殊存在。可见，村民委员会及村干部不是承包经营权的所有者，也不是村集体天然的代表人、负责人，虽然其有经营、管理集体土地的权利，但是经营和管理不等于决定，仅为村民会议、村民代表会议或村民小组会议决议逐一授权的执行者，只能根据村民会议、村民代表会议或村民小组会议的逐一授权处理集体重大事项。因此，若无村民会议、村民代表会议或村民小组会议的明确授权，村干部对集体重大事项没有处分职权，也就谈不上"利用职务上的便利"，其私自处分集体重大财产的行为，只能认定为个人行为。

（三）集体财产的认定

在职务侵占犯罪中，财物的性质决定着行为的定性。若行为人非法占有的是集体财物，则构成职务侵占罪。判断村干部未经村民会议讨论而擅自处分集体重大财产，所得的对价款是否属集体所有的财产，认定村干部签订的有关合同对集体是否有效是关键，不过现行法律法规及司法解释并未对此作出明确规定。最高人民法院于1999年6月28日颁布的《关于审理农业承包合同纠纷案件若干问题的规定（试行）》第25条第1款规定"人民法院在审理依本规定第二条所起诉的案件中，对发包方违背集体经济组织成员大会或者成员代表大

---

① 曾菊英等诉长沙市雨花区黎托乡人民政府不履行法定职责案，载《最高人民法院案例选》2001年第3辑。

会决议，越权发包的，应当认定该承包合同为无效合同，并根据当事人的过错，确定其应承担的相应责任"；不过该条第 2 款又规定"属本条前款规定的情形，自承包合同签订之日起超过一年，或者虽未超过一年，但承包人已实际做了大量的投入的，对原告方要求确认该承包合同无效或者要求终止该承包合同的，人民法院不予支持。但可根据实际情况，依照公平原则，对该承包合同的有关内容进行适当调整"，该条显然违背法理逻辑，以致有关合同的效力问题产生重大争议，故于 2008 年 12 月 18 日被废止。而最高人民法院于 2005 年最新颁布的《关于审理涉及农村土地承包纠纷案件适用法律问题的解释》对此又未作规定，有关合同效力的争议一直未能解决。根据民事司法习惯，应参照《合同法》有关规定处理。

如前所述，村民委员会或村民小组的权力结构显然不同于《合同法》规定的法人或者其他组织，村干部显然不属于法人代表或其他组织的负责人，村民委员会及村干部显然没有处置集体重大财产的决定权，未经村民会议讨论而擅自处分集体重大财产，应属无权处分。根据《合同法》第 51 条关于"无处分权的人处分他人财产，经权利人追认或者无处分权的人订立合同后取得处分权的，该合同有效"。基于法律的明确规定，村民委员会和村干部未经民主议定程序获得授权而对外发包土地和处置重大集体财产，而村民会议对有关合同的效力又不予追认，则有关合同对村民集体不具有法律效力。那么该案中黄某良、黄某丰等村干部无权擅自以集体名义对外发包土地，也无权擅自处分集体重大财产，舒某某、幸某某对此也知情（至少应当知情），黄某良、黄某丰等村干部与舒某某、幸某某签订的合同显然侵害了村民自治权利，对村民集体不发生效力。

"皮之不存，毛将焉附？"既然有关合同对村民集体没有法律效力，那么村民委员会或村干部基于合同而接受的对价款也不应对村民集体具有法律效力，即该对价款不属于集体财产。若认为对价款交付到村干部手中即等于交给村民集体，则其后对价款灭失的风险就由村民集体承担，村民集体就可能在对合同签订及接受价款不知情时承担对价款灭失的风险，合同无效时需承担对外返还对价款的责任。鉴于村干部擅自对外发包土地或处分重大集体财产情况多发，若村干部已将相关价款挥霍一空不能偿还，村民集体的实际损失即无法挽回，这种情况在农村可能大量发生，特别是在村干部与集体以外的组织、人员恶意串通损害集体利益的情形，村民集体的自治权利被侵害，却还需为侵权行为承担赔偿责任，显然有违公平正义。

（四）用刑事的方式进行打击的利弊

土地是农民的命根子，是农村社会管理的稳定器。我国村级治理机制尚不完善，特别是农村集体土地经营管理机制存在不少漏洞，给个别村干部带来可乘之机，在土地发包、流转过程中为自己谋取不正当利益，损害村组集体和广大村民利益，引发村民严重不满，严重威胁农村社会稳定。同类案件在基层多发，损害众多农民群众利益，引发农民群体上访事件。在司法实践中，为了追求实质正义，平息民愤，对此类行为以职务侵占罪进行定罪处罚，可以暂时解决缠访、闹访问题。但是如前所述，这未必能为村民集体挽回损失，且生硬地将村干部擅自处置集体重大财产而接收的对价款类推解释为《刑法》第91条第2款所规定的"公共财产"，违反了罪刑法定原则，虽然在个案中可能息诉息访，但刑事程序和民事程序对同一法律事实将得出相互矛盾的认定，破坏了法制的统一性，人民群众难以理解，而忽视了村民自治权利，不利于防止村干部与外人勾结损害集体利益，长期来看将遗留更大更广泛的社会不稳定因素，对法治造成更大的伤害。

此外，我国农村集体土地承包经营管理体制尚未成熟，尚需不断调整和完善，例如当下正在探索农村集体土地流转、建设用地入市等改革，相关法律法规及政策文件十分繁杂且相互冲突，基层农民群众及村干部难以充分了解，容易产生一些违法违规情形。对此若贸然使用刑事手段进行打击，过于严苛。在《刑法》规定不明确的情况下，对此应秉持刑法谦抑性原则，充分利用行政调处或民事诉讼等手段进行利益调整，以保护农村基层改革、探索和创新的积极性。

三、对农村集体土地经营管理的法律规制

如上所述，对村干部未经民主议定程序，擅自处置集体土地并侵吞对价款的行为，以刑事手段进行打击和调整，违背法治要求。而充分利用现有法治机制，通过行政调处或民事诉讼，可以有效规制这类行为。此外，通过完善村民自治制度，加强监督，有利于实现有关法律规定的功能，促进农村矛盾纠纷有效化解，保障农村经济社会的持续健康发展。

（一）完善对村委会及村干部违反民主议定程序行为的民事救济途径

村民自治制度是我国宪法设置的基本制度之一，法律法规赋予村民委员会基层自治权、村民会议、村民代表会议召集权、协助乡政府行使行政权、农村土地发包权、土地经营管理权等权力，同时对相关权力的行使规定了严格的程

序和条件，必须严格执行。但是在现实的村庄治理中，由于村民法律意识缺乏，对《村民委员会组织法》《农村土地承包经营法》等相关法律规定的民主议定程序了解不足，基层政府对此重视也不足，农村集体民主决策没有得到贯彻落实，村民会议、村民代表大会制度形同虚设，村务民主监督缺失，导致实践中村民委员会异化成村级事务的决策者，进而出现了大量村民委员会成员违背村民的意志滥用"代表权"，利用集体土地谋取私利的行为。① 不过，对于此类行为，村民通过民事程序，根据《合同法》或《侵权责任法》，启动合同无效之诉和侵权之诉，可以挽回自己的损失。

基于《村民委员会组织法》《农村土地承包法》等法律的明确规定，司法实践中应认定，村民委员会或村干部以集体经济组织名义对外开展经济活动，相对人有义务审查村民委员会或村干部是否获得村民会议、村民代表会议或村民小组会议的授权，具体看村民委员会或村干部是否能提供相关会议记录及签字或同等授权材料作为合同附件。若村民委员会和村干部未经民主议定程序，擅自对外发包土地或处分集体财产，那么相对人未见村民会议或村民小组会议授权材料，自行与村民委员会或村干部签订合同，应推定其明知自己签订的系无权处分合同，对村民集体无法律效力，其支付对价款给村民委员会或村干部，当然不能视为支付给村民集体，而只能视为由村民委员会或村干部为其托管，应由其与村民委员会或村干部自行承担价款灭失的责任。至于相对人基于有关合同而使用集体土地或占有其他集体财产问题，则视村民集体是否追认有关合同，或启动侵权之诉，依法处理即可。若村干部对相对人有欺诈和诈骗行为，则应由相对人提起诉讼或刑事控告，有明确的法律解决途径，这属于另一法律关系，在此不予赘述。如此才能有效预防村民委员会或村干部滥用权力，或对外恶意串通，侵害村民自治权利，损害村民集体利益。

另外，2017年3月通过的《民法总则》第101条规定"居民委员会、村民委员会具有基层群众性自治组织法人资格，可以从事为履行职能所需要的民事活动。未设立村集体经济组织的，村民委员会可以依法代行村集体经济组织的职能。"该条规定赋予村民委员会特别法人资格，赋予其一定的民事行为能力，对规制农村治理具有重要意义。不过，目前对于村民委员会和村干部违反民主议定程序，严重侵犯集体利益的决策和行为，村民需要获得2/3的村民同意才能代表村集体提起诉讼，协调成本过高，致使村民难以及时、有效地通过

---

① 曹笑辉、曹克奇：《告别权力的"贫困"》，法律出版社2012年版，第27页。

诉讼维护集体利益。为保障村民和集体利益，可参照公司治理的有关法律规定，村民获得 1/3 以上的村民或者村民代表授权，即可以代表集体起诉村民委员会或村干部，要求确认村民委员会或村干部违反民主议定程序的决策和行为无效。

（二）建立和完善农村治理机制，加强对村民委员会和村干部的监督

一切有权力的人都容易滥用权力，这是万古不变的经验，有权力的人使用权力一直遇到有界限的地方才休止。[①] 解决此问题的方法就是加强对权力运行的制约监督，让权力在阳光下运行，将权力关进制度的牢笼里。

按照《村民委员会组织法》的规定，凡是直接涉及村民切身利益的重大事项，均需经过村民会议的讨论决定，应当建立村务监督委员会监督执行，然而，这在现实中并没有得到严格落实和执行，村务公开制度也是形同虚设。[②] 另外，该法也没有规定，对于重大事项村民委员会不召集召开村民会议，滥用"代表权"为自己谋取私利应承担的法律后果，以及村民自治权利受到村民委员会侵犯后如何获得法律救济。法律监督上的缺失加上村民民主监督意识的淡薄，使村民委员会成员在农村集体土地经营管理上越俎代庖有了可乘之机。村民委员会的职能在没有村民会议或村民代表会议和村务监督委员会监督的情况下，极容易导致权力滥用，甚至成为村民委员会干部少数人谋取私利的工具。[③]

任何权力的行使都理应受到监督，村民委员会和村干部行使权力也一样需要加强监督。一是要加强法律监督。落实农村土地流转的登记制度，实行登记生效的流转机制。应进一步完善《村民委员会组织法》，规定集体内部救济机制、纠纷调处机制，明确对村民委员会和村干部违反民主议定程序的法律后果，赋予村务监督委员会代表村集体对村民委员会和村干部提起民事诉讼的权力，用法律手段整治村民委员会的违法滥权行为，保障村级民主的落实。二是完善村民参与治理的机制，在村民会议制度上下功夫。应普遍设立村务监督委

---

① ［法］孟德斯鸠：《论法的精神（上册）》，张雁深译，商务印书馆 2005 年版，第 184 页。

② 王仲田、詹成付：《乡村政治——中国村民自治的调查与思考》，江西人民出版社 2004 年版，第 167 页。

③ 张厚安：《中国农村村级治理——22 个村的调查与比较》，华中师范大学出版社 2004 年版，第 59 页。

员会的规定，加强对村民委员会和村干部的监督。落实村务公开制度，在执行村民会议决议过程中，村民委员会要及时向村民通报执行情况，向村民公开，让村民了解和监督；执行决议后，及时向村民公布执行结果等，形成一套行之有效的议事执行规则。三是加强监察监督。《监察法》通过后，监察委员会作为专门的反腐败机关，要求对公职人员监督的全覆盖。村民委员会、居民委员会作为基层群众性自治组织，通过选举产生，是实现基层民主的基本形式，具有很强的政治性，是政府和社会的关键连接点。应当将村民委员会、居民委员会的权力视为公权力，将村民委员会、居民委员会的干部视为公职人员，将村民委员会、居民委员会及其干部管理集体事务的活动纳入监察范围，而不限于其协助政府行使权力的活动，以全面规范其行使权力的行为，保障基层自治和民主的实现。

（三）加强农村法制宣传教育，提高村民的法治意识

法律难以保护沉睡的权利。村民委员会违反议事规则，擅自处分集体土地的行为，严重侵犯了集体和农民的合法权益，但首先依赖于村民的依法监督纠正，前提是村民了解法律规定，清楚自己的权利和维护权利的合法途径。不过，目前村民法制意识普遍薄弱，不知权利所在，不明维权之路，容易引发群体事件。因此，加强农村群众的法治教育工作，增强村民的守法意识和法治意识，树立法律权威，是当务之急。

政府要积极开展送法下乡活动，注重引导农村搭建好基层群众性自治组织的各种机构和制度，并指导村民委员会有序运行；让村民认识到，村民委员会干部不是他们的领导，村民委员会是村民利益的代表组织，需要向村民会议也就是向大家负责，集体重大事项均需通过村民会议或村民代表会议讨论决定；让村民逐渐熟悉村民自治制度及村民会议制度的理念、操作程序等，学会运用民主规则和法律手段维护自己的合法权益。

土地就在脚下，村民随时可见，集体土地的经营管理活动可以随时受到村民监督。只要村民知晓法律，积极行使权利，村干部或者其他人就难以违法侵占集体土地，难以擅自处分集体的各种重大财产。而对于土地已经被村干部非法发包的村屯，政府要条分缕析地释法说理，引导村民积极有效地运用行政调处或民事、行政诉讼维护自身权益，有利于防止村民集体闹访或者缠访，以法治手段维护农村社会稳定，促进农村经济健康有序发展。

娱乐场所服务人员为吸毒者提供服务的定罪探析
——以三个类似案例的不同处理结果切入

◎陈福芳*

> **内容摘要**：娱乐场所存在聚众吸毒情形时，对相关服务人员能否以容留他人吸毒罪定罪处罚，司法实践中出现了类似案件"同案不同处理"的结果，需研究解决，指导实践。从单位犯罪、中立帮助行为、期待可能性理论为视野展开分析，结论为娱乐场所服务人员正常职业范围内为吸毒人员提供服务的行为不宜上升到刑事层面进行定罪处罚。在立法层面，需在《刑法》容留他人吸毒罪法条中新增单位犯罪的罪状，在相关司法解释中新增明确娱乐场所服务人员不可罚性的条文规定，在《禁毒法》中新增明确的处罚条款。
>
> **关键词**：娱乐场所服务人员；劳务性服务；容留他人吸毒罪

我国对毒品犯罪历来处于高压打击态势，容留他人吸毒罪作为毒品犯罪的罪名之一，系 1997 年刑法修改时新增的罪名。随着社会的不断发展及在公安机关的严厉打击之下，吸毒人员将目光转向更为隐蔽的会所、KTV 等娱乐场所，致使娱乐场所聚众吸毒的现象愈演愈烈，有些场所甚至以公司制模式运营为吸毒人员设立专门的"嗨场"。司法实践中，娱乐场所服务人员（包括保安、DJ 师即打碟员、服务员等人员，下文简称服务人员）为吸毒人员提供服务的行为定罪问题，存在较大争议，甚至出现"同案不同处理"的结果。本文以三个类似案例的不同处理结果为引，以单位犯罪、中立帮助行为、期待可能性理论为视野，深入分析娱乐场所服务人员为吸毒人员提供服务的定罪问题，并从立法层面提出完善建议，以期起到抛砖引玉的作用。

---

* 广西壮族自治区横县人民检察院办公室干部。

一、问题引出：三个类似案例的不同处理结果

案例1：深圳市某餐饮娱乐公司自2004年以来为赚取非法利益，允许吸毒人员在场所内吸食毒品。2009年6月8日，公司管理层在例会上决定设立专门的"嗨场"、规定"嗨客"的最低消费及明确公司人员的工作任务。案发后，深圳市南山区法院对26名涉案人员（包括公司的高层管理人员，保安、DJ师、服务员等服务人员）以容留他人吸毒罪进行判决。①

案例2：广西某市某区公安机关于2014年侦破某会所聚众吸毒案件，经查，该会所为赚取高额利润，近年来一直有容留他人在会所内吸毒的行为。后经某市某区检察院审查认为：会所股东2人、经理1人、主管1人涉嫌容留他人吸毒罪，批准逮捕；保安1人、DJ师1人、服务员1名涉嫌容留他人吸毒罪情节显著轻微，不构成犯罪，不批准逮捕。②

案例3：广西某市某县公安机关于2017年侦破某KTV聚众吸毒案件，经查该KTV近年来一直有容留他人吸食毒品的行为。后经某县检察院审查认为：KTV老板2人、主管1人、DJ师2人涉嫌容留他人吸毒罪，批准逮捕；保安2人、服务员1人涉嫌容留他人吸毒罪情节显著轻微、不涉嫌犯罪，不批准逮捕。③

以上三个案例，娱乐场所经营管理人员（包括老板、股东、经理、主管等具有经营管理权的人员，以下简称经营管理人员）认定为容留他人吸毒罪并无争议。争议焦点在于场所服务人员为吸毒人员提供服务的行为，能否以容留他人吸毒罪进行认定，莫衷一是，司法实践中主要存在三种不同的观点，本文例举的3个案例正是这三种观点的代表。

观点一：娱乐场所服务人员主观上明知客人在包厢内吸毒、注射毒品，客观上没有阻止吸毒人员吸毒、注射毒品的行为或者向公安机关报告，仍为吸毒人员提供安保、打碟、端酒水、打扫卫生等服务。按照主客观相一致的原则，娱乐场所服务人员的行为宜认定为容留他人吸毒罪。

观点二：娱乐场所服务人员虽然在主观上明知吸毒人员在包厢内吸食、注

---

① 案件摘自深圳新闻网：http://news.sznews.com/comtent/2010-05/24/content_4621672.htm，2017年11月1日访问。
② 引自广西壮族自治区某市某区检察院于2014年5月21日受理的审查逮捕案件。
③ 引自广西壮族自治区某市某县检察院于2017年6月22日受理的审查逮捕案件。

射毒品，客观上没有阻止或者向公安机关报告，仍为吸毒人员提供服务。但是，服务人员是基于自身的职业技能特殊性及局限性，按照经营管理人员的安排为吸毒人员提供服务，该服务为正常的劳务性服务，不会因客人是否为吸毒人员而改变，与容留行为相比，其更多的是体现劳务性服务，社会危险性显著不大，不宜认定为容留他人吸毒罪。

观点三：系以上两种观点的折中说法。娱乐场所服务人员为在包厢内的吸毒人员提供服务的行为是否认定为容留他人吸毒罪，不能一概而论。具体案情具体分析是最好的处理办法，根据服务人员参与程度进行评价（例如服务次数、服务人员数等），更多地体现自由裁量权。

司法实务中出现上述分歧，究其肇因实为立法层面的不完善。具体表现为：一是娱乐场所聚众吸毒的案件越来越普遍，容留行为不仅仅局限于个人行为，我国《刑法》对容留他人吸毒罪仍简单地描述为容留他人吸食、注射毒品的行为，无单位犯罪的情形，已经不能满足当前的社会发展实际和司法办案需要。① 二是相关司法解释无娱乐场所从业人员罪与非罪的认定标准。② 实践中也会因"谈毒色变"四个字而追求最大的禁毒效果，认为凡是涉案人员均予以定罪处罚，以致失去法律人的理智，不再严格地以法律为准绳定罪，最终有将犯罪扩大化之嫌。因此，娱乐场所服务人员的定罪问题，有必要从理论层面深入分析。

---

① 《刑法》第354条规定："容留他人吸食、注射毒品的，处三年以下有期徒刑、拘役或者管制，并处罚金。"

② 最高人民法院《关于审理毒品犯罪案件适用法律若干问题的解释》第12条规定："容留他人吸食、注射毒品，具有下列情形之一的，应当依照刑法第三百五十四条的规定，以容留他人吸毒罪定罪处罚：（一）一次容留多人吸食、注射毒品的；（二）二年内多次容留他人吸食、注射毒品的；（三）二年内曾因容留他人吸食、注射毒品受过行政处罚的；（四）容留未成年人吸食、注射毒品的；（五）以牟利为目的容留他人吸食、注射毒品的；（六）容留他人吸食、注射毒品造成严重后果的；（七）其他应当追究刑事责任的情形。向他人贩卖毒品后又容留其吸食、注射毒品，或者容留他人吸食、注射毒品并向其贩卖毒品，符合前款规定的容留他人吸毒罪的定罪条件的，以贩卖毒品罪和容留他人吸毒罪数罪并罚。容留近亲属吸食、注射毒品，情节显著轻微危害不大的，不作为犯罪处理；需要追究刑事责任的，可以酌情从宽处罚。"

二、理论分析

娱乐场所聚众吸毒的现象普遍存在，场所的服务人员明知吸毒人员在包厢内聚众吸毒而不阻止或者向公安机关报告，仍为其提供服务的行为定罪问题，可以从单位犯罪、中立帮助行为及期待可能性理论为视野进行分析。

（一）以单位犯罪理论为视野的分析

根据我国《刑法》第 30 条的规定，单位犯罪只有法律明文规定才应负法律责任。而我国《刑法》第 354 条对容留他人吸毒罪的罪状描述时，未规定单位犯罪的情形。因此容留他人吸毒罪没有单位犯罪的情形，即使公司或企业作为一个整体实施容留他人吸毒的行为（如案例1），根据法律规定该公司或企业亦不负法律责任。以公司制模式运营实施容留他人吸毒的行为，仅追究个人的法律责任会显失公平。因此，不妨以单位犯罪理论为视野进行分析。

1. 单位犯罪的适用性。理论通说认为，仅当犯罪行为因其自身的特性决定单位无法实施（如强奸罪等）及仅能对罪犯处以自由刑、死刑等身体刑时，才不宜追究单位的刑事责任，即不适用单位犯罪的情形。单位犯罪是指公司、企业、事业单位、机关、团体实施的危害社会的行为。[①] 其构成要件要素有三个：主体要件、行为要件和利益归属。首先是主体方面，应以公司、企业、事业单位、机关、团体等作为一个整体的形式出现。其次是行为方面，要求在单位意志支配下进行，主要体现为经单位集体研究决定或主要负责人员决定（如例会、职工大会、公司章程等）。最后是利益归属方面，获利应归单位集体所有，包括变相的转变为单位正常的营业额。理论上单位可以成为我国刑法所规定的绝大多数罪名的犯罪主体。

以单位犯罪的理论结合案例1进行分析。首先，深圳市某餐饮娱乐公司以公司制的模式运营，是以一个整体的形式实施容留行为，符合单位犯罪的主体要求。其次，该公司在例会上明确"嗨场"的最低消费水平及员工的工作职责，可以认定系经集体研究决定或者主要负责人决定，容留行为体现的是公司的意志，符合单位犯罪的行为要求。最后，在公司规定的最低消费水平上，吸毒人员高额的消费变相转变为娱乐场所的营业额归公司所有，即获利并非归个人所有，而是归公司集体所有。因此，以公司制模式运营的娱乐场所为吸毒人员设立专门"嗨场"的行为，符合单位犯罪的三大构成要件要素，即容留他

[①] 杨新京：《中华人民共和国刑法适用手册》，中国检察出版社 2011 年版，第 13 页。

人吸毒罪有单位犯罪的情形。

2. 单位犯罪处罚制度的合理性。我国《刑法》第31条规定对单位犯罪的处罚原则为：双罚制为主、单罚制为辅。双罚制是指对单位判处罚金，同时对单位直接负责的主管人员和其他直接责任人员判处刑罚。单罚制无对单位判罚金的规定，只对直接责任人员作了处罚的规定，系刑法分则规定的特殊内容。双罚制是我国刑法对单位犯罪比较普遍适用的处罚原则，是对单位犯罪的全面处罚。但因在特殊情况下，犯罪虽然以单位的形式实施，但是实际的社会危害性主要反映在个人行为上，单罚制可以规避双罚制处罚过重的情形。双罚为原则、单罚为例外，才能更全面准确地体现刑法罪刑相适应的原则。

无论是双罚制还是单罚制，单位犯罪的处罚均会涉及个人，但并不是单位所有人均受到处罚。单位犯罪的个人处罚范围仅限定为直接负责的主管人员和其他直接责任人员。2001年1月21日，《全国法院审理金融犯罪案件工作座谈会纪要》（以下简称《会议纪要》）中对直接负责的主管人员和其他直接责任人员作了明确规定①，同时明确指出对于受指派或奉命而参与一定犯罪行为的人员，一般不宜作为直接责任人员追究刑事责任。

假如《刑法》对容留他人吸毒罪认可单位犯罪的情形，按照单位犯罪的处罚原则，娱乐场所聚众吸毒案件，服务人员并非直接负责的主管人员和其他直接责任人员，因其只是在经营管理人员的安排或者指派下为吸毒人员提供服务，提供服务范围仅限于自身正常的职业行为，无为吸毒人员放风等情形时（本文讨论的是正常的服务行为，其他违法行为不为本文讨论的范围）。参照《会议纪要》的规定，认为服务人员的行为属于奉命参与一定犯罪行为，参与程度较小，不宜作为直接责任人员追究刑事责任，即娱乐场所服务人员为吸毒人员提供服务的行为不宜认定为容留他人吸毒罪。

（二）以中立帮助行为理论为视野的分析

1. 中立帮助行为的适用性。中立帮助行为构成要件要素为：起因要件、

---

① 2001年1月21日，《全国法院审理金融犯罪案件工作座谈会纪要》在"关于单位犯罪问题"中规定："单位犯罪直接负责的主管人员和其他直接责任人员的认定：直接负责的主管人员，是在单位实施的犯罪中起决定、批准、授意、纵容、指挥等作用的人员，一般是单位的主管负责人，包括法定代表人。其他直接责任人员，是在单位犯罪中具体实施犯罪并起较大作用的人员，既可以是单位的经营管理人员，也可以是单位的职工，包括聘任、雇用的人员。应当注意的是，在单位犯罪中，对于受单位领导指派或奉命而参与实施了一定犯罪行为的人员，一般不宜作为直接责任人员追究刑事责任……"

主观要件和客观要件。娱乐场所服务人员为吸毒人员提供服务的行为是否属于中立帮助行为，可以从中立帮助行为的三大构成要件要素依次展开分析，最后得出肯定的答案。

首先，中立帮助行为的起因要件为关联犯罪，只有当关联犯罪正在进行的过程中才有中立帮助行为，即附属于关联犯罪。中立帮助行为存在的前提条件是必须存在现实的犯罪行为，该犯罪行为必须是客观存在、不以人的意志而转移的，不是人的主观臆断假想出来的，即不存在"假想中立"之说。具体到娱乐场所聚众吸毒的案件，场所的经营管理人员不仅对场所具有控制、管理权，同时我国《禁毒法》明确规定经营管理人员有向公安机关报告的义务，在容留人数或次数等达到定罪标准时，可以认定娱乐场所经营管理人员的行为为容留他人吸毒罪，即关联犯罪客观存在。

其次，中立帮助行为的主观要件包括认识因素（即中立认识）和意志因素（即中立意志）。中立认识指行为人认识到自己的正当职业行为或日常生活行为对正在进行或发生的犯罪行为有一定的帮助作用或者至少认识到自身的行为参与正在进行或发生的犯罪行为。中立意志指行为人放任或者轻信可以避免的态度，具体表现为两个方面：一是行为人对自己正当职业行为或日常生活行为便利关联犯罪程度所持放任或者轻信可以避免的态度；二是行为人对关联犯罪的"社会危害性"或"法益侵害性"所持放任或者轻信可以避免的态度。具体到娱乐场所聚众吸毒的案件，娱乐场所服务人员基于正常人的认识，应当知道经营管理人员为吸毒人员提供"嗨场"的行为属于违法行为，其基于自身正常的职业行为为吸毒人员提供服务虽不能期待服务人员认识到自身正常的业务行为对经营管理人员的容留行为具有一定的帮助作用，但是可以认定其应当认识到自身的职业行为参与违法行为中，即中立认识存在。娱乐场所服务人员在具有中立认识的前提下，未提出拒绝服务、阻止吸毒或者向公安机关报告，而是继续自身正常的职业行为，可以认为是对经营管理人员的违法行为持放任的态度，即中立意识存在。从中立认识和中立意识两方面分析，娱乐场所服务人员的行为认识符合中立帮助行为的主观要件。

最后，中立帮助行为的客观要件指中立帮助行为的法益侵害性或者社会危险性小于关联犯罪的法益侵害性或者社会危害性。娱乐场所服务人员为吸毒人员提供服务的社会危险性评价可以从两方面进行分析：一方面根据我国《禁毒法》第65条第2款的规定，娱乐场所经营管理人员对于吸毒人员在场所内吸毒的行为具有向公安机关报告的义务，服务人员并非经营管理人员，法律层面无报告的义务；另一方面是场所的经营管理权问题，娱乐场所的经营管理人员对场所具有管理的权利，服务人员仅是按照经营管理人员的安排进行服务行为，仅限于正常的职业行为范围，不因包厢内消费者行为的不同而有所不同。综合以上两个层面评价，娱乐场所服务人员的正常职业行为社会危险性明显小于经营管理人员的行为。

通过以上分析可知，娱乐场所服务人员为吸毒人员提供服务的行为符合中立帮助行为构成要件要素，即可以认定为中立帮助行为。

2. 中立帮助行为的不可罚性。中立帮助行为的"中立"，实质上指的是行为人在职业行为自由或生活行为自由与关联犯罪所危及的法益两者间的中立。① 法律罪责评价时将这种正常的业务行为或生活行为视为"中立"，实为一种责任阻却事由，假如中立帮助行为具有可罚性，即便使用最严谨的条文限定，所谓的"中立"已是名存实亡，故中立帮助行为应属于阻却责任事由，当然不具有可罚性。既然娱乐场所服务人员为吸毒人员提供服务的行为可以认定为中立帮助行为，那么他们进行正常的职业行为时，虽然一定程度上参与管理人员的容留行为，表面上对容留行为有一定促进作用，但实际上却是中立的行为，在法律罪责评价时属于责任阻却事由，当然不可罚，即不宜认定为容留他人吸毒罪。

（三）以期待可能性理论为视野的分析

期待可能性是指根据行为人行为时的实际情况，能够期待行为人实施合法行为的可能性，如果有期待可能性，即能够期待行为人在行为时实施合法行为，行为人违反此期待实施了违法行为，即产生责任；反之，则为责任阻却事由，行为人不负刑事责任。期待可能性是研究行为人主观方面有责性的理论，起源于德国的癖马案，该案帝国法院维持原判认为被告无罪的理由是，不可能期待被告不顾失去职业而拒绝驾驭癖马。②据此，可以借助期待可能性理论对行为人有无罪责进行评价。司法实践中，对行为人主观上是否存在罪过形式，应当充分考虑行为人行为时是否具有选择的可能性，有而不适法则有责，无且违法可免责。例如，《刑法》第 306 条规定的辩护人、诉讼代理人毁灭证据罪，刑法将犯罪主体限定为辩护人及诉讼代理人两类人员，意味着同样是对犯

---

① 马荣春：《中立帮助行为及其过当》，载《东方法学》2017 年第 2 期。
② 陈兴良、周光裕：《刑法学的现代展开Ⅰ》，中国人民大学出版社 2015 年版，第 240—241 页。

罪证据的销毁，同样妨害司法秩序，当行为人为辩护人或诉讼代理人时，可以《刑法》第306条罪名进行追责，当行为人为罪犯本人时，则不能以该条罪名进行追责。究其原因，立法者系利用期待可能性理论进行思考。清理现场、销毁证据本身是有碍司法活动的行为，但在正常情况下不可能期待罪犯本人收集自身的罪证来保障诉讼活动的进行，其实施上述违法行为不具期待可能性，仅可在量刑过程中作为加重处罚的情节，而不能再以《刑法》第306条罪名认定。

具体到娱乐场所聚众吸毒案件，娱乐场所服务人员作为普通员工，基于职业的特殊性和限制性，保安的任务是安保、DJ师的工作是打碟、服务员是端茶倒水打扫卫生等，他们的服务不因包厢内的消费者是否吸食、注射毒品而改变，均是在经营管理人员的安排下进行服务。假如娱乐场所服务人员因消费者在包厢内吸食毒品而拒绝为他们提供服务、阻止他们吸毒或者向公安机关报告，则可能会受到吸毒人员的人身侵害或者被老板苛扣工资甚至辞退。在法律没有明确服务人员有向公安机关报告或者入职前签订相关报告协议的情况下，出于常理，无法期待服务人员作出拒绝服务、制止吸毒或者向公安机关报告的行为。故可以认为娱乐场所服务人员为吸毒人员提供服务的行为无适法可能性，不宜进行刑罚处罚，即不宜认定为容留他人吸毒罪。

三、立法完善

鉴于刑法对容留他人吸毒罪罪状描述过于简单及相关司法解释的局限性，娱乐场所服务人员为吸毒人员提供服务的行为在定罪过程中出现争议，致使类案出现不同的处理结果。欲解决司法争议问题，形成"同案统一处理"的标准，亟须进一步完善立法、司法解释，并在相关法律法规新增明确的处罚条款。

（一）在容留他人吸毒罪中新增单位犯罪的情形

我国《刑法》对容留他人吸毒罪的罪状描述没有规定单位犯罪的情形，抑或归因于当年立法的现状，设立该罪名时，犯罪的主体往往为个人，符合当时的社会实际和司法实际。但是，随着社会的发展，酒吧、会所、KTV等娱乐场所越来越普遍，且该类场所往往为毒品犯罪的滋生场所，聚众吸毒的现象越来越严重。各类娱乐场所为留住客源、提高营业额，往往默许消费者在场所内吸毒，更有甚者专门为吸毒人员设立"嗨场"及提供其他特殊服务（如容留卖淫的行为，但不为本文探讨的范围）。再有，越来越多的娱乐场所以公司制的模式运营为吸毒人员提供吸毒场所，这些由单位主导的案件，只处罚个人显然会放纵单位，达不到较好的遏制效果。至于容留他人吸毒罪是否存在单位犯罪的情形，上文已作详细的分析，此不赘述。

笔者建议，在《刑法》第354条容留他人吸毒罪中新增第2款单位犯罪的情形，可以参照第355条第2款的规定，"单位犯前款罪的，对单位判处罚金，并对其直接负责的主管人员和其他直接责任人员，依照前款的规定处罚。"

（二）在司法解释中明确娱乐场所服务人员的不可罚性

娱乐场所聚众吸毒案件，虽说相关从业人员凡是参与提供吸毒场所的行为中的，均以容留他人吸毒罪进行定罪处罚，可以有效地从毒品滋生的土壤上遏制毒品蔓延。但是，过大的打击面将会给本以紧张的司法资源带来巨大的压力，一方面浪费司法资源，另一方面有将犯罪扩大化之嫌。而且，刑法的立法通说认为"法无明文规定不为罪"，根据目前我国的立法现状，以期待可能性、中立帮助行为理论视野进行分析，服务人员仅为吸毒人员提供正当的劳务服务的行为，不宜以容留他人吸毒罪定罪处罚。

那么，对娱乐场所服务人员的定罪问题，可以参照2016年最高人民法院《关于审理毒品案件适用法律若干问题的解释》第12条最后一款容留近亲属吸食、注射毒品行为的认定原则，建议新增条款："娱乐场所服务人员在正常的职业范围内为吸毒人员提供服务，情节显著轻微危害不大的，不作为犯罪处理；需要追究刑事责任的，可以酌情从宽处罚。"

（三）在《禁毒法》中新增明确的处罚条款

我国《禁毒法》第65条明确规定，娱乐场所从业人员为进入娱乐场所的人员实施毒品违法犯罪行为提供条件，构成犯罪的应依法追究刑事责任，但是后面对于尚不构成犯罪的情形，没有明确处罚的原则，仅提出指向性的处罚意见，即依照有关法律、行政法规的规定给予处罚。① 娱乐场所服务人员不管是从事安保、打碟、端茶倒水等服务，均为娱乐场所的从业人员，该行为表面上看也可能是为实施毒品违法行为提供条件的一种形式。《禁毒法》对未构成刑事犯罪的情形无具体的处罚条款，假如其他法律法规亦无相应的处罚条款，则在一定程度上放纵了该违法行为，使不法分子钻法律的漏洞。法律评价上尚未

---

① 张军：《刑法［分则］及配套规定新解新释》，人民法院出版社2013年版，第1805页。

构成犯罪，不适用刑事处罚并不代表没有任何处罚，因娱乐场所服务人员为吸毒人员提供服务的行为本身具有违法性，其他处罚不可避免。

为避免不法分子钻法律漏洞，建议我国《禁毒法》第65条第1款后面的内容更改为："尚不构成犯罪的，由公安机关处十日以上十五日以下拘留，可以并处三千元以下罚款；情节较轻的，处五日以下拘留或者五百元以下罚款，其他有关法律、行政法规有规定的依照规定。"

司法实务中，娱乐场所聚众吸毒案件中，服务人员定罪问题存在分歧，出现"同案不同处理"的结果。究其肇因，根本在于刑法对容留他人吸毒罪未规定单位犯罪情形、相关司法解释未设定涉及娱乐场所从业人员罪与非罪的认定条款。在单位犯罪理论视野下，这种行为属于奉命参与一定犯罪行为，参与程度较小，不宜作为直接责任人员追究刑事责任；在中立帮助行为理论视野下，这种行为的关联犯罪客观存在，符合中立帮助行为的主观要件，且社会危险性明显小于经营管理人员的行为，具有中立性；在期待可能性的理论视野下，这种行为是在经营管理人员安排下进行的，不能拒绝给吸毒者提供服务，无适法可能性。所以，这种行为具有责任阻却事由，不具可罚性，不宜给予刑事处罚，但因其行为本身具有违法性，应给予其他处罚。立法层面的不足可以深入补阙，《禁毒法》对这种行为应明确相关处罚条款，以达到"同案同处理"的结果。

[经验集萃]

南宁市人民检察院"两手抓"加强对改革后检察权运行的管控力度*

南宁市检察院紧紧围绕司法体制改革和检察工作大局,以建章立制为软制约,以聚焦内部监管为硬约束,着力提升监督管理实效,不断完善与司法责任制改革相配套的案管工作机制,助推南宁市检察院司法责任制改革深化落实。

一、构建制度体系,实现办案任务和业绩评价的软约束

(一)以司法属性为标准,建立院领导和部门负责人办案数量确认体系和通报制度

一是调研先行,确保体系建设符合实际。深入研讨司改文件,以问题为导向,确定调研方向。以案件类型划分、基准案件类型确定、案件权重设置等问题为调研重点,通过发放调查问卷、走访部门、业务专家咨询等方式在全市范围内开展调研工作。二是构建案件权重模型,准确测算办案任务。采用比较分析法分析案件类型之间的工作量和司法属性的差异,明确了106种可以记入办案数量的案件类型,并将106种案件类型细分为实体性办案、程序性办案和指导性办案三大种类。通过各案件类型的实际办案耗时、实际参与人数、难度系数等内容进行测算,建立各办案类型之间案件权重计算模型,计算出同一标准权重下,全院全年案件办理的总量和各层级院领导的办案量。三是明确办案任务,定期通报办案进度。在构建案件权重模型,测算全年办案总量和办案任务的基础上,确定南宁市院领导、专职检委会委员、部门负责人的办案任务量。从2017年5月起对全市检察机关入额院领导和部门负责人的办案情况进行定期通报,督促各院领导及时按要求办理案件。

(二)以办案实绩为主导,建成司法档案和司法业绩评价体系

制定《南宁市检察院检察官和检察辅助人员业绩考评办法(试行)》,将司法档案工作与司法业绩评价工作深度融合。一是构建一个体系框架。将"业务工作""司法作风""司法技能""职业操守"四项内容确定为检察人员

---

* 本文系根据广西壮族自治区南宁市人民检察院材料编写而成。

司法档案和司法业绩评价主要内容。"业务工作"包括办案数量、办案质效、院领导岗位履职、专职检委会委员履职和业务部门正副职的履职情况;"司法作风"分为内部评价和外部评价;"司法技能"涵盖调研能力、竞赛评比、立功授奖、信息宣传等工作内容;"职业操守"客观记录检察人员违法、违纪情况。二是采用一个工作流程。司法档案和司法业绩评价采用一个流程体系,分五个步骤开展。第一步,检察人员自行填报个人司法档案;第二步,办公室、政工、案管、研究室、派驻纪检组核验个人司法档案内容;第三步,根据司法业绩评价指标对个人司法档案内容进行评分;第四步,确定检察人员业绩考核等次意见;第五步,年度业绩考核等次结果记入个人司法档案。三是明确一个考核标准。制定副检察长、专职检委会委员、检察官、入额部门负责人、检察辅助人员、基层检察院检察长等六类人员的司法档案内容和业绩评价指标。在充分考虑六类人员岗位特点的基础上,指标设置坚持一个标准,"业务工作"占比70%,以办案数量为基点,多办案多算分;以办案质量为核心,统一将案件质量评查和流程监控情况纳入计分指标。"司法作风""职业操守""司法技能"各占10%,各类人员的指标制定标准统一。

二、以内部监管为硬约束,加强对检察权运行的管控力度

(一)网格化管理,建立对检察权规范行使的动态流程监控机制

构建多维、立体、无缝流程监管机制,全方位检索司法不规范行为,为改革后检察权的规范运行打下良好基础。一是加强组织领导,细化责任。制定《南宁市检察机关案件流程监控工作规定》,确立案件管理部门与办案部门在流程监管方面的权责关系,明确流程管理人员职责。在各办案部门设立流程管理联络员,协助案件管理部门开展部分流程监控事务。定期召开流程管理工作联席会,保障流程监管工作的有序畅通。二是定岗定量定期,横向检查。根据不同案件类型的诉讼进程,细化每个流程节点应当检查的内容,以办案流程节点变化为监控时间点,制作个案流程监控明细表,及时发现、记录员额检察官存在的各类不规范问题。三是以信息化手段为辅助,纵向扫描。依托南宁市检察院参与研发并试点应用的广西检察机关案件信息管理系统,通过系统自动化筛选、人工审核判定的方式及时、精细、全面开展流程监控。四是融入统计审核,扩展广度。借助统计监督的力量弥补流程监控的空白,利用统计工作已经形成较为固定且合理的审核规则,在流程监控中及时发现并纠正影响检察统计数据的违规行为。五是定向检查,挖掘深度。在个案监控、机器扫描、统计审

核的基础上，根据发现问题的数量，每月挑选一个专项检查主题，确定检查时间范围、案件类型、重点监督审查的项目，检查结果形成专项流程监管报告，报送院领导审阅。

（二）专业化评查，建立案件质量评查评鉴机制

一是找准方向。以流程监管、检察统计发现的问题为引导，市院案件管理办公室定期汇总流程监控、统计审核中发现属于案件质量评查范畴的重点案件、八类必查案件，适时开展案件质量评查，将评查的结果提交评鉴委员会讨论，依据《广西壮族自治区检察机关案件质量评鉴工作规定（试行）》评定等次。二是深入查摆。以案件质量评查为载体，深入查找违规退补延长、滥用强制措施、侵害律师诉讼权利、不严格执行查封、扣押、冻结、保管、处理涉案财物程序等办案流程的问题和统一业务应用系统应用不规范的问题，并提出整改意见。三是强化意识。以问题反馈为抓手，强化案件承办人司法规范意识。评查组对个案进行复查后，将评查意见制作成《个案评查反馈表》，对证据采信、事实认定、法律适用、程序规范、办案效果、文书制作、涉案财物、风险评估、两个系统应用等方面进行逐项评析，重点评价案件审查过程中实体和程序方面存在的问题。承办人查看《个案评查反馈表》后可针对评析意见提出自己的反馈意见。

（三）一体化监督，建立纪检监察、案件管理联合监督机制

构建纪检监察和案件管理部门一体化监督格局，形成监督合力，深化实效。加强纪检监察和案件管理部门之间的工作衔接，监察部门根据案件管理部门每月通报两级检察院案件流程监管情况，定期在内网通报两级检察院不规范办案的情况。两个部门共同派员组成专项工作督察组，到各基层检察院实地督察不规范问题的整改情况，听取各院开展整改工作过程中遇到问题和意见建议，同时要求各院纪检组长要切实承担好监督责任，对于屡改屡犯的承办人，要适时进行谈话教育，必要时约谈部门负责人。在定期通报和督察的基础上，南宁市检察院还决定对整改工作落实不到位的单位及个人，情况严重的，将取消年终评先评优的资格。两位一体化监督格局初步建立，以往承办人办案时，因思想不够重视，过多强调案多人少等客观因素而出现不规范办案边改边犯的情况有所改观，努力实现对司法办案有效高效长效监督。

梧州市检察机关多措并举推进公益诉讼改革工作[*]

自 2017 年 7 月 1 日检察机关全面开展公益诉讼改革工作以来，梧州市检察机关认真贯彻落实自治区党委办公厅、自治区人民政府办公厅《关于支持检察机关依法开展公益诉讼工作的通知》要求，切实把公益诉讼工作作为"一把手工程"部署、推进，截至 2018 年 9 月，梧州市市县两级检察机关办理了民事公益诉讼案件 1 件，行政公益诉讼案件 22 件，刑事附带民事公益诉讼案件 4 件，摸排公益诉讼线索 32 条，案件涉及环境资源与生态保护、国有财产、国有土地出让等领域，包揽了公益诉讼的多项"广西首例"：办理了广西首例起诉且为广西首例诉讼请求得以完全实现的民事公益诉讼案、办理了广西首例办结的行政公益诉讼诉前程序案，获得地方党委、政府及上级检察机关的肯定。

一、提高政治站位，切实把思想和行动统一到党中央、最高人民检察院和自治区党委的部署要求上来

（一）加强思想引领，统筹谋划公益诉讼改革工作顺利开局

聚焦中央、自治区及梧州市加强公益保护、促进法治政府建设等改革要求，全市两级检察机关发挥"一把手"工程作用，成立以检察长任组长的全面开展公益诉讼工作领导小组，统筹统抓公益诉讼改革工作。梧州市检察院党组多次专题研究公益诉讼改革工作，梧州市检察院检察委员会开展专题集体学习，全面领会公益诉讼相关法律、政策精神，提升公益诉讼改革工作的思想自觉。建立公益诉讼办案数据台账、月通报等制度，梧州市检察院把办案数据直接通报到各基层检察院检察长，压实工作责任。

（二）加强组织引领，梧州市县两级检察院上下同频带出工作实效

首先，抓好机制建设，增强公益诉讼改革工作合力。出台《梧州市人民检察院关于贯彻落实全面开展公益诉讼工作的实施意见》，成立专业化办案组，检察长、分管副检察长分别担任总指挥、副总指挥；下设调查取证、出庭

---

[*] 本文系根据广西壮族自治区梧州市人民检察院材料编写而成。

公诉、技术支持、后勤保障等小组。市检察院在民事行政检察科内部设立公益诉讼调查中心，打造公益诉讼工作专区和办案远程指挥基地。通过公益诉讼调查中心，在市检察院深度指导下，龙圩区检察院于2018年4月10日向龙圩区环保局发出检察建议，要求环保局积极履行职责，督促违法人员处理新地镇跨省非法堆放危险废弃物，恢复生态环境。收到检察建议后，龙圩区人民政府、环保、公安、检察、安监、消防、新地镇政府等部门迅速联合，依法进场处置该批危废物。目前，废物已经全部被搬运、清除。其次，强化类案、系列案指导力度，深挖共享办案经验提升质效。牢固树立梧州市县两级检察院上下"一盘棋"思想，注重两级检察院的纵向联动，在类案、系列案中挖掘经验做法，实现"办理一件，指导一片"效果。苍梧县检察院办理的县国土资源局行政公益诉讼系列案，通过充分发挥市检察院同步指导的联动机制，在线索收集评估阶段，市检察院民事行政检察科帮助苍梧县检察院厘清该案思路，准确收集固定证据，确定责任主体；立案阶段，针对多起土地出让金被拖欠的事实，市检察院多次会同苍梧县检察院研究分析案情，指导苍梧县检察院针对不同事实分别发出检察建议，并对发出的法律文书严格把关修改，确保检察建议体现全局性、系统性、不缺不漏。检察建议发出后不到两个月，苍梧县国土资源局便追回国有土地出让金及滞纳金共计1.25亿元，该案获得《检察日报》、梧州电视台等媒体报道。

（三）加强保障引领，促进科技创新与办案实践深度融合

梧州市检察院党组多次专题研究公益诉讼经费保障工作，争取协调解决经费400余万元。强化设备技术经费保障，加强装备建设，配备便携式办公设备、摄影摄像、电子数据获取和固定等方面的装备支持，推进公益诉讼工作信息化、智能化、现代化。联合梧州市县两级检察院技术人员力量，为公益诉讼改革提供强有力的技术供给。梧州市检察院运用无人机开展公益诉讼调查取证工作，为全区检察机关首例，获得《检察日报》头版、《公诉人》杂志、最高人民检察院技术部门、自治区检察院微信公众号宣传报道。

（四）加强人才引领，整合资源适应专业化发展需求

一方面，配齐配强公益诉讼队伍，梧州市县两级检察院公益诉讼办案部门人员共24名，法学本科及以上学历人员占72%，从事法律工作时间超过10年的人数占60%；在员额制改革中民事行政检察部门配备9名员额检察官开展工作。另一方面，提升公益诉讼知识储备，梧州市县两级检察院先后派出32人次参加最高人民检察院、自治区检察院组织的公益诉讼专题培训班，组

织考察组前往广东省肇庆市检察院、江苏省无锡市检察院学习试点地区先进办案经验及做法。通过梧州市县两级检察院共建办案组、市检察院一对一跟进案件办理等模式，采取课件共享、考察心得分享、微信学习群等方式，提升市县两级检察院公益诉讼业务技能。

二、多向协同推进，凝聚保护公益的社会整体合力

（一）增强改革共识，积极争取党委政府重视、支持

中共梧州市委办公室、梧州市人民政府办公室联合下发了《关于支持检察机关依法开展公益诉讼工作的通知》，大力支持检察机关依法开展公益诉讼改革工作。梧州市县两级检察院采取专题报告、信息专报等方式，主动向党委、人大常委会等汇报、通报党中央、最高人民检察院关于公益诉讼的重大部署及案件办理进展。梧州市检察院报送的"9·3"广东跨省倾倒垃圾事件民事公益诉讼启动立案程序的信息，获得时任梧州市委书记黄俊华的肯定性批示。梧州市人大常委会副主任谢凌云带领调研组专题调研梧州检察公益诉讼工作，实地察看案件现场恢复情况并听取汇报，对梧州检察公益诉讼工作给予充分肯定。梧州市委政法委在办公长廊设立了公益诉讼专题展板，旗帜鲜明地支持检察机关开展公益诉讼改革工作。梧州市检察院及3个基层检察院争取到当地党委政法委组织召开公益诉讼工作联席会议，营造保护社会公益的合力。

（二）打造宣传矩阵，为公益诉讼改革营造良好的社会氛围

首先，及时高效。利用新媒体平台迅速、高效的特点，发布公益诉讼案件进展、工作成效。如梧州市检察院接收"9·3"广东跨省倾倒垃圾民事公益诉讼赔偿款后，人民网、法制日报网、中央广电总台国际在线、新浪、搜狐、腾讯等27家网络媒体当天即以《广西民事公益诉讼第一案诉讼请求全部实现》为标题对该案进行宣传，并获最高人民检察院检察公益诉讼、广西检察院、平安广西网、梧州零距离等微博、微信平台编发转载共计180多篇。北京电视台《法治中国60分》、广西电视台《法治最前线》《八桂新风采》等电视栏目报道了该案办理过程。《检察日报》四次聚集报道梧州市检察机关公益诉讼工作，《法制日报》《广西日报》《广西法治日报》刊登梧州市检察机关公益诉讼实践情况，扩大了梧州检察影响力。2018年9月3日，《人民日报》以题为《追责污染者 广西盯得紧——加强环境公益诉讼，让执法抓手更得力》一文，报道了梧州市检察院办理的"9·3"广东跨省倾倒垃圾民事公益诉讼案。这是广西检察机关恢复重建40周年以来，《人民日报》首次对广西检察

主责主业亮点工作作长篇报道。其次，丰富载体。精心制作公益诉讼专题宣传片，将梧州市县两级检察院公益诉讼案件办理过程、办案现场情况、工作亮点等通过视频形式展现，直观生动。在市检察院大厅及主要楼层设置公益诉讼宣传板报，图文结合令人印象深刻。梧州市委书记全桂寿到梧州市检察院调研时观看了该院公益诉讼板报，对公益诉讼工作成效给予肯定。最后，创新形式。加强公益诉讼职能宣传，通过"梧州检察·扶贫文化基层行"文艺巡回演出活动，以小品、有奖问答等群众喜闻乐见的形式宣传检察机关提起公益诉讼职能。

（三）加强横向合作，推动解决办案实践共性问题

首先，积极加强检法衔接工作。梧州市检察院与梧州市中级法院、自治区检察院与自治区高级法院分别就公益诉讼案件召开了协调会，对案件涉及的程序、实体、法律适用等问题进行探讨，研究解决公益诉讼工作中的困难和问题，增进梧州市公益诉讼改革工作法检协同配合意识。其次，做好多方协调工作。为妥善解决接收赔偿款的财政账户问题，梧州市检察院办案组收集各地公益诉讼专用资金账户的操作方法，与梧州市财政局座谈协商，多方努力下开设了梧州市检察院公益诉讼专项账户。最后，跨省打造西江生态安全屏障，积极践行自治区、梧州市委"东融"战略举措，与广东省肇庆市、云浮市检察院签订《西江流域生态环境和资源保护公益诉讼工作的框架协议》，在西江流域环保、国土、水务、林业、海事、渔政、航道管理等涉及公益诉讼的领域加强协作配合，建立案件集中排查、信息共享、线索移送、个案协作等机制，增强两省生态检察联动效能。

三、抓好关键环节，确保公益诉讼案件质量

（一）带头攻坚克难，严把调查取证质量关

梧州市检察院办理的"9·3"广东跨省倾倒垃圾案，专案组干警以敢闯敢干的攻坚克难精神，制定详细的取证方案，以起诉标准收集证据，力求把案件办成"铁案"。赴广东省东莞市调取查阅案卷，复印卷宗材料、刻录电子卷宗固定证据。先后到东莞市第二看守所询问刑事案件当事人，到负有垃圾监管职能的东莞市有关部门调取证据，调查补充证据35组，证据材料从原有的四卷增至十四卷，为后续起诉工作奠定了坚实基础。

（二）强化文书说理，突出抓好工作质效

梧州市检察院对于公益诉讼法律文书及相关的请示汇报文件，从"字"

到"词"到"句"对法律文书进行严格仔细的审查打磨，确保发出的诉前法律文书行文规范、表述准确、说理充分。梧州市检察院报送自治区检察院的《关于对实施环境损害的唐某某等三人提起民事公益诉讼的请示》一文获全区检察机关优秀公文评选请示类一等奖。

（三）高度重视庭审活动，围绕焦点做好应对准备

"9·3"广东跨省倾倒垃圾民事公益诉讼专案组充分做好庭审准备，进一步分析梳理案件证据，做好证据体系论证工作；了解与本案有关的刑事案件庭审情况，预测研判被告方将会提出的质证意见，做好答辩准备；完善庭前质证提纲，明确出庭人员分工，组织干警开展模拟庭审答辩活动，确保出庭履职的效果。2018年6月5日，该案在梧州市中级法院速裁庭开展庭前证据交换、庭前调解。面对检察干警层次分明、论证有力的举证质证，部分被告当庭表示，愿意承担相应的赔偿责任。2018年6月7日，被告方根据梧州市检察院诉讼请求，交来赔偿款、案件诉讼支出费用等共计200万余元。

四、注重办案效果，强化服务大局的使命担当

（一）强化信息整合，提升线索摸排敏感度

一是主动查找线索，严格按照公益诉讼涉及的领域，梧州市检察院组织本院及基层检察院对近3年来办理的刑事案件进行全面排查，从中发现了25条公益诉讼线索。岑溪、藤县、蒙山三个检察院在本院办理的违法滥砍盗伐林木、非法占用农用地等刑事案件中挖掘公益诉讼线索，分别向当地林业部门发出检察建议，督促相关人员恢复绿化共计347.5574亩。二是主动对接诉求，利用网络平台、微信、微博等新媒体延伸检察监督触角。藤县检察院利用该院"流动的千里眼"——藤县微信法律服务站，收集到群众举报的藤州镇三坡村泰安组北流河东岸被不明人员非法填埋泥土侵占河道的行政公益诉讼线索。长洲区检察院通过开设公益诉讼举报绿色通道，广泛发动群众举报，收集了多条涉及环境污染及行政机关不作为的案件线索。

（二）加强请示汇报，坚定办案政治立场

梧州市检察院以高度负责的审慎态度，及时汇报请示公益诉讼案件，助推案件进程。如梧州市检察院在办理"9·3"广东跨省倾倒垃圾案时发现，由于无专项鉴定经费等问题，导致鉴定工作停滞，环境受损程度无法量化。梧州市检察院办案组立即向本院党组、自治区检察院民事行政检察处汇报情况，结合上级院及本院必须坚决贯彻张高丽副总理、彭清华书记的指示精神，市检察

院办案组四次赴藤县与环保等有关部门协调，经过多方努力，藤县财政垫付了鉴定费用，并及时作出鉴定结论，有力推动案件办理。岑溪市检察院牢固树立服务大局意识，将开展打击盗采稀土矿产资源公益诉讼工作情况形成调研报告主动向岑溪市委、市政府汇报，获得岑溪市委书记重要批示。

（三）加强跟踪问效，聚焦检察建议回复整改

加强对案件办理综合效果的预判研究，跟进督促行政机关落实检察建议，确保公益诉讼改革工作政治效果、法律效果和社会效果的有机统一。藤县检察院办理"藤州镇三坡村泰安组北流河东岸河道被非法填埋侵占案"，在发出公益诉讼检察建议后主动跟踪，邀请专家组成整改评估验收小组进行验收，确保整改清理工作符合河流行洪、防洪安全的要求。岑溪检察院办理的督促岑溪市环境保护局履行征收排污费一案，在发出检察建议后，该院加强跟踪落实，促使环境保护局在一个月内采取有效措施征收企业拖欠的排污费28万多元。

南宁市兴宁区检察院五个优化
推行捕诉一体化取得"1+1>2"改革实效*

2017年以来,广西南宁市兴宁区检察院以内部机构整合为契机,推行捕诉一体化办案模式,办案时长大为缩短,案件质量有较大提升,有效缓解了案多人少的矛盾,案件办理工作走上"快车道"。

一、优化刑事案件快速办理机制,让正义实现"加速"

该院在认罪认罚刑事案件快速办理工作机制基础上,结合捕诉一体化推动刑事案件轻重分离、快慢分道,共审查起诉案件290件309人,平均办案时间为7个工作日以内,量刑建议均被法院采纳,被告人均当庭认罪认罚,无一上诉,在提高刑事司法工作效率的同时,依法保障了犯罪嫌疑人及其他当事人合法权利,实现了公平与效率相统一,获评2017年度南宁市优秀改革创新项目。

二、优化办案队伍配置,提升办案质效

该院成立刑事检察部,分为6个办案小组,各办案小组由员额检察官、检察辅助人员和书记员组成,人员配比实现1:1:1。各小组独立履行审查逮捕、审查起诉、补充侦查、出庭支持公诉、刑事诉讼监督等职能,实行一个案件由一个办案组、一个主办检察官负责到底办案模式,大幅提升办案质效,一次退查率由25.09%降至15%;二次退查率由23.23%降至17.16%。

三、优化案件调配机制,推行专业化办案模式

该院对普通案件和重大疑难案件进行区分调配,普通案件由系统自动分配给办案组,涉众、重大、疑难案件由分管领导指定交办,或从各办案团队抽调人员成立专案小组办理。各办案组依据罪名分类,发展各自主攻研究领域,对职务犯罪、食品药品类犯罪、环保类犯罪、知识产权类犯罪等实行专组专业化办理,进一步提升专业化水平。

---

* 本文系根据广西壮族自治区南宁市兴宁区人民检察院材料编写而成。

四、优化侦查活动跟踪管控，提高法律监督水平

检察官对同一案件批捕、起诉等工作全程管控，加强对批捕案件后续证据收集同步引导、侦查活动适时监督和人权保障及时纠偏等工作。在审查批捕阶段发现问题时，制作继续侦查意向书指导侦查机关补充证据，为提高公诉案件质量夯实基础，执行捕诉一体化后，该院捕后不起诉率由 9.67% 降至 7.56%。同时对立案监督、纠正侦查违法行为及追捕追诉等工作情况进行量化考核，切实提高对公安机关侦查活动监督水平，捕诉一体化后立案监督数增长 43.9%。

五、优化内部监督机制，强化案件质量管理

该院定期召开刑检部门例会，将案件审查中遇到的问题提交集体讨论，对普遍性问题及时总结，对处理意见不一致、有较大分歧案件提交检察官联席会议或提请检察委员会讨论决定。对不予批捕和不起诉案件，由检察长或检察委员会决定。同时，通过案件评查、流程监控、网上巡查强化案件管理监督，以"日常随机评查为主，重点案件评查相结合"方式，及时通报评查结果，发现问题及时向承办人口头提示并督促纠正，规范案件办理流程，确保办案质量。